Bruno Preisendörfer

Hat Gott noch eine Zukunft?

Bruno Preisendörfer

Hat Gott noch eine Zukunft?

Glaube – Alltag – Transzendenz

S. Hirzel Verlag Stuttgart

Bibliografische Information der Deutschen Nationalbibliothek
Die Deutsche Nationalbibliothek verzeichnet diese Publikation in der Deutschen Nationalbibliografie; detaillierte bibliografische Daten sind im Internet über http://dnb.d-nb.de abrufbar.

ISBN 978-3-7776-2286-6

Birkenwaldstraße 44, 70191 Stuttgart
Printed in Germany
Einbandgestaltung: deblik, Berlin
Satz: satz & mehr, Besigheim
Druck & Bindung: Kösel, Krugzell

www.hirzel.de

Inhalt

Einleitung

In diesem Buch geht es um Gott in der Welt, nicht über Gott und die Welt, obwohl die Vielfalt der Themen diesen Verdacht wecken mag. Wenn Leute über ‚Gott und die Welt' reden, reden sie über alles Mögliche. Das kann sehr unterhaltsam und auch lehrreich sein. Allerdings kommt kurioserweise in solchen Gesprächen Gott meist nur am Rande vor. In diesem Buch steht er im Zentrum. Insofern nämlich, als untersucht wird, wie Gott in der Welt und unter den Menschen lebt. Genauer, aber auch riskanter formuliert: Wie *wird* Gott von den Menschen in der Welt gelebt? Was fangen sie mit ihm an, wenn sie glauben? Was geschieht, wenn Gott nicht im Himmel oder in der Ewigkeit verschwindet, sondern vom Glauben der Menschen im Alltag lebendig gehalten wird?

Um diese Fragen stellen zu können, muss man selbst kein religiöser Mensch sein. Eine gewisse „religiöse Musikalität", wie der Soziologe Max Weber, dem sie fehlte, das genannt hat, ist jedoch hilfreich, um die Wirkungsschwingungen des Glaubens zu verstehen. Diese Verständnisebene ist keine wissenschaftliche. Sie bleibt den soziologischen und anthropologischen Fachdisziplinen unerreichbar, was diese Disziplinen freilich wenig kümmert. Warum sollten sie sich für Fragen interessieren, die nicht nur außerhalb ihres Gebietes liegen, sondern auch innerhalb des Faches begrifflich unformulierbar bleiben?

Eine dieser wissenschaftlich nicht beantwortbaren Fragen ist die nach Transzendenz, nach dem, was Leben und Dasein des einzelnen Menschen überschreitet. Das Verlangen nach Transzendenz ist etwas anderes als das Bedürfnis nach Sinn, selbst wenn es bei diesem Bedürfnis ums Ganze geht: um den Sinn des Lebens. Freud hat einmal geschrieben, die Frage nach dem Sinn des Lebens sei pathologisch. Er wies mit diesem Sarkasmus darauf hin, dass das Leben umso mehr aus den Fugen geraten ist, je nachdrücklicher es damit verbracht wird, nach seinem Sinn zu forschen. Transzendenz hingegen verlangt nach Überschreitung, auch nach Überschreitung des eigenen Seins und seines beschränkten Sinns.

Gewöhnlich wird Transzendenz mit etwas Außeralltäglichem in Verbindung gebracht, mit etwas, für das der moderne Mensch mit seiner Geschäftigkeit keine Zeit hat, und das ihn allenfalls in Form von Feiertagsgefühlen anweht. Dieses Buch setzt sich über die Trennung von Transzendenz und Alltag hinweg, es geht, noch einmal sei es gesagt, um Gott **in** der Welt. Es handelt sich um den Versuch, aus nichttheologischer Perspektive und ohne Dogmatik, auf die auch die liberalste Lehre nicht verzichten kann, über den Glauben nachzudenken.

Das Buch ist in fünf Hauptteile mit jeweils vier Kapiteln gegliedert. Die einzelnen Kapitel sind unabhängig voneinander verständlich, korrespondieren jedoch miteinander. Ihre äußere Anordnung hätte in einzelnen Fällen wohl auch anders erfolgen können, doch gehorcht sie einem inneren Aufbau, der vom eher spielerisch Erzählten zu grundsätzlichen Überlegungen führt: Hat Gott noch eine Zukunft?

In die fünf Hauptteile wird jeweils mit kurzen Vorspännen eingestimmt. Im Anschluss an die zwanzig Kapitel folgen Hinweise auf die von mir verwendeten Quellen, desgleichen Hinweise zum Weiterlesen. Dafür bleiben die Texte von Anmerkungen unbeschwert, leichtfüßig lesbar ohne Fußnoten.

Abschließend noch ein Wort zu meinem Umgang mit Anführungszeichen. Doppelte „Anführungszeichen“ kennzeichnen wie üblich Zitate, einfache ‚Anführungszeichen‘ indessen werden dann verwendet, wenn die Aufmerksamkeit auf das angeführte Wort selbst gelenkt werden soll, nicht nur auf das, was es (angeblich) ausdrückt. Die auf diese Weise angeführten

Worte sollen so der Leserin, dem Leser gewissermaßen auch vorgeführt werden. Der Ton, heißt es, macht die Musik. Warum sollte das bei der religiösen Musikalität anders sein.

Berlin, Februar 2013

Bodybuilder, Fußballer, Stars und Heilige

Das ‚Profane' ist bekanntlich das, was vor dem Heiligen liegt. Aber vielleicht liegt es manchmal auch hinter ihm und fällt ihm gewissermaßen in den Rücken. Oder das eine ist vom anderen gar nicht mehr recht zu unterscheiden. Stars laufen mit Heiligenscheinen herum, Päpste werden gefeiert wie Popstars. Und doch lauern überall Laster. Der Alltag ist ein Sündenpfuhl, seien seine Verführungen noch so banal. Der Mensch beugt sich dem mit nicht immer christlicher Demut oder feiert die Triumphe des Verzichts. In unserer Epoche, die gottesfern zu sein scheint wie noch nie eine in der Unheilsgeschichte der Menschheit, wirkt zugleich alles Besondere irgendwie ‚göttlich', bis hin zum Fußballer, der umtanzt wird wie das goldene Kalb, weil er gerade ein ‚goldenes Tor' geschossen hat. Aber wer wollte den ersten Stein werfen, noch dazu, wenn alle im Glashaus sitzen? Und Kirchenfenster schmeißt man sowieso nicht ein.

Fitness und Askese

Die Sünde des ungesunden Lebens

Um kein Thema wird in unserer kränkelnden Wohlstandsgesellschaft so erregt gestritten wie um die Gesundheit. Das zeigt sich auf der institutionellen Ebene bei den Gesundheitsreformen und auf der individuellen Ebene bei der Diskussion ums Rauchverbot. Besonders das Zigarettenthema führte zu regelrechten Religionskriegen bei öffentlichen Podiums- und privaten Biertischdiskussionen. Die einen werden als unbußfertige Sünder verteufelt, die von ihrem Laster nicht lassen können; die anderen als genussfeindliche Tugendprediger verhöhnt, die sich und anderen den Spaß am Leben verderben.

Hinter den Frontlinien dieser Schlacht allerdings gibt es noch zahlreiche andere Scharmützel, in denen sich nicht einfach zwei große Lager überschaubar gegenüberstehen. Vielmehr herrscht da ein wildes Kuddelmuddel, ein wunderliches und – mit ausreichend Humor betrachtet – recht amüsantes Durcheinander: Alkoholfreie, nichtrauchende, vegetarisch lebende Asketen ruinieren ihre körperliche Unversehrtheit mit halsbrecherischen Sportarten. Rauchende, trinkende und tote Tiere verzehrende Genussmenschen bestehen darauf, dass der Apfel, den sie hin und wieder essen, aus dem Bioladen stammt. Abertausende jugendlicher Jogger rennen Runde um Runde und ruinieren sich die Knie, weil sie süchtig sind nach dem Kick der körpereigenen Endorphine. Abertausende Senioren marschieren mit Stöcken bewaffnet durch die Parks deutscher Kurorte, nur um nach drei Wochen krankenkassenfinanzierter Selbstüberwindung ermattet auf die heimische Couch und in ihre schlechten Gewohnheiten zurück zu sinken. Und Abertausende von Übergewichtigen trainieren sich verbissen das Fett vom Leib, um dann, wenn sie endlich abgemagert sind, schlecht gelaunt Kummerspeck anzufuttern, damit sie wieder vergnügt werden.

Winston Churchill hingegen, historisch sehr groß, für sein Körpergewicht aber zu klein, soll auf die Frage, wie man gesund alt werden könne, geantwortet haben: No sports! Die Anführungszeichen habe ich nicht vergessen, sondern vorsichtshalber weggelassen: Der Ausspruch ist nicht verbürgt und wahrscheinlich bloß gut erfunden. Aber er passt hervorragend zu der melancholischen Überlegung, ob bei all den Anforderungen, von denen wir umzingelt sind, das Gesundbleiben nicht krank macht.

Solche Grübeleien haben beim Fahnenappell des ‚Fit for Fun' jedoch keinen Platz. Die Krankenkassen erwarten von ihren Mitgliedern einen freudigen Dienst am Altar der Gesundheit. Die Apotheker ermuntern die Kundschaft mit der kostenlos verteilten *Apotheken Umschau* zu ewig lächelndem Wohlbefinden. Und in zahllosen Ratgebern von der Trennkostanleitung bis zur Rückenschule wimmelt es nur so von strahlenden, gutaussehenden Frauen und Männern voller Schwung und Kraft. Sie sehen allesamt so strahlend und gutaussehend aus wie früher die Frauen und Männer in der inzwischen verbotenen Zigarettenreklame im Fernsehen oder in der immer noch erlaubten Werbung für Bier oder Rum.

Als Mensch des gesunden Mittelmaßes kann einen das ganz schön deprimieren. Man achtet zwar einigermaßen auf vernünftige Ernährung, wird aber die ‚Problemstellen' trotzdem nicht los. Man trinkt mäßig, aber immer noch zu viel, weil mehr als 0,1 Liter Wein am Abend für Frauen und 0,2 für Männer in den Augen psychotherapeutischer Suchtpräventionsspezialisten schon die Vorhölle des Alkoholismus bedeuten. Man bewegt sich und geht mehr als vierhundert Meter zu Fuß, was angeblich der statistische Durchschnitt des deutschen Büromenschen ist, kann sich angesichts eines vierstöckigen Treppenhauses aber doch nicht dazu durchringen, den Gipfel der Selbstüberwindung zu erklimmen – oder nur dann, wenn es Gott sei Dank leider keinen Aufzug gibt.

Schwer ist es, sehr schwer, als normalsterblicher Laie die Heiligkeit umfassender Gesamtkörpergesundheit zu erreichen. Die Priesterschaft der Gesundheitsreligion wird nie mit uns zufrieden sein, ehe wir nicht rund um die Uhr mit unserem Körper beschäftigt sind: Die Hausärztin rät uns zu ausgedehnten Spaziergängen; der Krankengymnast bringt uns täglich auszuführende Dehnübungen bei, die nur ein paar Minuten kosten; in der Rückenschule lernen wir unsere längs- und quergestreiften Muskeln kennen und üben die Zuwendung, die wir ihnen schulden, regelmäßig ein halbes Stündchen am Tag; der Zahnarzt besteht auf dreimal täglich Zähneputzen, jeweils zweieinhalb Minuten, zuzüglich einmal am Tag den Einsatz von Zahnseide; der Orthopäde meint, wir sollten etwas für unsere Halswirbel tun, dreimal täglich fünf Minuten würden genügen. Außerdem sollten wir viel Radfahren, um gelenkschonend das Herz-Kreislauf-System auf Vordermann oder -frau zu bringen, und Schwimmen sollten wir auch, wegen der Wirbelsäule. Und gegen den Stress wäre Yoga oder autogenes Training nicht schlecht. Dazu kommt, dass unsere Frau oder Freundin beziehungsweise unser Mann oder Freund andeutet, dass es an der Zeit wäre, etwas gegen das Bäuchlein oder den Bauch zu tun.

Männern kann da schnell geholfen werden. Die Zeitschrift *Men's Health* formuliert immer wieder „Muskelziele" und sprach schon vor Jahren von der „Abnehm-Challenge: Fettschmelze auf der Baustelle Bauch". 2007 forderte die Illustrierte „Werden Sie Architekt Ihres Waschbrettbauchs" und zeigte auf ihrer Internetseite halbnackte Männer mit Six-Packs, womit *nicht* das Bier gemeint ist, sondern die Muskelgruppe, die aus einem Mann ein Waschbrett macht. Gebraucht werden Willenskraft, Ausdauer, Disziplin und eine Stunde Training pro Tag: „Definieren Sie Ihren Körper in täglich 60 Minuten."

Mit „definieren“ ist die zielgerichtete muskuläre Entfaltung gemeint. Der Körper, seine Kraft, sein Aussehen, seine Fitness lässt sich durch ein Trainingsprogramm formen, er wird ausgeprägt, geformt, „definiert“ durch die vollzogenen Übungen. Also durch Askese. Denn der griechische Begriff *askêsis* bedeutet mehr als bloß Enthaltsamkeit durch Verzicht, er schließt die Übung, das kontrollierte Training, die geregelte Erziehung mit ein.

Im Stile von *Men's Health* ausgedrückt könnte man etwa die Ordensregel des Heiligen Benedikt von Nursia in der Aufforderung zusammenfassen: Definieren Sie Ihre Seele in täglich 24 Stunden. Denn um nichts Geringeres ging es dem Heiligen, dessen Erziehungs-, Trainings- und Unterwerfungsprogramm bis in den Schlaf vordringt. In Kapitel 22 der *Benediktsregel* wird ausdrücklich vorgeschrieben: „Wie die Mönche schlafen“. Es wird empfohlen: „Jeder soll zum Schlafen ein eigenes Bett haben.“ Das war erwähnenswert, denn zu Benedikts Lebzeiten, im 6. Jahrhundert, war das keineswegs selbstverständlich. Dann heißt es über die Mönche: „Sie schlafen bekleidet, mit Gürtel oder Strick umgürtet, haben aber beim Schlafen ihr Messer nicht zur Seite, damit nicht ein Schläfer im Traum verletzt wird. Die Mönche seien stets bereit. Wenn das Zeichen gegeben wird, stehen sie unverzüglich auf und beeilen sich, einander zum Gottesdienst zuvorzukommen, aber immer mit Ernst und Anstand.“

Wer nach der *Benediktsregel* lebt, übt sich rund um die Uhr im Glauben und macht sich auf diese Weise fit für die Ewigkeit. Die Ansprüche sind hoch. Im vierten Kapitel der Regel wird verlangt: „Sich selbst verleugnen, um Christus nachzufolgen. Den Leib züchtigen. Kein genießerisches Leben führen. Das Fasten lieben.“ Und weiter: „Nicht stolz sein. Kein Trinker sein. Nicht unmäßig sein im Essen. Nicht schlafsüchtig, nicht träge, nicht kritiksüchtig, kein Ehrabschneider sein.“ Durch diese Ermahnungen schimmert die Angst vor den sieben Todsünden:

superbia – der Stolz, avaritia – die Gier, invidia – der Neid, ira – der Zorn, luxuria – die Wollust, gula – die Unmäßigkeit, acedia – die Trägheit, die Trägheit des Herzens!

Wer diese Sünden (dazu mehr im nächsten Kapitel) meidet, wird übrigens nicht nur ein gottgefälliges Leben führen, sondern auch eines, das jeder Krankenkasse gefällt – solange mit dem Maßhalten maßgehalten und Körper und Seele nicht kaputt kasteit werden. Einem modernen benediktinischen Kommentar zufolge sollen die „Mahnungen zur Selbstbeherrschung nicht in einem der Gesundheit abträglichen Sinn ausgelegt werden. Im alten Mönchtum sind bei aller Empfehlung der Askese die Warnungen vor Übertreibungen häufig“.

Besonders interessant ist aber der Grund für diese Warnungen: Er liegt wiederum in der Angst vor Kontrollverlust. Wenn der Geist willig, aber das Fleisch schwach ist, kommt es darauf an, dem Körper gerade so viel zuzugestehen, wie er braucht, um zu funktionieren. Wird die Zucht zu streng, lehnt sich der Leib auf und entzieht sich durch Verweigerung dem Willen zur Askese. Sportlern ist dieses Phänomen als Übertrainieren bekannt. Selbst Bodybuilder gönnen den einzelnen Muskelgruppen zwischen den Trainingstagen stets einen Tag Bewegungspause, um zu vermeiden, dass das Training durch Überforderung Substanz abbaut, statt sie aufzubauen. In der körperlichen wie in der geistigen Selbstdefinition das effizienteste Verhältnis herauszufinden zwischen Training und Pause, zwischen Anspannung und Entspannung, das ist die eigentliche Kunst der professionellen Bodybuilder im Sportstudio und der professionellen Seelenbildner im Kloster.

Das Konzept von Werner Kieser wiederum, dem erfolgreichen Begründer der gleichnamigen Studios, ist verglichen mit herkömmlichen Fitness-Studios recht spartanisch angelegt: saubere, aber einfache Einrichtung, kurze Trainingseinheiten, keine Musik, keine Saftbar, keine Sauna, kein Schwimmbecken und auch sonst keine der üblichen Finessen rund um die Fitness. Das Buch, in dem er sein Trainingskonzept erläutert, trägt den Titel: *Die Seele der Muskeln*. Während Benedikt die Seele in Gott sucht, findet Kieser sie in den Muskeln. Ist das Fitness-Studio also die säkularisierte Freizeitform des rundum disziplinierten Klosterlebens?

Die Frage ist nicht wirklich ernst gemeint. Obwohl immerhin bereits Friedrich Nietzsche mit Wonne den Vergleich zwischen dem Heiligen und dem Sportsmann gezogen hat. In der *Genealogie der Moral* lästert er, auf das Ziel der Lebensbändigung durch Askese „ist eine erstaunliche Menge menschlicher Energie verwandt worden – umsonst etwa? Dass solche sportsmen der ‚Heiligkeit', an denen alle Zeiten reich sind, in der Tat eine wirkliche Erlösung von dem gefunden haben, was sie mit einem so rigorosen Training bekämpften, daran darf man durchaus nicht zweifeln".

Mag Nietzsche mit seiner Abhandlung „Was bedeuten asketische Ideale?" in der *Genealogie der Moral* nun Recht haben oder nicht: Wir sollten die Kirche im Dorf, Nonnen und Mönche im Kloster und Laufbänder und Trimmräder im Fitnessraum lassen. Im Klosterleben geht es ja nicht darum, sich selbst zu finden, sondern im Gegenteil darum, sich in Gott zu verlieren. Genau anders herum ist es in all den coolen Fitness-Clubs mit ihrem Körperkult, ihrem Schönheitskult, ihrem Jugendkult, mit dem ganzen Tanz ums goldene Kalb: dem von der Sonnenbank knusprig gebräunten, nie alternden, nie krank werdenden, nie sterbenden Körper – der wir gerne wären.

Andererseits: Ein bisschen ‚Stählung', nur ein klitzekleines Bisschen, würde vielen von uns ganz gut tun. Es muss ja nicht gleich so rigoros vorgegangen werden wie in *Jugend vor Gott*, einem über Jahrzehnte in hunderttausenden von Exemplaren verbreiteten Gebetsalmanach für die katholische Jugend: „Herr, hilf mir, meinen Körper so zu beherrschen, dass er mir immer

Werkzeug sei und nicht Tyrann. Stähle ihn für Arbeit und Ruhe, mache ihn zugänglich für die Gnade, wach im Dienste des Nächsten. Alles Schädliche will ich meiden: Unmäßigkeit und Naschhaftigkeit im Essen, Trägheit und Unreinheit." Das Zitat entstammt einer Ausgabe der sechziger Jahre und ist in der aktuellen Überarbeitung so nicht mehr zu finden. Selbst der Titel des Büchleins wurde geändert. Es heißt jetzt nicht mehr *Jugend vor Gott*, sondern etwas weniger rigoros, gleichberechtigter gewissermaßen: *Jugend und Gott*.

Das bedeutet natürlich nicht, dass die Katholische Kirche von ihren Mäßigungsbemühungen abgekommen wäre. Im *Katechismus* zum Beispiel schärft sie den Gläubigen ein: „Die Tugend der Mäßigung lässt Unmäßigkeit aller Art meiden: jedes Übermaß an Speisen, Alkohol, Tabak und Medikamenten." Und weiter: „Das Leben und die Gesundheit sind wertvolle, uns von Gott anvertraute Güter." Genau darauf hat der Apostel Paulus schon im ersten Brief an die Korinther hingewiesen: „Wisst ihr nicht, dass euer Leib ein Tempel des heiligen Geistes ist, der in euch ist und den ihr von Gott habt, und dass ihr nicht euch selbst gehört. Denn ihr seid teuer erkauft; darum preist Gott mit eurem Leibe." Der Mensch soll nicht um seiner selbst Willen leben, sondern für Gott – diese Haltung ist der Urgrund für das, was die einen als die asketische Haltung des Paulus rühmen und die anderen als seine Lustfeindlichkeit schmähen. Ebenfalls im ersten Korintherbrief heißt es: „Alles ist mir erlaubt, aber es soll mich nicht gefangen nehmen."

Mit der Gefahr, sich von Sinnengenüssen „gefangen nehmen" zu lassen, hatte sich selbst ein Glaubensriese wie der Kirchenvater Augustinus auseinanderzusetzen. In seinen *Bekenntnissen* schreibt er: „Während der Zweck des Essens und Trinkens die Erhaltung der Gesundheit ist, gesellt sich gleichsam als Begleiter der gefährliche Genuss hinzu und versucht oft den Vortritt zu gewinnen, dass um seinetwillen geschehe, was ich doch, wie ich behaupte und auch will, der Gesundheit wegen tue. Beide aber haben nicht das gleiche Maß. Denn was der Gesundheit genügt, ist dem Genuss zu wenig, und oft kann es zweifelhaft sein, ob die notwendige Körperpflege den Dienst verlangt oder ob die genießerische Arglist der Begierde sich bedienen lassen will. Dieser Ungewissheit freut sich dann die arme Seele und schafft sich mit Vergnügen Deckung durch die Ausrede, es sei nicht klar, was zur Erhaltung des Wohlbefindens genüge. So wird durch den Vorwand der Sorge für die Gesundheit das Treiben der Lust verschleiert. Diesen Anfechtungen suche ich täglich zu widerstehen, rufe deine Rechte um Beistand an und bringe vor dich meine Ängste, weil ich mir in dieser Angelegenheit noch keinen rechten Rat weiß."

Die *Confessiones* des Augustinus sind ein altehrwürdiger Text. Die dreizehn Bücher dieser Autobiographie entstanden in den Jahren 397 und 398, aber die Ratlosigkeit, von der Augustinus spricht, hat die Zeiten überdauert und beschäftigt uns heute noch, obwohl die meisten modernen Menschen, moderne Christen eingeschlossen, die Lust für weit weniger gefährlich halten als Augustinus, der auf den Spuren des Paulus wandelt. Aber auch ohne das paulinisch-augustinische Lustproblem sind wir häufig ratlos, wenn es um die Fragen geht: Was dient der Gesundheit? Was dient der Lust? Und wann ist das, was der Lust dient, der Gesundheit schädlich?

Moderne Gesundheitswissenschaftler pflegen diese Fragen statistisch zu beantworten. Aus ihren Erhebungen wissen wir zum Beispiel, dass so und so viele Zigaretten am Tag über so und so viele Jahre geraucht das Risiko einer Erkrankung an Lungenkrebs um so und so viel erhöhen. Sie können sogar ausrechnen, welche statistische Lebenserwartung unseren Lebensgewohnheiten entspricht. Auf die Todsünde des ungesunden Lebens steht die Sanktion einer erhöhten ‚Mortalitätsrate' in den entsprechenden Bevölkerungsgruppen. Jeder Verfehlung entspricht eine Buße. Alles, was wir verkehrt machen mit Körper und Geist, verlangt nach Reue und Besserung. Wenn die ausbleibt, wird irgendwann durch Schmerz geahndet.

Aber woher können wir wissen, was wir richtig und was wir falsch machen, bevor der Schmerz Rache nimmt? Diese Ratlosigkeit macht uns nicht nur philosophisch zu schaffen, sondern auch praktisch – lebenspraktisch. Für sitzende Existenzen ist zum Beispiel der Rücken ein Standardproblem. Der Sportwissenschaftler Professor Ingo Froböse bemerkt darüber in seinem Buch *Das neue Rückentraining*: „Viele Menschen sind verunsichert, wie sie sitzen, stehen, etwas heben oder sich bücken sollen. Die meisten alten Regeln – das wissen inzwischen auch Krankenkassen – sind längst überholt. Das moderne Rezept heißt: Bewegen Sie sich so natürlich wie möglich. Nur so fordern Sie Ihren ganzen Rücken. Dabei ist es – fast – völlig egal, was Sie tun. Hauptsache, Sie tun überhaupt etwas. Nach Aussage der Wissenschaftler könnten auf diese Weise mehr als 90 Prozent aller Rückenbeschwerden vermieden werden. Das sind doch rosige Aussichten, oder?"

Professor Froböse schickt seinen „rosigen Aussichten" jedoch gleich die Mahnung hinterher: „Dafür müssen Sie Ihren Rücken jedoch pflegen und trainieren und die Verantwortung für ihn übernehmen. Werden Sie zu seinem Coach!" Diese Aufforderung ist, wörtlich genommen, niederschmetternd. Ein Coach ist ja immer eine Nebenperson, der einer Hauptperson – einem Manager zum Beispiel oder einem Sportler – als Betreuer zur Seite steht. Wenn wir also die Couch verlassen, um Coach unseres Rückens werden, ist nach Froböse klargestellt, dass wir es sind, die dem Rücken den Rücken freizuhalten haben, und nicht etwa der Rücken uns, wie wir bisher glaubten.

Wahrscheinlich darf man das alles nicht zu wörtlich nehmen. Obwohl gerade das Wörtlichnehmen helfen kann, dem Hintersinn und den Nebengedanken so mancher Empfehlung auf die Schliche zu kommen. Nietzsche beispielsweise entdeckt im Willen zur Askese die Herrschsucht. In *Menschliches, Allzumenschliches* schreibt er: „Gewisse Menschen haben nämlich ein so hohes Bedürfnis, ihre Gewalt und Herrschsucht auszuüben, dass sie, in Ermangelung anderer Objekte, endlich darauf verfallen, gewisse Teile ihres eigenen Wesens zu tyrannisieren." Und um das zu vermeiden ist – wieder einmal – das nötig, was alle kennen und doch viele nicht finden: das rechte Maß.

Die Last mit den Lastern

Über die Schwierigkeit, besser zu werden

„Der Weg zur Hölle ist mit guten Vorsätzen gepflastert", sagt man. Aber wie soll alles gut werden, wenn man nicht versucht, sich selbst ein bisschen zu bessern? In aller Bescheidenheit und Demut, versteht sich, denn Hochmut kommt vor dem Fall. So steht es im „Buch der Sprüche Salomons" im *Alten Testament*: „Der Frommen Weg meidet das Arge; und wer auf seinen Weg achtet, bewahrt sein Leben. Wer zugrunde gehen soll, der wird zuvor stolz; und Hochmut kommt vor dem Fall."

Diese lutherische Übersetzung ist sprichwörtlich geworden, allerdings nur ihr letzter Teil. Die nicht minder interessante Wendung: „Wer zugrunde gehen soll, der wird zuvor stolz" hat sich weniger herumgesprochen. Ist mit ihr gemeint, dass der Stolze stets am Abgrund steht, auch wenn er nicht hinunterblickt? Dass – ‚antik' ausgedrückt – der Hybris die Nemesis auf dem Fuße folgt und immer schon am Hacken hängt? Oder beschreibt die Lutherbibel hier eine typische Verlaufskurve, die sogar noch eine Lebenslaufkurve ist: Aufstieg, Höhepunkt und Niedergang?

Wenn tatsächlich am Höhe-Punkt des Lebens auch der Lebensmut am höchsten steht, darf diese Art von Hochmut nicht mit dummem Dünkel verwechselt werden. Auch nicht mit jener Arroganz und Überheblichkeit, die im Alltag gezügelt werden sollte. Zerlegt man den ‚Hochmut' in den ‚hohen Mut', kommt das Gemeinte besser zum Vorschein. Auch in diesem, von Mut und Selbstbewusstsein bestimmten Sinn, findet sich das Wort ‚hochmütig' im Sprachgebrauch Luthers: „Ich bin aber gegen Ecken", seinen Gegner beim Streitgespräch in Leipzig 1519, den „Papst und auch den Teufel, mit Gottes Hilfe, in einem beständigen, hochmütigen, unerschrocknen Geist."

In diesem Geist der Unerschrockenheit sollte man sich Vorsätze nehmen und sich guten Mutes an die Erziehung seiner selbst machen, und zwar heute, nicht erst morgen. Der klassische Kanon der Laster kann dabei helfen, unabhängig davon, ob man die Kategorie ‚Todsünde' und den Glauben an ihre Bestrafung durch ewige Verdammnis noch für zeitgemäß hält.

Dieser Kanon wurzelt in dem ursprünglich acht Sünden umfassenden Katalog des griechischen Theologen Evagrius von Pontus aus dem 4. Jahrhundert. Im 6. Jahrhundert wurde er von Papst Gregor dem Großen mit den bis heute gültigen sieben Hauptsünden reformuliert. Im *Katechismus der Katholischen Kirche* heißt es: „Als Hauptsünden werden sie deshalb bezeichnet, weil sie weitere Sünden, weitere Laster erzeugen. Hauptsünden sind: Stolz, Habsucht, Neid, Zorn, Unkeuschheit, Unmäßigkeit, Trägheit oder Überdruß."

Die Liste ist keineswegs willkürlich, sondern benennt, ähnlich wie der Kanon der Tugenden, etwas Überzeitliches, nur ist es hier der überzeitliche Bestand des Bösen. Es handelt sich um „Menschliches, Allzumenschliches", wenn es gestattet ist, das ausgerechnet mit einer Wendung des Philosophen Friedrich Nietzsche aufzunehmen, der den „Übermenschen" feiert.

Jedenfalls beschreibt der Kanon der Laster in einer Art Formenkreis der schlimmen Charaktere alles, was Menschen sich und anderen antun können, unabhängig von ihrer geschichtlichen Zeit und ihrem politischen Ort. Besonders schön, wenn auch mit einigen Abweichungen von der klassischen Liste, ist das im Evangelium nach Markus ausgedrückt, hier in der hinreißenden Übersetzung durch Walter Jens: „Denn aus dem Herzen, der Seele tiefdrinnen, kommen die bösen Gedanken, im Herzen wohnen die Träume: Unzucht, Diebstahl und Mord, Ehebruch, Habgier, Gemeinheit, Arglist und Wollust, Neid, Lästerung, Hochmut und Torheit, das böse Auge und die Narretei, alles, alles kommt aus dem Innern des Menschen und macht ihn schmutzig."

In dieser Aufzählung geht der Hochmut ein wenig unter. Doch steht der Hochmut, die griechische Hybris, die lateinische superbia in der Hierarchie des Bösen an oberster Stelle. Durch den Hochmut wurden Adam und Eva zur Erbsünde verführt und glaubten dem Versprechen der Schlange: „An dem Tage, da ihr von dem Baume esset, werden eure Augen aufgetan, und ihr werdet sein wie Gott und wissen, was gut und böse ist." So heißt es in der *Genesis*.

Nach dem Hochmut folgt – abgesehen vom Fall – im überlieferten Kanon avaritia, die Gier, im *Katechismus* als Habsucht bezeichnet. Sie ist wahrlich ein habgieriges Laster, das noch im Schlimmen nicht genug kriegen kann und sich von der nackten Besitzgier ausweitet zu Ruhm- und Erfolgsgier, zum Ehrgeiz aufschwingt und wieder zurück sinkt in den gemeinen Geiz, der von nichts zu lassen vermag und mit niemandem teilen will. Während die Gier in Gestalt von Ehrgeiz und Ruhmgier in die Nähe des Hochmuts geraten kann, ist der Geiz vom Hochmut wie vom Großmut gleichermaßen entfernt. Er ist ein unsauberes Laster, was in der Wendung vom ‚schmutzigen Geizkragen' zum Ausdruck kommt.

Zur Selbstverbesserung müssen die guten Vorsätze bei Gier und Geiz an entgegengesetzten Enden ansetzen: beim unbedingt Bekommenwollen im Fall der Gier, beim unbedingt Behaltenwollen im Fall des Geizes. Doch muss man bei der Kur nicht gleich ins andere Extrem verfallen, sonst wechselt man bloß die Untugenden und geht zu Maßlosigkeit und Verschwendungssucht über. Es genügt, wenn der Workaholic, der von seinem Tun nicht lassen kann, sich vornimmt, ein wenig mehr Zeit mit der Familie zu verbringen. Oder wenn einer, der an dem klebt, was er hat, sich anderen gegenüber auch einmal großzügig zeigt.

Der Gierige und Geizige ist oft dem Neid preisgegeben, dem eigenen Neid auf diejenigen, die mehr haben als man selbst; und dem Neid der anderen, die weniger haben. Invidia, der Neid, hat den Ruf der Tücke und besonderer Hässlichkeit. Für Paulus ist er Ausdruck verwerflicher Gesinnung und vergiftet selbst noch die christliche Botschaft. Er warnt vor der „Seuche der Fragen und Wortgefechte“. Denn „daraus entspringen Neid, Hader, Lästerung, böser Argwohn, Schulgezänk solcher Menschen, die zerrüttete Sinne haben und der Wahrheit beraubt sind, die meinen, Frömmigkeit sei ein Gewerbe“.

Die moderne Konkurrenzgesellschaft mit ihren wenig frommen Gewerben steht dem Neid nicht eindeutig missgünstig, sondern zweideutig gegenüber, halb befürwortend, halb abwehrend. Einerseits lebt die sogenannte ‚freie Konkurrenz‘ mit ihren neidisch vergleichenden Seitenblicken auf den ‚Mitbewerber‘ von positiv bewerteten egoistischen Antrieben. Andererseits wird Appellen an Ausgleich und Gerechtigkeit mit dem Vorwurf des ‚Sozialneids‘ begegnet. Dieser Vorwurf ist nicht ohne Heimtücke, denn er will das Recht auf Rivalität verteidigen und gleichzeitig verleugnen – je nach Interessenlage. Es ist wie mit dem Ressentiment: Das haben auch immer die anderen. Man darf sich dadurch nicht ins Boxhorn jagen lassen. Dem sozialpolitischen Begriffsmissbrauch ist entschieden zu widersprechen.

Im persönlichen Leben hingegen sollte man seine Neidgefühle zügeln. Und wer hätte solche Gefühle nicht? Man müsste ein Roboter sein oder eine Rechenmaschine. Trotzdem kann man sich daran freuen – man gönnt sich ja sonst nichts –, auch anderen einmal etwas zu gönnen. Nur gönnerhaft sollte das nicht sein, sonst gerät man schon wieder gefährlich in die Nähe des Hochmuts.

Die Mischung aus Neid und Hochmut bringt selbst Jesus in Zorn. Als ihn die Frömmler belauern, ob er einen Kranken heilt, obwohl Sabbath ist, ruft er aus: „‚Antwortet mir! Was ist erlaubt: Gutes am Sabbath zu tun oder Böses? Soll man Leben schützen oder vernichten? Die Seele retten oder töten?‘ Da schwiegen sie, und er blickte sie an, jeden einzelnen im Kreis nah um sich herum, und wurde zornig. Zornig? Nein. Mitleidig war er, bekümmert und voll Erbarmen über ihr steinernes Herz."

Der heilige Zorn, von dem das Markus-Evangelium hier erzählt, ist durch Mitleid gemildert. Das Gefährliche am Zorn sind seine Jähe und seine Maßlosigkeit. Im *Alten Testament* tobt sich der ‚Zorn Gottes' auf diese Weise aus. Einmal wird fast das gesamte Menschengeschlecht vernichtet, nur Noah darf auf der Arche entkommen. Auch menschlicher Zorn ist über die Maßen zerstörerisch, wenn er nicht gezügelt wird. Paulus macht das in geradezu flehenden Worten deutlich: „Zürnt ihr, so sündigt nicht; lasst die Sonne nicht über eurem Zorn untergehen, und gebt nicht Raum dem Teufel."

Diesen Appell sollte zum Vorsatz nehmen, wer zum Aufbrausen neigt, leicht die Selbstbeherrschung verliert oder von Rachsucht durch den Tag getrieben wird. „Lass die Sonne nicht über eurem Zorn untergehen", das bedeutet: Halte Maß, bedenke, was du tust und anderen antust; mag dein Zorn noch so gerecht sein, ohne Bändigung steigert er sich in Ungerechtigkeit und Raserei. Es bedeutet des Weiteren: Sei nicht nachtragend, schleppe den Zorn nicht mit in die Nacht, denn er könnte sie zur Nacht deiner Seele machen. Wer nicht vergeben kann, kann auch nicht versöhnt werden. Dann lässt sich durch keinen Ausgleich der Friede wiederherstellen. Selbst das alttestamentarische ‚Auge um Auge, Zahn um Zahn' begrenzt ja die Rache und weitet sie keineswegs aus, wie es oft missverstanden wird. ‚Auge um Auge', aber auch nicht mehr. Nur die gezügelte Rache kann den Ausgleich herstellen und die Rückkehr zum Frieden ermöglichen.

Wer zornig ist, kann nicht versöhnt werden, kann nicht vergeben und kann nicht lieben. Letzteres lässt sich sogar wörtlich und ganz fleischlich nehmen – und physiologisch erklären. In den Worten des Biologen John Medina: Sexuelle Erregung

„lässt sich am besten als sichtbare Eigenschaft von wenigstens vier miteinander verknüpften physiologischen Systemen, mindestens elf verschiedenen Gehirnregionen, mehr als dreißig unterschiedlichen biochemischen Mechanismen und buchstäblich Hunderten spezifischen Genen verstehen".

Wenn Geiz geil ist, wie ein Werbespruch weismacht, scheint es ja recht verschwenderisch dabei zuzugehen. Die Ironie sei verziehen, aber über die Wollust, lateinisch luxuria, ist heute ganz im Ernst ohne Spott nicht mehr zu reden. Sie ist das lächerlichste aller Laster. Wie sich das schon anhört: Wollust – fast wie Wellness. Die ‚Unkeuschheit' des *Katechismus* ist auch nicht abschreckender, und die schlimme alte ‚Unzucht' klingt geradezu vielversprechend.

In unserer sexuell dauererregten Gesellschaft lassen solche außer Mode gekommenen Lust- und Lastervokabeln eher an lässige – und lässliche – Verfehlungen denken als an Verruchtheit im alten Stil. Die empfindliche luxuria ist über die banale allgemeine Geilheit in Ohnmacht gefallen wie einst im Rokoko ein zu fest geschnürtes Mädchen beim Ball. Man müsste direkt Exerzitien in Keuschheit machen, um erotisch zu reanimieren.

Dem Christentum und seiner Gründungsgestalt Paulus ist immer wieder vorgeworfen worden, lustfeindlich zu sein, den Körper zu verachten, die Sinne zu befehden. Alle diese Vorwürfe erfolgten zu Recht. Aber heute, wo die Leute ihre Haut zu Markte und zur Schau tragen, und auch das, was in dieser Haut steckt, die Seele inklusive – heute möchte man manchmal wünschen, dass der sexuellen Exaltiertheit mit Schauern der Ernüchterung begegnet werde.

Jedoch besteht das *Entweder–Oder* des Christen, um es mit dem Titel einer Schrift von Kierkegaard zu sagen, nicht in der Alternative: Kondom oder Keuschheit. Es geht vielmehr ums Ganze, ums Leben, um die Liebe. Vielleicht sollte man sich ein Beispiel an Luther nehmen. Er sprach davon, wie schön es sei, morgens aufzuwachen und den Kopf seiner Frau neben sich auf dem Kissen zu wissen. Wer solche Empfindungen für gestrig hält, dem ist weder mit Vorschlägen noch mit Vorsätzen zu helfen.

Es gibt jedoch Menschen, die den Teufel mit Beelzebub austreiben – und Beelzebub ist der Dämon von gula, der Fresssucht, der Trunksucht und ganz generell der Unmäßigkeit. Dieser Teufel ist der Halbgott einer Konsumgesellschaft ohne Maß und Ziel. In ihr wurde selbst das Nicht-Essen, das einst bewusste Askese war, zu Sucht und Krankheit. Durch Dick und Dünn geht unsere Gesellschaft dem Un- und Übermaß entgegen, und noch der gesundheitspolitische Kampf gegen diese Übel zeigt Mangel an Augenmaß.

Im Inferno von Dantes *Göttlicher Komödie*, in dessen neun Höllenkreisen die Todsünder ihre Laster büßen, sind die Unmäßigen in den dritten Kreis gesperrt:

„In einem Regen,
der ewig, flucherfüllt und schwer und kalt
herunterströmt, derselbe, unaufhörlich.
Von Hagelkörnern, Schnee und schmutzigem Wasser
ein Mischmasch; gießt es durch die Finsternis;
die aufgeweichte Erde stinkt davon.“

Welch schmutzige Schmach. Das verlorene Maß, die preisgegebene Mitte, der Verlust des inneren Halts führen zur Verschlammung der menschlichen Existenz. Es gibt grausamere Qualen in Dantes Hölle und in den tieferen Kreisen viel überschäumenden Schmerz. Doch dies unaufhörliche Versinken im Schmutz lässt einen schaudern.

Das Zurückfinden ins rechte Maß ist eine Frage der Balance, die man dem Dasein geben will. Erfüllung statt Völlerei! Für die Sinne des Leibes wie für den Sinn des Lebens. Wenn diese

Balance misslingt, folgt aufs Übermaß nicht selten Überdruss, und Überdruss verfinstert das Gemüt.

Mit acedia, der Trägheit, ist mehr gemeint als die gewöhnliche Bequemlichkeit. Sie bezeichnet die Trägheit des Herzens, den Verlust des Willens, die Verfinsterung des Gemüts. Während im Kanon diese ,Todsünde' an siebter und letzter Stelle steht, weiß der Volksmund: „Müßiggang ist aller Laster Anfang." Das läuft auf die moralische oder moralisierende Ermahnung hinaus: Wer nicht genug zu tun hat, kommt nur auf dumme Gedanken. Es kann aber eine Tugend sein, auf Gedanken zu kommen, auch wenn sie vom gesunden Menschenverstand und vom Volksmund für ,dumm' gehalten werden.

Die acedia jedenfalls bezeichnet keineswegs das Nichtstun oder die Rumhängerei, sondern eine seelische Verstimmtheit: vielleicht die seelische Verstimmtheit unserer modernen Zivilisation schlechthin. Ihr weltlicher Name ist ,Depression'. In einer rastlos regsamen, im Dauerbetrieb rotierenden Gegenwart ist die Niedergeschlagenheit eine Art Notwehr der Seele, zum Unglück eine, die sich gegen sich selber kehrt.

Diese Verspannung im Negativen ist schwer zu lösen, die Krankheit kaum zu heilen. Sigmund Freud hat einmal bemerkt, mitunter genüge es schon, wenn die psychoanalytische Kur dem Melancholiker wenigstens das morgendliche Verlassen des Bettes ermögliche. Da ist guter Rat teuer – wie die Psychoanalyse. Der Benediktinerpater Anselm Grün empfiehlt, der inneren Haltlosigkeit mit einem äußeren Gerüst zu begegnen und „sich eine klare Ordnung zu geben, den Tag gut zu strukturieren, ihn mit einem Ritual zu beginnen und zu beenden. Weil die Seele nicht in Ordnung ist, braucht sie eine äußere Ordnung. Indem man sich an die äußere Ordnung hält, kommt auch die Seele wieder in Ordnung."

Wenn es nur so einfach wäre. Meistens fehlt ja gerade denjenigen Menschen, die das Gerüst der äußeren Ordnung am meisten nötig hätten, zugleich die Kraft, dieses Gerüst überhaupt aufzustellen. Wem es nicht gut geht, der lässt sich leicht gehen, und dann geht es noch schlechter. Ein Teufelskreis. Wie kein anderes Laster ist dieses in sich selbst gefangen und mit sich selbst bestraft. Der vernünftigste Vorsatz, den man sich hier nehmen kann, besteht darin, es gar nicht erst soweit kommen zu lassen, dass man Vorsätze nötig hat.

Das wiederum gilt auf die eine oder andere Weise für alle ‚Todsünden'. Zwar steht jedes Laster einzig da, doch steckt eines mit dem anderen an. Die Gier kann Neid hervortreiben und der Neid den Zorn. Die Wollust kann sich in Unmäßigkeit erschöpfen, die Trägheit des Herzens in die hochmütige Stimmung führen, es habe ja doch alles keinen Sinn. So blickt der Mensch auf sich selbst herab und erniedrigt sich, statt zu etwas aufzublicken, das größer ist als er selbst und das eigene Dasein überschreitet – mag man dieses Überschreitende ‚Gott' nennen oder ‚Transzendenz'.

Kann denn Fußball Sünde sein?

Kicken und Kirche, Rasen und Religion

Im Vorfeld der in Deutschland ausgetragenen Fußballweltmeisterschaft 2006 stimmten sich alle, die professionell irgendwie damit zu tun hatten – oder zu tun haben zu müssen glaubten – auf das große Event ein. Gleiches geschieht in jedem Jahr, in dem eine Weltmeister- oder eine Europameisterschaft auf dem Rasen ausgefochten wird. Nur ging es 2006 verständlicherweise besonders hoch her, war das ganze Fußballfest doch ein einziges Heimspiel. Sogar Kardinal Karl Lehmann schrieb damals für die offizielle WM-Broschüre *Countdown* ein Vorwort. Als der Kardinal noch ein Knabe war, hat er selbst gekickt; und 1954, im legendären deutschen Fußballweltmeisterjahr, spielte er als Achtzehnjähriger im Verein von Veringenstadt, wie die *Katholische Nachrichtenagentur* vermeldete.

Auf welcher Position der Knabe Karl auch immer gespielt haben mag, was hatte der Kardinal Lehmann mit dem Kicken zu tun? Das, was die Kirche damit zu tun hat! Weltmeisterschaften sind gesellschaftliche Großereignisse. 2006 wurden vom 9. Juni bis zum 9. Juli in zwölf Arenen zwischen Hamburg und München, Gelsenkirchen und Berlin insgesamt vierundsechzig Spiele ausgetragen. Da konnten und durften die Kirchen nicht im Abseits stehen, um es fußballerisch auszudrücken. Auch der Sportbeauftragte der evangelischen Kirche legte auf das Mitfeiern Wert: „Sport trennt die Menschen nicht, sondern verbindet sie."

Die meisten Fußballfans erlebten die „verbindende Kraft des Sports" nicht rasennah, sondern über bewegte Bilder: entweder in Augenhöhe vor dem eigenen Fernsehschirm oder mit nach oben gerichtetem Andachtsblick vor Leinwänden und Großbildschirmen in öffentlichen Sälen oder auf öffentlichen Plätzen.

Das gemeinsame Fußballgucken im ‚öffentlichen Raum' bezeichnen die Marketingspezialisten mit ihrem Branchendenglisch als „Public Viewing".

Solche Veranstaltungen fanden auch in kirchlichen Räumen statt, in Gemeindesälen und Jugendzentren oder unter freiem Himmel in unmittelbarer Nähe der Gotteshäuser. Zum Beispiel während eines „Fests der Völker und Kulturen", das die christlichen Kirchen gemeinsam rund um die Domkirche St. Marien in Hamburg feierten, mit Spaß, Kulinaria und Übertragungswand auf dem Domplatz.

Wie zu erwarten rief die Idee des profanen „Public Viewing" in sakralen Räumen auch Kritiker auf den Plan. Es gibt immer fromme Leute, die besonders gern in den Tempel laufen, wenn die Aussicht besteht, dass es dort Tische der Händler und Wechsler umzustürzen gilt. Doch sind die Eiferer mit ihrer falsch verstandenen Nachfolge Christi im Unrecht. Die ‚imitatio' gerät ihnen zur Imitation, zu einer verdrehten Nachäfferei aus nicht vorhandenem Anlass. Der Fernsehfußball musste nicht aus geweihten Räumen heraus getrieben werden, denn er kam gar nicht erst hinein. Was die kirchliche Darbietung von WM-Spielen betraf, stellte der damalige EKD-Ratsvorsitzende Bischof Wolfgang Huber klar: „Wir respektieren, dass Fußball ein starkes Stück Leben ist. Aber es geht nicht darum, die Altäre mit Großbild-Leinwänden zu verhängen."

In wohltuender fußballökumenischer Übereinstimmung mit Bischof Lehmann erklärte Bischof Huber, die evangelische Kirche wolle „das Leben und den Glauben zusammenbringen". Und deshalb, fuhr Huber begeistert fort, sei es „wunderbar", dass die Kirche die Rechte für öffentliche Vorführungen erhalten habe. Diese Vorführungen würden in kirchlichen, aber eben nicht in Kirchenräumen stattfinden.

Dass den Kirchen öffentliche Fußballübertragungen gestattet wurden, ist tatsächlich eine Art Wunder, obwohl Theologen, besonders evangelische, mit diesem Ausdruck eher vorsichtig umzugehen pflegen. Jedenfalls ist viel Geld im Spiel, und die Schweizer Firma Infront, die von der Fifa die WM-Fernsehrechte erworben hatte, wollte diese Rechte ja weiterverkaufen, nicht weiterverschenken. Die Erlaubnis für das Abspielen von Übertragungen auf kirchlichen Veranstaltungen aber wurde erteilt, und so konnten sich die evangelischen und katholischen Sportspezialisten daran machen, die Gemeinden auf vier Wochen Tanz um den Ball einzustimmen, religionspädagogisch gewissermaßen: Wie zum Beispiel lässt sich die WM in den Konfirmationsunterricht einbringen? Das wird nicht schwer gewesen sein, nicht einmal bei den Mädchen, seit die deutschen Damen nationalfraulich besser aufgestellt sind als die Nationalmannschaft. Und in die Seniorenarbeit? Auch ein lösbares Problem. Und in den Gottesdienst? Das war schon schwieriger. Die Pfarrer wollten den lieben Gott nicht mit Fürbitten in Bedrängnis bringen. Selbst der EKD-offizielle WM Pfarrer Hans-Georg Ulrichs hoffte mehr auf das Geschick der Kicker unten auf dem Rasen als auf ein Wunder von oben. Zu wem soll der liebe Gott auch halten, wenn ihn die Fans der verschiedenen Nationalteams der ganzen großen Christenheit gleichzeitig bestürmen? Und erst die Fußballstars selbst. Vor allem die feurigen, die aus romanisch-katholischen Ländern. Wie inbrünstig sie sich bekreuzigen, wenn sie aufs Spielfeld laufen. Wie sie in die Knie gehen und die Hände zum Himmel erheben, nachdem sie ein Tor geschossen haben.

Man soll trotzdem nicht denken, „dass vom Rasen magische Wirkung ausgehen kann“. Darauf legte Kardinal Lehmann viel Wert. Er fürchtete offenbar, die Schäfchen auf den Stadionrängen würden auf Irr- und Abwege kommen. Auch das Bekreuzigen, warnte Lehmann, dürfe nicht mit magischer Beschwörung verwechselt werden: „Das ist kein Patentrezept für einen Sieg, kein maschineller Zauber, sondern das Bewusstsein, dass der

Mensch seine Fähigkeit von Gott empfangen hat." Noch Jahre nach dem Ereignis spürt man den gequälten Ton dieser Verlautbarung. Einerseits wollte man kein Spielverderber sein, andererseits nicht mit dem Feuer spielen, dem Höllenfeuer, falls christliche Rituale angewandt wurden wie heidnische Magie.

Auch andere Fragen rund ums Themenfeld Rasen und Religion erfordern bei ihrer Beantwortung eine gewisse Delikatesse. So würde die Frage, ob Gott sich persönlich um die Beine der Kicker kümmert, schnurstracks in die Kontroverse zwischen Evolutionstheorie und ‚Intelligent Design' führen. Unter diesem Titel versuchen christliche Fundamentalisten in den USA die Lehre vom Schöpfergott zurück in die Schulbücher zu bringen. Angewandt auf Fußballerbeine läuft die Kontroverse zwischen Evolutionstheorie und Schöpfertat auf die komische Alternative hinaus: Entweder sind die Beine, sagen wir mal von Sebastian Schweinsteiger, das Endresultat einer Jahrmillionen währenden Evolution oder sie sind die unmittelbare Hervorbringung eines Schöpfergottes. Da ließe sich im Anschluss gleich das Theodizee-Problem aufwerfen: Kann es einen Gott geben, wenn man schon im Achtelfinale ausscheidet?

Zurück zu Kardinal Lehmanns Warnung vor Gebets- und Bekreuzigungszauber. Der folgende Dialog aus einem Roman des katholischen Romanciers Graham Greene hört sich an wie ein Kommentar zu den Sorgen des Kardinals:

> *„‚Ich pflegte zu beten, dass ich in die zweite Fußballmannschaft meiner Schule kommen möge.'*
> *‚Und gelang Ihnen das?'*
> *‚Ich kam in die dritte. Solche Gebete sind, glaube ich, nicht viel wert; was meinen Sie, Hochwürden?'*
> *‚Jedes Gebet ist besser als keines. Denn es ist auf alle Fälle eine Anerkennung der Macht Gottes, und dies ist doch eine Art von Lobpreisung.'"*

An dieser Stelle des Romans schaltet sich eine dritte Person ins Gespräch. Sie spricht so ähnlich wie Karl Lehmann, und erhält von Hochwürden eine Antwort, die dem aufgeschlossenen katholischen Kardinal vermutlich sehr gegen den Strich ginge – obwohl sie vielleicht gar nicht so falsch ist:

> *„‚Nach meinem Empfinden hat diese Art zu beten eher Ähnlichkeit mit einem dreimaligen Klopfen auf Holz oder sonstigen abergläubischen Handlungen.'*
> *‚Ach wissen Sie, gegen ein bisschen Aberglauben habe ich gar nichts einzuwenden. Es bringt die Menschen auf die Idee, dass diese Welt nicht alles ist. Es könnte sogar der Anfang der Weisheit sein.'"*

Die Szene stammt aus Graham Greenes Roman *Das Ende einer Affäre* und macht deutlich, dass die Abergläubischen durchaus nicht immer die Dummen sein müssen.

Greenes Roman erschien im Jahr 1951. Seitdem hat sich das Verhältnis zwischen Fußball und Religion sehr verändert. Beispielsweise stellte Andreas Merkt, Professor für Historische Theologie an der Universität Regensburg, zur Weltmeisterschaft 2006 ein Buch mit dem Titel *Fußballgott. Elf Einwürfe* zusammen. In diesem Band äußerten sich elf Theologieprofessoren zum Thema Religion und Fußball, genauer gesagt: Es äußerten sich zehn Theologieprofessoren und eine -professorin. Das Buch wurde vom Verlag so beworben: „Warum gerade Theologieprofessoren? Weil deren Geschäft eben das Nachdenken über Kult und Religion ist. Und Fußball ist Kult. Also ein Thema für Theologen."

Schlüssig ist diese Argumentation nicht, aber darauf kommt es bei Reklame selten an. Ein anderer Verlag bewarb seinerzeit Jürg Albrechts Buch *Ein Tor, in Gottes Namen!* mit dieser weit hergeholten, weit aus der Geschichte hergeholten Überlegung:

„Fußball und Religion lassen sich nicht trennen: Seine Anfänge liegen in aztekischen Ritualen, bei denen die Sieger einer Schlacht mit den Schädeln der Unterlegenen kickten.“ Was für ein Unsinn! Es ging aber noch weiter: „Während sich am Sonntag nur noch ein paar Gläubige in die Kirchen verlieren, strömen am Samstag die Massen in die Stadien, auf die man heute so stolz ist wie einst auf Kathedralen. Die Choräle der Südkurve mögen etwas rau klingen und der Vergleich des Pokals mit dem Abendmahlskelch vielleicht gewagt erscheinen: Was aber sonst weckt heute auf der ganzen Welt so viele Emotionen, so viel Verehrung, was stiftet so viel Zusammengehörigkeitsgefühl wie der Fußball?“

Dass Fußball Kult sei und irgendetwas Religiöses an sich habe, gehört inzwischen zum Gemeinplatzrepertoire von Sportreportern und Theologen gleichermaßen. Wobei die Theologen den Sport, insbesondere den Fußball, als Konkurrenz mehr fürchten müssen als umgekehrt die Sportler die Theologie. „Wenn über das Verhältnis von Kirche und Sport gesprochen wird“, schrieb Michael Kühn, ehemaliger „Olympiapfarrer“ und Sportbeauftragter der Deutschen Bischofskonferenz, „entsteht oft der Eindruck, dass zwei Welten aufeinander prallen. Sicherlich herrscht dabei auf Seiten der Theologen die größere Skepsis und Berührungsangst. Beim Auftauchen von Spruchbändern und Gesängen, in denen Vereine zur Religion und Fußballer zu Göttern erhoben werden, sowie beim Beobachten der Massenphänomene in den Stadien, geht oft sofort die Schublade ‚Sport ist Ersatzreligion‘ auf. Aus einer solchen Haltung heraus fällt eine differenzierte Betrachtung schwer. Denn nicht alles, was religiöse Züge oder quasireligiöse Ausdrucksweisen annimmt, wird von AkteurInnen und ZuschauerInnen im Sport auch wirklich mit Religion oder Gott gleichgesetzt.“

Trotz dieses immerhin nicht unerheblichen Einwands gehört die Rede vom Fußball als ‚Religion‘ selbst im gehobenen Feuilleton inzwischen zu den Standardgleichnissen. Nicht einmal Gott in Frankreich isst und trinkt mehr, sondern trippelt und flankt. Der Essayist Benjamin Korn schrieb 2006 in der *Zeit*: „Zinédine Zidane ist der unwiderlegbare Beweis dafür, dass es einen Gott gibt und dass er in Frankreich Fußball spielt." Bei so viel exaltierter Heldenverehrung wirkt der polemische Freistoß, den Henning Sussebach damals ebenfalls in der *Zeit* geschossen hat, direkt erfrischend: „Warum reißt mich Fußball heute kaum noch vom Hocker? Nach ungezählten Stadionbesuchen und sechs ferngesehenen Weltmeisterschaften lasse ich es an rundum eingeforderter Begeisterung mangeln – und das jetzt, ein halbes Jahr vor der ‚WM im eigenen Lande', die angekündigt wird wie eine Messe, überall läuten schon die Glocken."

Verkehrte Welt: Die Religion, so scheint es, säkularisiert sich immer mehr, und zugleich wird der Sport immer sakraler – und zusätzlich noch als Kulturgut aufgewertet, wie Henning Sussebach mit einem Seitenhieb auf die grassierende Fußballpoesie bedauerte: „Das ist der Fußball von heute: Dichter und Denker kicken, Kicker dichten und denken. Der Zusatz ‚... und besucht in seiner Freizeit die Heimspiele der Spielvereinigung Oer-Erkenschwick' erdet mittlerweile die Biografie manches Professors, der seine Nase früher hoch über der Grasnarbe trug." Das hätten sich auch die zehn Theologen und die eine Theologin spöttisch gesagt sein lassen sollen. „Im offiziellen WM-Vorfreude-Magazin ‚Countdown' schreibt Kardinal Lehmann das Editorial, Überschrift ‚Das Tor zum Himmel'. Leitartikler hangeln sich an Fußballmetaphern von Argument zu Argument, die ‚Zeit' druckt Fußballgedichte."

Theologen, Kardinäle, Leitartikler, Dichter – sie alle feiern den Fußball. Da dürfen die Sozialwissenschaftler nicht fehlen. *Schalke unser* heißt ein Aufsatz des Soziologen – und evangelischen Theologen – Joachim von Soosten. Diese Sportgebetsadaption – oder muss man sagen: Parodie? – des *Vater unser* ist keine Sache, die nur im Buche steht, sie ist Kabinenwirklichkeit: „Schalke Unser im Himmel, Du bist die auserkorene Mannschaft, verteidigt werde Dein Name, Dein Sieg komme wie zu Hause so auch auswärts. Unseren üblichen Heimsieg gib uns immer und gib uns das ‚Zu Null', wie wir Dir geben die Unterstützung, und niemals vergib denen aus der Nähe von Lüdenscheid, wie auch wir ihnen niemals vergeben werden, und führe uns stets ins Finals, denn Dein ist der Sieg und die Macht und die Meisterschaft in Ewigkeit, Attacke!"

Beeindruckt von so viel fanatischer Inbrunst der Fans schreibt von Soosten: „Fußball genießt Kultstatus. Wo immer wir Kulte und Kultformen beobachten, liegt die Frage nach der Religion und dem religiösen Status eines Kultes nicht weit entfernt. Religion und Kult hängen eng zusammen, so dass wir der Frage nach dem Fußball als Religion schwer ausweichen können. Die Kultform Fußball kennt eine Vielzahl von Ritualen und rituellen Praktiken und Brauchtümern. Riten sind Verhaltensregeln, die vorschreiben, wie man sich gegenüber dem Heiligen zu verhalten hat; sie werden gemeinschaftlich durchgeführt und unter Beteiligung der Sinne periodisch wiederholt. Kult ist Stil, Kult ist Form, und Kult ist Inszenierung. Genau darum sind der Fußball und das Arenaerlebnis einer Religion zum Verwechseln ähnlich. Denn ohne Stil und ohne Form, ohne Rituale und Riten, ohne Darstellung und Inszenierung ist die Mitteilung von Religion nicht vorstellbar."

Merkwürdigerweise ist vom inneren Kern, vom Wesen und Wesentlichen einer Religion überhaupt nicht die Rede: vom Glauben. Kein Soziologe, kein Feuilletonist, keiner der zehn Theologieprofessoren, und die weibliche Nummer elf auch nicht, würde auf dem Fußballplatz nach einem Glauben suchen. Nach Hoffnung wohl schon, auch nach Liebe und ein bisschen pfingstähnlicher Massenverschmelzung, aber gewiss nicht nach Glauben, Transzendenz, Jenseitigkeit. Die Redeweise vom Fußball als Kult und Religion ist oberflächlich und bloß metaphorisch. Sie hält schon einfachsten religiösen Anforderungen nicht stand. Oder allenfalls im Kinderglauben, wenn mit naiver Inbrunst versucht wird, dem lieben Gott den Sieg der eigenen Mannschaft abzubeten, abzubetteln, abzutrotzen.

„Hier sind alle Sender der Bundesrepublik Deutschland und West-Berlins, angeschlossen Radio Saarbrücken. Wir übertragen aus dem Wankdorf-Stadion in Bern das Endspiel um die Fußballweltmeisterschaft zwischen Deutschland und Ungarn." So beginnt die berühmteste Sportreportage der deutschen Radiogeschichte. Friedrich Christian Delius zitiert sie in seiner Erzählung *Der Sonntag, an dem ich Weltmeister wurde*. Er schildert darin, wie er als kleiner Junge, Sohn eines autoritären evangelischen Pastors, diese Übertragung hörte, und wie ihn die religiösen Metaphern des Reporters Herbert Zimmermann gleichzeitig erschreckten und begeisterten: „Ich hatte noch nie eine Fußballreportage gehört, immer öfter fielen Wörter, die nichts mit Fußball zu tun hatten… ‚Wunder!' … ‚Gott sei Dank' … ‚So haben wir alle gehofft, gebetet!' … und ich staunte, dass der Reporter das Wort ‚glauben' mit mehr Inbrunst als ein Pfarrer oder Religionslehrer aussprechen konnte."

Bereits nach acht Minuten führten die Ungarn Null-zu-Zwei. Aber das Hoffen auf den – nun ja – ‚Endsieg' zahlte sich aus, 1954, neun Jahre nach dem verlorenen Krieg. Die deutsche Mannschaft konnte ausgleichen, und dann kam Rahn, der genau das tat, was Zimmermann sich von ihm wünschte, wie Delius in seiner Erzählung hinreißend dokumentiert: „Schäfer, nach innen geflankt, Kopfball, abgewehrt, aus dem Hintergrund müsste Rahn schießen, Rahn schießt!" Jetzt jubelt im Erzähltext jener klassisch gewordene Torschrei auf, der seitdem als Zitat wieder und wieder gesendet wird. Herbert Zimmermann selbst erinnerte seinerzeit im Moment des höchsten Triumphs daran, was Fußball wirklich ist: „Wir wollen auch in diesem Augenblick nicht vergessen, dass es ein Spiel ist, ein Spiel, aber das populärste Spiel, das die Welt kennt."

Ein populäres, vielleicht tatsächlich das populärste Spiel der Welt. Aber Kult? Ritual? Ersatzreligion? Sonntäglicher Terminwettbewerb zum Gottesdienst vielleicht, aber gewiss keine Glaubenskonkurrenz. Dazu noch einmal, wohltuend nüchtern, der ehemalige Sportbeauftragte der Deutschen Bischofskonferenz Michael Kühn: „Die Förderung der Partnerschaft von Kirche und Sport kann das oft gespannte Verhältnis von Pfarrei und Sportverein vor Ort entkrampfen. Vor Ort krankt das Verhältnis zwischen Pfarrei und Verein meistens an Terminüberschneidungen, beziehungsweise daran, dass Sportveranstaltungen am Sonntagvormittag stattfinden. Durch Schaffung von Kontakten können Absprachen ermöglicht werden. Der Dienst am Menschen sollte nicht im Kampf um die Menschen enden."

Die pragmatische Gelassenheit dieser Haltung ist sympathisch. Aber auch wenn die Redeweise vom Sport als Religion nur allegorischen Wert hat, so hat damit schon der Heilige Paulus sein Metaphernspiel getrieben und ein sportives Element in den Glauben gebracht: „Wisst ihr nicht, dass die Läufer im Stadion zwar alle laufen, aber dass nur einer den Siegespreis gewinnt? Lauft so, dass ihr ihn gewinnt. Jeder Wettkämpfer aber lebt völlig enthaltsam; jene tun es, um einen vergänglichen, wir aber, um einen unvergänglichen Siegeskranz zu gewinnen."

Starkult und religiöses Charisma

Ist Heiligenverehrung noch zeitgemäß?

Am Anfang von Friedrich Nietzsches philosophischer Streitschrift *Also sprach Zarathustra* steigt der Titelheld vom Gebirge herab in die Wälder und trifft dort einen alten Einsiedler. „‚Was macht der Heilige im Walde?', fragte Zarathustra. Der Heilige antwortete: ‚Ich mache Lieder und singe sie, und wenn ich Lieder mache, lache, weine und brumme ich: also lobe ich Gott.'"

Zarathustra und der Einsiedler haben einander weder etwas zu sagen noch etwas zu geben. Aber sie sind sich auch nicht feindlich gesinnt und trennen sich fröhlich, einer über den anderen lachend. „Als Zarathustra aber allein war, sprach er also zu seinem Herzen: ‚Sollte es denn möglich sein! Dieser alte Heilige hat in seinem Walde noch nichts davon gehört, dass Gott tot ist!'"

Fern von der Welt und ganz allein auf sich gestellt merkt der Einsiedler gar nicht, dass seiner Heiligkeit der Sinn abhanden gekommen ist und führt weiter ein gottgefälliges Leben. Ist er deshalb eine lächerliche Figur? Vielleicht. Aber Nietzsche ist fair genug, nicht nur Zarathustra über den Heiligen, sondern auch den Heiligen über Zarathustra lachen zu lassen. Außerdem sind Zarathustras Gedanken ganz frei von jener Verachtung der Selbstlosigkeit, die dem modernen Ellenbogenmenschen, der nur seiner Karriere lebt, so leicht die Lippen kräuselt. Im Übrigen ist ‚Sinn' nie etwas objektiv Gegebenes, sondern immer etwas subjektiv Gesuchtes oder Gefundenes, Geglaubtes, mitunter auch Aufgeklaubtes.

Das wiederum kann die Kirche als institutionalisierte religiöse Macht nicht hinnehmen. Wenn jeder glauben könnte, was er wollte, bräuchte man keine Schriften, keine Lehren, keine Dogmen und keine geweihten Sachwalter, die diese Schriften,

Lehren und Dogmen den Laien erklären. Das katholische Glaubensbekenntnis zum Beispiel ist kein Diskussionsangebot, sondern innerhalb der Kirche eine „für alle maßgebende Formel“, wie der *Katechismus* es nennt. Jeder praktizierende Katholik kennt die einzelnen Bestandteile dieser Formel: „Ich glaube an Gott, den Vater, den Allmächtigen, den Schöpfer des Himmels und der Erde, und an Jesus Christus, seinen eingeborenen Sohn, unsern Herrn, empfangen durch den Heiligen Geist, geboren von der Jungfrau Maria, gelitten unter Pontius Pilatus, gekreuzigt, gestorben und begraben, hinabgestiegen in das Reich des Todes, am dritten Tage auferstanden von den Toten, aufgefahren in den Himmel; er sitzt zur Rechten Gottes, des allmächtigen Vaters; von dort wird er kommen, zu richten die Lebenden und die Toten. Ich glaube an den Heiligen Geist, die heilige katholische Kirche, Gemeinschaft der Heiligen, Vergebung der Sünden, Auferstehung der Toten und das ewige Leben. Amen.“

Die „Gemeinschaft der Heiligen“ ist nicht irgendeine Idee, sondern gehört zum innersten Kern des katholischen Glaubens. In einem schon älteren Tagesbrevier erklärte der Seelsorger Joseph Kühnel, was unter dieser Gemeinschaft zu verstehen ist: „Wenn wir das Glück des himmlischen Lebens in eine kurze Formel fassen, dann sagen wir: Gemeinschaft mit Gott und den Heiligen. Diese Gemeinschaft wird in uns geschaffen durch die Fähigkeit, das Hohe zu verstehen, das Hohe zu empfangen und das Hohe zu geben. Gott wird verherrlicht in seinen Heiligen. Jeder Heilige ist verehrungswürdig. Jeder Heilige ist in seiner Besonderheit eine eigenpersönliche Welt. Von den unzähligen Heiligen der Ewigkeit hat jeder einzelne eine eigenseelische Verehrenswürdigkeit. ‚Himmelreife‘ erfordert, dass wir jeden einzelnen würdigen können, seinen besonderen Lebensweg erkennen. Seine Bedrängnisse, seine Kämpfe, seine Siege. Jeder Heilige ist ein wohlgelungenes Kunstwerk, zu dem er sich geschaffen.“

Protestanten können sich einer solchen Auffassung nicht anschließen. Für sie ist nicht nachvollziehbar, wie Eduard Kopp einmal im evangelischen Magazin *Chrismon* schrieb, „dass Heilige so etwas wie Anwälte der Menschen vor Gottes Thron sind. Dass zu den Heiligen gebetet wird, um bei Gott mehr Gehör zu finden, widerspricht dem evangelischen Prinzip, dass jeder Mensch eine unmittelbare Beziehung zu Gott haben kann. Nach evangelischem Verständnis bilden Heilige auch keinen fest umrissenen kleinen Kreis von Personen, die in einem offiziellen Verhandlungsprozess den Status als Vorbilder zugesprochen bekommen. Ob jemand heilig ist oder nicht, erweist sich für sie nicht in einem geld- und kräftezehrenden Prozess."

Das ist zwar etwas süffisant ausgedrückt, in der Sache jedoch zutreffend. Immerhin kostet ein Verfahren der vatikanischen „Kongregation für die Selig- und Heiligsprechungsprozesse" zwischen fünfzig- und zweihundertfünfzigtausend Euro und kann sich lange hinziehen. Es müssen Lebenszeugnisse gesichtet, Heilungen medizinisch beurteilt und Wunder nicht nur bezeugt, sondern auch physikalisch untersucht werden. Ein sogenannter Promotor Justitiae, was so viel bedeutet wie Förderer der Gerechtigkeit, hat alle Argumente und Berichte auf ihre Widerlegbarkeit zu prüfen, also jene Rolle einzunehmen, die bis 1983 der von Johannes Paul II. abgeschaffte Advocatus Diaboli, der Anwalt des Teufels innehatte. Ein Advocatus Dei wiederum hat sich für die Kanonisierung zu verwenden. Es handelt sich also um einen regelrechten Gerichtsprozess.

Angesichts dieses Aufwandes ist es schon beachtlich, dass während des Pontifikats von Johannes Paul II. sage und schreibe 482 Personen kanonisiert wurden, so viele wie seit Jahrhunderten nicht mehr. Papst Benedikt XVI. hinkte da ziemlich hinterher, wie man sagen könnte, würde das Hinken in diesem Zusammenhang nicht allzu sehr an den Teufel mit seinem Bocksfuß erinnern. Aber wenigstens wurde Benedikts Vorgänger Johannes

Paul schon nach drei Monaten selig gesprochen. Das war eine große Ausnahme, denn sonst ist frühestens fünf Jahre nach dem Tod eines Anwärters überhaupt an die Aufnahme des Prozesses zu denken. Die ungewöhnliche Hast hatte wohl auch damit zu tun, dass man das medial so erfolgreich wirkende Charisma dieses Papstes, um den ein Kult wie um einen Popstar getrieben wurde, nicht ungenutzt verebben lassen wollte.

Allerdings scheint die große Zahl der Heiligsprechungen unter Johannes Paul und die große Eile bei seiner eigenen Seligsprechung nicht so recht zu der Skepsis zu passen, die sich unter modernen Christen ausgebreitet hat, wie Eduard Kopp schreibt: „Heilige sind Vorbilder, aber ihre Bedeutung für die Christen sinkt. Für 90 Prozent der Protestanten und 70 Prozent der Katholiken haben sie keine oder nur eine geringe Bedeutung."

Die Pop-Aura eines Papstes und die persönliche Verehrung, die ihm von vielen entgegengebracht wurde, sind offenbar durch und durch weltliche Phänomene und mit der Kategorie des Sakralen gar nicht zu erfassen. Papst Benedikt stand in dieser Hinsicht im Schatten seines Vorgängers, der eine Ikone war wie Nelson Mandela oder der Dalai Lama. Dementsprechend wurde er in der Öffentlichkeit stets unterschätzt, obwohl sich beispielsweise die direkt dem Papst zugeeigneten Kollekten im Petersdom nach seinem Amtsantritt verdoppelt hatten. Ein beeindruckender Beweis seiner Beliebtheit bei den sogenannten einfachen Gläubigen. Die britische *Times* sprach denn auch halb bewundernd, halb kopfschüttelnd vom „Ratzinger-Effekt", der umso erstaunlicher sei, als Ratzinger eben nicht den „Star-Appeal" seines Vorgängers habe.

Vielleicht zeigt sich daran die soziale Komplexität des Charismas. Es ist gerade keine persönliche Eigenschaft, wie die meisten Menschen glauben, sondern eine unbewusste Zuschreibung durch eben diese Menschen, wie die Soziologen wissen. Max Weber schrieb in den Passagen, die er seinem handbuchartig aufgebauten und unvollendet gebliebenen Hauptwerk *Wirtschaft und Gesellschaft* der charismatischen im Unterschied zur bürokratischen Herrschaft widmete: „Über die Geltung des Charismas entscheidet die durch Bewährung – ursprünglich stets: durch Wunder – gesicherte, freie, aus Hingabe an Offenbarung, Heldenverehrung, Vertrauen zum Führer geborene Anerkennung durch die Beherrschten."

Ersetzt man den Führer in dieser Definition durch den Star und die Beherrschten durch die Fans, wird deutlich, dass Stars nicht geboren, sondern gemacht werden; und vor allem, dass sie Erfolg haben, sich nach Webers Wort „bewähren" müssen. Ob diese Bewährung gelingt, entscheidet die Masse der Fans oder, im Falle des Papstes, die Masse der Gläubigen. Die schönsten Eigenschaften können den sinkenden Stern eines Stars nicht bremsen, sobald die Fans aufgehört haben, an sie zu glauben.

Der Heilige wiederum kann ruhig „im Walde" leben, um mit Nietzsche zu sprechen, er braucht keine Akklamation, weil er allein für sich und seinen Gott heilig *ist*. Der Theologe Wolfgang Beinert drückt das so aus: „Heiligkeit wird in der Taufe begründet als seinshafte Qualität und entfaltet sich in der personalen Annahme des göttlichen Rufes durch Übernahme der Gesinnung Jesu in einem moralisch heiligen Leben."

Diese Auffassung geht auf den – heiligen – Paulus zurück. Durch die Taufe wird der Mensch in die Nachfolge Christi gestellt. Und der Name, den die Eltern für ihr Kind wählen, galt lange als bewusster Hinweis auf ein Vorbild aus der Schar der Heiligen. Heute wird das auch von praktizierenden Katholiken kaum noch ernst genommen. Die Namenswahl richtet sich inzwischen fast ausschließlich nach Klang und Mode und drückt keine Orientierung an einem Heiligen mehr aus, wie sie im folgenden Gebet noch zum Ausdruck kommt: „Bei der Taufe haben mir meine Eltern den Namen gegeben, den auch du getragen hast. Du bist mir Gefährte und himmlischer Schützer. Du hast diesen Namen vor aller Welt zu Ehren gebracht vor Gott und den Menschen. So bitte ich dich, lass mich meine Gotteskindschaft nie verlieren. Dein Beispiel soll mich lehren, den Willen Gottes zu tun, Christus, meinem Herrn, die Treue zu halten, in der Gesinnung und Haltung eines echten Christen meinen Weg zu gehen, damit ich einst mit dir teilhaben kann an der Herrlichkeit."

In dem Erbauungsbuch für die Jugend, dem dies entnommen ist, folgt auf das Gebet in roter, der Farbe der Märtyrer entsprechender Schrift, die Mahnung: „Suche deinen Namenspatron immer besser kennen zu lernen, damit dir sein Leben Ansporn und Vorbild sei!"

Eine Möglichkeit dieses Kennenlernens, und zwar eine literarisch besonders schöne, ist die auf lateinisch verfasste *Legenda aurea* des Dominikanermönchs Jacobus de Voragine aus der zweiten Hälfte des 13. Jahrhunderts. In diesen Legenden zeigt sich nach ihrem deutschen Übersetzer Richard Benz, „der antikheidnische Mythus, der in einzelne christliche Gestalten sich verwandelte; der aus dem Perseus einen Sankt Georg, aus dem Ödipus einen Gregorius schuf, aus heidnischen Kultstätten, heidnischen Festen christliche machte; in den Heiligen alte Lokalgötter neu erstehen ließ. Diese mündliche Überlieferung wesentlich lokaler Art, zu der sich Predigt und Lied zum Preise der Schutzheiligen gesellt, umfasst im frühen Mittelalter das, was das Volk an Legenden kennt und pflegt. Die Überlieferung ist reich, aber nach Stämmen, Orten, Klöstern getrennt und verschieden. Es ist die Epoche der Sage, die an Historisches oder vermeintlich Historisches, an körperlich Gegebenes oder vermeintlich Gegebenes anknüpft wie: Reliquien, Marterstätten, Kapellen der Einsiedler, gegründete Klöster, Kirchen, Städte; zerstörte und umgewandelte Heidentempel; an heilige Bäume, Steine; an Naturereignisse, Veränderungen der Landschaft; an

Ausrottung schädlicher Tiere, an Vertreibung von Krankheiten, an teure oder gesegnete Zeiten".

Diese Verzwitterung des Glaubens mit dem Aberglauben war den schriftbezogenen Protestanten lange ein Greuel. Sie waren darin päpstlicher als der Papst, oder, um es evangelisch korrekt auszudrücken: Lutherischer als Luther, der schließlich den Teufel höchstpersönlich in einer Stubenecke hocken sah und ihm ein Tintenfass an den Kopf warf. Über die protestantische Feindseligkeit gegen Dämonen, Wunder und Heilige schrieb der Religionssoziologe Roger Friedland in der Zeitschrift *Lettre International*: „Sosehr sich die Katholiken in der Schaffung von Räumen und Ikonographien ergehen, um Gott ein physisches Antlitz zu geben, so sehr verabscheuen Protestanten diese konkrete Festlegung und schon die bloße Vorstellung eines heiligen Ortes. Die Protestanten ersetzten das Land durch die Schrift und tilgten damit alle Spuren einer immanenten Gottheit aus ihm, sie raubten ihm die Wunder, die Heiligen und die Pilgerorte."

Inzwischen hat sich der Rigorismus allerdings in Verständnis verwandelt, wie Eduard Kopp bemerkt: „In der evangelischen Kirche setzt sich die Einsicht durch, dass die Ablehnung des Heiligengedenkens seit der Reformation zu weit gegangen ist: Mit der Ablehnung von Wunderglauben und überirdischen Kräften hatte man die Heiligen als Vorbilder beseitigt."

In einer Gesellschaft, der – angeblich – die Werte abhanden kommen, gelten Persönlichkeiten als besonders wichtig, die sich noch nach ihnen richten. An die Stelle des Namenspatrons, dem der katholische Täufling einst nacheifern sollte, treten weltliche Heilige, etwa die „Global Heroes", mit denen *Amnesty International* auf Anzeigen für Engagement in Menschenrechtsfragen wirbt. Zu diesen vorbildlichen Aktivisten gehörten etwa Swetlana Gannuschkina, die sich in Russland um tschetschenische Flüchtlinge kümmerte und deshalb von den Behörden schikaniert wurde; die türkische Anwältin Eren Keskin, die sich für misshandelte Frauen einsetzte und mit einem einjährigen Berufsverbot belegt wurde; oder Pablo Jaimes aus Kolumbien, der für die Einhaltung der Menschenrechte in dem lateinamerikanischen Land kämpfte und beinahe Opfer eines Mordanschlags wurde. *Amnesty International* weist mit Recht darauf hin: „Täglich bezahlen auch andere Helden weltweit ihren Einsatz für die Menschenrechte mit Unterdrückung, Folter oder Gefängnis."

Die Suche nach Orientierung ließ auch die *Zeit* im Januar 2007 in einer Überschrift fragen: „Brauchen wir noch Vorbilder?" Der Verfasser des Artikels, Georg Diez, explizierte die Headline: „Die klassischen Vorbilder verschwinden zwischen den Fernseh- und Computerbildern. Kann es in einer Gesellschaft, die Instant-Persönlichkeiten zu Idolen macht und Secondhandstars zu Symbolfiguren erhebt, noch Vorbilder geben?"

Die Frage ist rhetorisch. Natürlich gibt es immer noch Vorbilder. Und wie! Noch einmal Diez: „Die Listen, die alle paar Jahre veröffentlicht werden, sehen, neben Mutter Teresa, Nelson Mandela, Michail Gorbatschow, Martin Luther King und Johannes Paul II. weit oben. Seltsam enthistorisiert wirken diese Figuren auf solchen Listen, ausgeblendet ist so die Frage, was wir für uns lernen können, woran wir genau uns orientieren sollen bei den politischen Freiheitsheiligen."

In den späten Achtzigern wurden viele dieser „politischen Freiheitsheiligen" zum letzten Mal mit einer neuen Art *Legenda aurea* gewürdigt, selbstverständlich auf wissenschaftlichem Niveau. Das Kompendium trug den Titel *Lexikon linker Leitfiguren* und versammelte Artikel zu Theodor W. Adorno und Pastor Heinrich Albertz, zu Emile Zola und Arnold Zweig. Dazwischen wurden in wilder Mischung Gandhi, Goethe und Mick Jagger, Karl Marx, Ulrike Meinhof und Thomas Müntzer, Nell-Breuning, Picasso, Fritz Teufel und Tito gewürdigt.

Im Rückblick wirkt diese Ansammlung bizarr, aus mancher ‚Leitfigur' ist inzwischen ein arger oder wie im Fall von Fritz ein armer Teufel geworden. Aber wer weiß: Vielleicht wird auch über manche Gestalt auf aktuellen Vorbildlisten bald die Stirn gerunzelt. Genauer betrachtet geschieht das heute schon. Es ist alles eine Frage der Perspektive. Zum Beispiel war ‚Gorbi' in seiner Heimat Russland viel weniger beliebt als in Deutschland, das ihm seine Duldung der Überwindung der Teilung nie vergessen hat. Und über den Jahrhundertheiligen Gandhi sind Bemerkungen aus seinem Gefolge überliefert, deren Sarkasmus schwer zu überbieten ist, die in der Sache aber berechtigt sind: Es habe viel Geld gekostet, Gandhi ein Leben in Armut zu ermöglichen. Mutter Teresa wiederum, um eine Ikone des Katholizismus in die Reihe der Beispiele zu stellen, wird in entwicklungspolitischen Untersuchungen vorgeworfen, und zwar wiederum zu Recht, ihr rückschrittliches Samaritertum habe zum Fortbestehen des Elends beigetragen, das sie zu lindern suchte.

Die Psychoanalytikerin Margarete Mitscherlich sprach 1978 in einem Buch mit dem Titel *Das Ende der Vorbilder* „vom Nutzen und Nachteil der Idealisierung". Das klingt ein wenig abgegriffen nach Nietzsches „Nutzen und Nachteil der Historie für das Leben", ist jedoch nicht uninteressant. Trotz der Zurückhaltung, die sie dem Verehrenwollen entgegenbrachte, hielt sie es für ein Bedürfnis, das den Menschen buchstäblich in die Wiege gelegt ist: „Wir werden als total hilflose Wesen geboren, und deshalb brauchen wir Erwachsene, die mit der Welt zurechtkommen und an denen wir uns orientieren können. Außerdem brauchen wir Ideale, nach deren Verwirklichung wir streben können. Sonst sind wir einem Gefühl der Leere ausgesetzt. Nehmen wir die Religion, auch sie ist auf dieses Bedürfnis zurückzuführen."

Ein gläubiger Menschen wird mit dieser typisch psychoanalytischen Herleitung des Entstehens von Religion, die noch dazu arg reduktionistisch ist, nicht zufriedenzustellen sein. Für den Gläubigen beruht der Glaube nicht auf seinen eigenen Bedürfnissen, sondern auf der Existenz seines Gottes. Das kann Unbedingtheit nach sich ziehen. In Menschen, in denen sich religiöse Unbedingtheit zum Fanatismus auf Leben und Tod steigert, wartet der Märtyrer auf seinen Einsatz. Heute bedient sich ein religiös kaschierter politischer Terrorismus solcher Menschen und verwandelt sie in Waffen. Sie sind bereit, das Zeugnis ihres Glaubens mit Blut zu schreiben, dem ihren und dem der anderen. Sie bringen das Opfer ihrer Selbsttötung indem sie möglichst viele andere Menschen ermorden. Aber auch a-religiöse, durch und durch weltliche Menschen finden sich zu Opfertaten bereit – und zu Mordtaten, wie die ideologischen Kämpfe im 20. Jahrhundert gezeigt haben und im 21. Jahrhundert immer noch zeigen.

Was die Vorbilder angeht, denen ohne Mord und Totschlag nachzustreben ist, so kommen die Menschen, mögen sie glauben oder nicht, ohne sie tatsächlich nicht aus. Doch sollte man ihnen nicht zu viel zutrauen und von sich selbst nicht zu viel verlangen. Der 2007 gestorbene amerikanische Schriftsteller Kurt Vonnegut hat das in seinem autobiographischen Buchessay *Mann ohne Land* so bodenständig und handfest ausgedrückt, dass man sich daran direkt ein Vorbild nehmen kann: „Was für mich das Leben, außer Musik, schon fast der Mühe wert machte, waren all die Heiligen, die ich kennengelernt hatte, die überall sein können. Mit Heiligen meinte ich Menschen, die sich in einer erstaunlich unanständigen Gesellschaft anständig benehmen."

Freiheit, Freizeit, Flexibilität

Religion ist keine Feiertagsbeschäftigung, sondern muss sich, so sie lebendig bleiben will, unentwegt mit dem Alltag verweben, auch mit dem politischen Alltag, so sehr das der aufklärerischen Trennung von privaten und öffentlichen Angelegenheiten widerspricht. Wie immer der Ausgleich zwischen Weltteilnahme und Gebundenheit an Gott in der jeweiligen Zeit gelingen oder misslingen mag: Ein engagiertes Christentum kann keines der eigenen vier Wände sein. Das gilt nicht nur für die politischen, sondern auch für die sozialen und für die wirtschaftlichen Verhältnisse. Allerdings können sich religiöse Menschen mit ihren kirchlichen Institutionen in Schuld verstricken, die manchmal nur schwer abzutragen und nie wieder gut zu machen ist. Wie viel die Menschen dabei ihrem Gott zumuten, hängt davon ab, was sie untereinander aushalten müssen und ihresgleichen antun.

Feiertagswürde, Feiertagsbürde

Wie arbeitsfreie Tage zu schaffen machen

Wo man auch ist, und wie immer man sich fühlt: Der Jahreswechsel ist für die meisten von uns stets mit einem Ritual verbunden, ganz gleich, ob es opulent ausgestaltet oder auf eine Geste reduziert ist. Drei Tagebucheintragungen von drei sehr unterschiedlichen Menschen an drei nicht minder verschiedenen Neujahrstagen:

> *1. Januar 1920*
> *„Recht behaglicher Abend. Man trank eine gute Bowle aus Champagner, Sherry, Erdbeer- und Citronensaft. Aufbruch um 1 Uhr. Viele Menschen auf den nassen Strassen.“*

> *1. Januar 1973*
> *„Der Plastikwecker geht vor, so muss ich mich nach den Donnerschlägen und zerplatzenden Knallfröschen richten, die anzeigen, dass ein neues Jahr angefangen hat: Regen fällt schwerfällig herunter, Kälte und leichte Böen. Der Ort ist im Regen versackt. Fern hat es in grellen flackernden Lichtzuckungen bemerkbar gemacht, dass der letzte Tag herum ist dieses Jahr: im Ort, an der Busstation, steigen einige geräuschlose glimmernde Raketen in die nasse Dunkelheit auf, glimmernde Funken. Ein paar Donnerschläge, das war alles, was dieser Ort ausdrückte: stehe im Regen vor der Tür des Zimmers und trinke ein Glas Rotwein aus…“*

> *1. Januar 1945*
> *„Gestern abend einige Freunde bei mir, um acht Uhr der übliche Störangriff, der als Neujahrsböller überall zerbrochene Fensterscheiben hinterließ. Um zwölf Uhr dann der Augenblick*

der Stille. Wir standen mit unseren Gläsern da und wagten nicht anzustoßen, von ferne erklang scheppernd ein Armesünderglöckchen."

Die erste Stelle ist den Tagebüchern Thomas Manns entnommen, die zweite Rolf Dieter Brinkmanns Collage-Journal *Rom, Blicke* und die dritte den *Berliner Aufzeichnungen* Ursula von Kardorffs. Der großbürgerliche Schriftsteller Mann genießt einen behaglichen Abend in Gesellschaft. Der antibürgerliche Literaturrebell Brinkmann stürzt einsam seinen Roten hinunter. Die Berliner Journalistin von Kardorff erstarrt in der Kriegsnacht mit dem Glas in der Hand. Alle drei, so verschieden sie selbst und ihre Situationen sind, zeichnen den Jahreswechsel mit einem Ritual aus, auch wenn dieses Ritual bei Kardorff gewissermaßen stecken bleibt in einer geschichtlichen Tragödie und bei Brinkmann über eine frustrierte Geste nicht hinauskommt. Aber obwohl diesen beiden im Unterschied zu Thomas Mann weder behaglich noch festtäglich zumute ist, steigen auch in ihnen feierliche Gefühle auf.

Die Fähigkeit, aus dem Alltag herauszutreten, den Ablauf des gewöhnlichen Programms zu unterbrechen, ist eine Gnade für das Zoon Politikon – und eine Bürde. Im Unterschied zu anderen Tieren führen wir unser Dasein nicht in glücklicher Selbstverständlichkeit. Überhaupt nichts versteht sich von selbst, wir können unser Leben nicht einfach leben, wir müssen es auch deuten. Eben das macht die Stellung des Festes zum Alltag aus: Es ist gelebte Lebensdeutung. An Festen und Feiertagen, und trotz aller Sonntagsroutine auch am siebten Tag der Woche, machen wir vom Alltag Pause und werden – exzentrisch.

Das bezieht sich nicht nur auf die Sonn- und Feiertagsvergnügungen mit ihrem manchmal umwerfenden Stress-Appeal. Vielmehr geht es ums Ganze, um die einmalige Stellung des Menschen zu sich selbst. Diese besondere Stellung bezeichnet der Anthropologe Helmuth Plessner als „exzentrische Positionalität“ des Menschen. Der Philosoph Odo Marquard hat es so reformuliert: „Die Formel von der ‚exzentrischen Positionalität‘ des Menschen besagt, grob gesprochen: der Mensch ist unter den Lebewesen der Exzentriker. Alle anderen Lebewesen leben ihr Leben; der Mensch lebt sein Leben nicht nur, sondern verhält sich auch noch zu ihm, und das kann er nur, weil er auf Distanz geht zu seinem Leben. Zum Menschen gehört immer beides: dass er sein Leben lebt, und dass er auf Distanz geht zu seinem Leben. Darum – weil der Mensch so ein Lebensexzentriker ist – braucht und hat er das Fest.“

Das unterscheidet uns von den Tieren – und von den Göttern auch. Noch einmal Marquard: „Sein Leben leben: das ist beim Menschen sein Alltag. Auf Distanz gehen zu seinem Leben: das ist beim Menschen das Fest. Man könnte sagen: Tiere haben nur den Alltag; sie leben. Gott hat nur den Sonntag: er schaut. Die Menschen aber haben beides: sie leben und distanzieren sich vom Leben; sie arbeiten und feiern; sie haben den Alltag und das Fest.“

Manchmal freilich ist ein Sonntag gerade deshalb ein Fest, weil der Mensch dem Alltag und dem lieben Gott ein Schnippchen schlägt und weder arbeitet noch schaut, sondern hört, und zwar Radio. Friedrich Christian Delius schreibt in *Der Sonntag, an dem ich Weltmeister wurde*: „Du sollst den Feiertag heiligen! Nicht nur die beiden Gottesdienste für Kinder und für Erwachsene, nicht nur das Zeremoniell von Singen, Beten, Zuhören, sondern jede Regung, jeder Schritt standen unter diesem Gebot. Räuber und Gendarm und ähnliche Gruppenspiele in Scheunen, auf Straßen und Feldern waren verboten, Spiele in den Zimmern erlaubt, Toben und Streiten verboten. Lederhosen verboten, Manchesterhosen erlaubt, Fahrradfahren vormittags zur Gottesdienstzeit verboten, nachmittags erlaubt, Fußballspielen auf dem Hof oder Kirchplatz vormittags wegen der Sonntagsruhe, nachmittags wegen der Sonntagskleider verboten.“

So fühlte sich für ein evangelisches Pfarrerskind ein typischer Fünfziger-Jahre-Sonntag an, bis zum 4. Juli 1954, an dem der Junge, wie schon im Kapitel *Kann denn Fußball Sünde sein?* erzählt, ans Radio gebannt das WM-Spiel Deutschland gegen Ungarn verfolgte und endlich vom Drei-zu-Zwei erlöst wurde: „Mich hielt es nicht mehr auf dem Stuhl, ich wollte meinen Stolz, meine Freude, meinen Dank in die Welt, ins Haus, ins Dorf hinausrufen und konnte mich doch vom Radio nicht trennen. Ein Schauer im Rücken ließ den Körper aufzittern, ich wischte die Tränen weg, wollte meine Freude zeigen, ich fühlte deutlich, dass es mir für fast zwei Stunden gelungen war, dem sonntäglichen Alarmzustand, dem Vaterkäfig, den unsichtbaren Gottesfallen entronnen zu sein, und wusste, dass diese Ausnahmezeit irgendwann zu Ende ging."

„Ausnahmezeiten" gehen immer zu Ende, sonst wären sie ja keine. Hätten wir die Fünf-Sonntage-Woche, würden die Leute nicht mehr dem Wochenende, sondern den zwei übrig gebliebenen Arbeitstagen entgegenfiebern. „Im bürgerlichen Leben", schrieb der Literaturwissenschaftler Richard Alewyn im Jahr 1959 „sind Festtag und Werktag streng getrennt. Auf ihrem Gegensatz und ihrem Wechsel beruht der Rhythmus des Lebens."

Die „strenge Trennung" zwischen Fest- und Werktag scheint sich seit Alewyns Zeiten freilich mehr und mehr aufzulösen: Die Zahl der Feiertage, jedenfalls der bezahlten, ist gesunken; und in großen Städten gehen die Leute an den Sonntagen nicht mehr vor Gott, sondern vor den Bedürfnissen der Kaufleute und ihrer Kunden in die Knie. Jesus jagte zornentbrannt die Händler aus dem Tempel. Heute müsste er die Gläubigen von den Schaufenstern zu den Altären treiben.

Selbst in evangelischen Gebieten, in denen die Sonntagsverbote seit jeher strenger durchgesetzt wurden als in katholischen Gegenden, denken Politiker und Wirtschaftsleute über Reformen des sogenannten „Feiertagsschutzes" nach: Disco-Fieber am Karfreitag, fröhlicher Flohmarkt-Rummel am Volkstrauertag, Spaß mit Sport am Totensonntag, den man seit einiger Zeit lieber „Ewigkeitssonntag“ nennt, weil das nicht so deprimierend klingt.

Wie soll bei so viel rastlosem Amüsieren noch Andacht aufkommen?, fragen die Kirchenleute. Sogar die Philosophen sind besorgt: Wo bleibt bei all dem Getriebe rund um die Uhr an sieben Tagen die Woche noch eine Zeitnische für die Selbstbesinnung, die unsere „exzentrische Positionalität“ ausmacht?

Die Sonn- und Feiertage, so scheint es, werden richtig in die Zange genommen: Auf der einen Seite von der Konsumkultur der Freizeitgesellschaft und auf der anderen von den Produktionsinteressen der Arbeitswelt. Die vielen Feiertage, ist von Sprechern der Wirtschaftsverbände zu hören, bremsen das dringend nötige Wachstum. Die vollständige Abschaffung aller Feiertage, wenn man die regionalen Unterschiede zu einem Durchschnitt rechnet, sind es dreizehn im Jahr, die Abschaffung dieser dreizehn Feiertage würde immerhin zweieinhalb Arbeitswochen erbringen, oder rund einhundert Arbeitsstunden. Pro Arbeitnehmer! Pro Arbeitnehmer und Jahr! Man stelle sich vor: Alle Arbeitnehmer verzichten fünf Jahre lang auf alle Feiertage – schon passiert ein Wirtschaftswunder.

Seit Kaiser Konstantin im Jahr 312 das erste Sonntagsgesetz erließ, gibt es Streit um die heiligen Tage. Was die ökonomische Seite angeht, tobte dieser Streit auch innerkonfessionell. Der evangelische Pfarrer und Landwirtschaftsreformer Johann Friedrich Mayer schrieb 1773: „Der Catholicke hat jährlich 120 Ruhetäge: der Protestant hat ihrer nur 60. Der catholische Ackermann vermisset also den Gewinn aus 60 Tägen, und da er an den Feyertägen in den Wirtshäusern schmauset, oder festlicher zu Hause isset, trinkt, und sich kleidet, so ist unterdessen der Protestante mit seinem Alltagsbrod zufrieden und arbeitet sich weniger schadhaft in seinem alltäglichen Kittel. Der

Catholicke also gewinnt 60 Täge nichts, und verzehret vorzüglich 60 Täge hindurch, da der Protestante 60 Täge gewinnt, und durch keine feyerliche Ausschweifung etwas verliert." Außerdem kommt zum Produktionsausfall und den festlichen Mehrkosten noch das moralische Risiko der Arbeitsentwöhnung. Darauf hat ein Zeitgenosse von Pfarrer Mayer, der Finanz- und Verwaltungswissenschaftler Johann Heinrich Gottlob Justi, mit der für sein Fach typischen Ausdauer immer wieder hingewiesen. Im Jahr 1761 schrieb er in einem kameralwissenschaftlichen Kompendium zur *Macht und Glückseligkeit der Staaten*: „Durch allzu viel Feyertage wird das Genie des Volkes zu Fleiß und Arbeitsamkeit verdorben." Feiertage sind schlecht für die Produktion und nicht gut für die Leute – da scheinen der Pfarrer und der Finanzexperte des 18. Jahrhunderts miteinander einig zu sein, und beide mit der Front der Mehrarbeitsforderer von heute.

Vielleicht irren sie trotzdem. Jedenfalls deutet eine interessante Erfahrung, die England im Kriegsjahr 1914 machte, darauf hin, dass die Feiertagsfrage zu komplex ist, um sich mit Rechenexempeln und Ermahnungen beantworten zu lassen. Menschen sind eben keine Maschinen, deren Produktivität sich nach Laufzeiten bemisst. Die britische Industrie schaffte zur Ankurbelung der Kriegsproduktion 1914 den Sonntag ab und verlängerte außerdem die Arbeitszeit. Die Maßnahmen führten jedoch wider Erwarten nicht zur Erhöhung, sondern zur Verminderung der Gesamtleistung. Man kehrte also nach einigem Zögern zum freien Sonntag zurück und reduzierte die tägliche Arbeitszeit von zwölf auf zehn Stunden. Prompt stieg die wöchentliche Gesamtproduktion wieder an.

Sollten unsere Reformer es nicht auch einmal so herum probieren? Sie müssen ja nicht gleich so weit gehen wie Bertrand Russell, der ausgerechnet auf dem Höhepunkt der Wirtschaftskrise 1932 in einem *Lob des Müßiggangs* den vierstündigen

Arbeitstag propagierte. Das wäre denn doch zu arg: nur vier Stunden Arbeit, freier Samstag, freier Sonntag und womöglich noch Feiertage. Da würde permanent der Familienkoller drohen, der sonst nur an Weihnachten und ‚zwischen den Jahren' grassiert. Und die Sonntagsneurosen, die nicht nur die Workaholics quälen, würden sich zur Epidemie auswachsen. Über diese *Sonntagsneurosen* hat der Freud-Schüler Sándor Ferenczi 1919 einen so betitelten Aufsatz geschrieben. Er weist darauf hin, dass wir am Tag des Herrn „unsere eigenen Herren sind und uns von allen Fesseln, die uns die Pflichten und der Zwang von außen auferlegen, befreit fühlen; es geht in uns – damit parallel – auch eine Art innerliche Befreiung vor sich". Die freilich doch sehr davon abhängen dürfte, wie das Beispiel des Pfarrersbuben Delius gezeigt hat, dass die Werktagsreglements nicht durch genauso strenge Sonntagsverbote ersetzt werden und die Würde des Feiertags nicht zur Bürde wird. Die „innerliche Befreiung" jedenfalls, von der Ferenczi sprach, setzt ein gewisses laissez-faire voraus, und genau das bekommt manchen Zeitgenossen nicht. Ohne äußeres Tagesgerüst werden diese meist rastlosen Menschen auch ratlos. Sie fühlen sich von eben dem überfordert, wofür Sonn- und Feiertage da sind: Entspannung, Erholung, Muse.

Das Feiertagsproblem hat eine materielle Dimension: Ausfallzeiten und Zusatzkosten. Es hat eine moralische Dimension: Disziplinverlust durch Lustgewinn. Eine motivationelle Dimension: mehr Leistungsbereitschaft bei Reservenschonung. Und schließlich eine mentale Dimension: Freizeitneurosen durch Unterforderung und gezwungene Zwanglosigkeit. Zu all dem kommt noch die Frage nach dem richtigen Rhythmus: Lieber viele kleine Pausen am Tag oder wenige große? Das Jahr über eine ganze Reihe kleiner Feste oder lieber ein paar ganz opulente? Eher die rauschhafte Ausnahme, die das Unterste zuoberst kehrt, oder der das ganze Jahr durchziehende, immer mäßige Dauergenuss?

Auch dies ist nicht bloß eine Sache der individuellen Vorlieben, sondern will ökonomisch und politisch bedacht sein. Und auch dies hat im 18. Jahrhundert einen Kirchenmann auf den Plan gerufen: Justus Möser, Verwaltungsleiter des Fürstbistums Osnabrück. In seinen *Patriotischen Phantasien* nimmt er für das Fest als seltene und klar begrenzte Ausnahme Partei: „Ich finde, dass es für die Polizei leichter sei, einmal des Jahres Anstalten gegen einen wilden Ochsen zu machen, als täglich die Kälber zu hüten." Möser befürchtet, dass der kleine, aber tägliche Genuss auf Dauer den Fleiß untergräbt und sich wegen seiner Unscheinbarkeit leicht der obrigkeitlichen Aufsicht entzieht. Das große, aber seltene Fest hingegen bleibt bei aller polizeiwidrigen Unruhe erstens genehmigungspflichtig und zweitens zeitlich überschaubar. Es ist nur darauf zu achten, dass der von der Obrigkeit vorgeschriebene Rahmen nicht gesprengt wird, dass – um in Mösers Bild zu bleiben – der Ochse im Gatter bleibt, wenn er seine wilden Tage hat.

Bei allem Sonntagszank und Feiertagshader, die Alternative zwischen dem großen Fest als Ausnahme und den kleinen Vergnügungen als Regel haben wir in dieser Form nicht mehr. Sie wurde längst entschieden, und zwar gegen Mösers Variante. Der Festtag wurde dem Alltag angeglichen, und der Alltag ein wenig dem Fest. Wer täglich Fleisch auf dem Teller hat, für den ist der Sonntagsbraten nichts mehr Besonderes. In der Spaßgesellschaft ist ganzjährig Karneval, und nur wenn etwas ganz Furchtbares passiert, ist plötzlich ‚Aschermittwoch'. Wie an jenem 11. September, nach dem für kurze Zeit ‚nichts mehr so war wie vorher'.

Aber ich will nicht predigen wie Mayer, Möser, Justi, nur daran erinnern, dass nicht nur der Alltag das Fest braucht, sondern auch das Fest den Alltag, genauso wie das Sakrale ohne das Profane keine Aura entfalten kann und das Profane ohne das Sakrale die Transzendenz nicht kennt. Man muss weder einer Konfession angehören noch freischaffend an Gott glauben, um ein Gespür für die Heiligkeit des Lebens zu entwickeln. Die Heiligkeit des Lebens aber wird gefeiert, indem der Mensch ex-zentrisch wird und je nach Neigung und Gelegenheit beschaulich oder enthusiastisch aus sich herausgeht, um sich selbst gegenüberzutreten. Das ist, noch einmal soll es betont werden, nicht vom religiösen Glauben abhängig. Bezogen auf den Sonntag schreibt dazu der jüdische Literaturwissenschaftler George Steiner: „Für den Christen bedeutet dieser Tag eine Ahnung, sowohl voller Gewissheit wie Gefährdung, sowohl evident wie jenseits des Verstehens, von Auferstehung, von einer Gerechtigkeit und einer Liebe, die den Tod überwunden haben. Wenn wir Nichtchristen oder Ungläubige sind, wissen wir von jenem Sonntag in analogen Begriffen. Wir fassen ihn als Tag der Befreiung von Unmenschlichkeit und Sklaverei auf. Wir hoffen auf Lösungen, seien sie therapeutisch oder politisch, seien sie gesellschaftlich oder messianisch. Die Züge jenes Sonntags tragen den Namen der Hoffnung."

Am Fest- und Feiertag erprobt der Mensch seine „exzentrische Positionalität", seine Fähigkeit, sich zu sich selbst zu verhalten. Und er besinnt sich auf die Hoffnung, die ebenfalls exzentrische Züge trägt. Insofern nämlich, als sie die Gabe voraussetzt, in der Vorstellung aus der Gegenwart heraus- und in die Zukunft einzutreten.

Der flexible Mensch im Leerlauf

Überflüssigkeit als Daseinsform

Irgendwo versteckt in einem der großen Weltmeere liegt die Insel Utopia. Ihr Name bedeutet so viel wie „Ohne-Ort“ oder „Nirgendwo“. Auf dieser Insel ist alles aufs Beste geregelt, jedenfalls in den Augen des englischen Lordkanzlers Thomas Morus, der mit einem Buch über die „nova insula“, die „neue Insel“, im Jahr 1516 die Gattung der literarischen Utopie begründet hat. Die Insulaner, schreibt der Humanist, teilen den Tag und die Nacht in vierundzwanzig Stunden ein, was noch nichts besonderes ist, aber sie pflegen „nur sechs davon der Arbeit zu widmen: drei vormittags, worauf sie zum Essen gehen; nach dem Mittagessen ruhen sie dann zwei Nachmittagsstunden, arbeiten wieder drei Stunden und beschließen den Arbeitstag mit dem Abendessen.“

Das soll eine Utopie sein? Sechs Stunden Arbeit täglich sind eine ganz normale Zwei-Drittel-Stelle. Trotzdem: Die Inselphantasie ist ein halbes Jahrtausend alt und immer noch utopisch, genauer gesagt: schon wieder. Die sechs Stunden galten nämlich für alle. Niemand arbeitete sich tot und keiner war überflüssig.

Wunschträume wie diesen haben in unserer Gesellschaft viele, wenn auch aus entgegengesetzten Gründen: Die Überarbeiteten am einen und die Überflüssigen am anderen Ende der Rangskala des sozialen Erfolgs. Um für alle dem Traum einen Schritt näher zu kommen, müsse die Arbeit ‚gerechter verteilt werden‘, wie oft zu hören ist. Leicht gesagt, schwer zu machen. Eine flexible Gesellschaft braucht flexible Bürger, und eine flexible Wirtschaft flexibles Personal. Jeder einzelne Beschäftigte muss sich der Marktlage anpassen, und die Gesamtzahl der Beschäftigten auch. Das lässt sich nicht regeln und planen wie auf einer abgeschiedenen Humanisteninsel. Die Insel, auf der wir leben, ist die ganze Welt. Und die scheint sich immer schneller zu drehen. Die Sicherheit einer kontinuierlichen Biographie ist brüchig geworden und die ein ganzes Arbeitsleben überspannende Karriereplanung riskant.

Mit zunehmender Gleichgültigkeit gegeneinander streben die Menschen jeder für sich nach Glück und Erfolg. ‚Was brauche ich?' wurde zur Hauptfrage, weil die Frage ‚Wer braucht mich?' selbst fragwürdig geworden ist. Jedenfalls hat das der amerikanische Soziologe Richard Sennett in seinem Bestseller *Der flexible Mensch* so beschrieben: „‚Wer braucht mich?' ist eine Frage, die der moderne Kapitalismus völlig zu negieren scheint. Das System strahlt Gleichgültigkeit aus. Es tut dies bei den Ergebnissen menschlichen Strebens ebenso wie auf den Märkten des Alles oder Nichts. Es strahlt in der Organisation der Wirtschaft Gleichgültigkeit aus, wo das Fehlen von Vertrauen keine Rolle mehr spielt, wo Menschen behandelt werden, als wären sie problemlos ersetzbar oder überflüssig. Man könnte einwenden, dass der Kapitalismus immer so war. Aber nicht in dieser Weise. Die Gleichgültigkeit des alten klassengebundenen Kapitalismus war grob materiell; die Indifferenz, die der flexible Kapitalismus ausstrahlt, ist persönlicher, weil das System selbst weniger definiert ist. Apathie ist die logische Reaktion auf das Gefühl, nicht gebraucht zu werden."

Apathie und Niedergeschlagenheit, oder, als psychische Flucht in die entgegengesetzte Richtung, das Übererfüllen von Erwartungen, um Angst vor der Überflüssigkeit erst gar nicht aufkommen zu lassen. Der rastlose Workaholic hält seine Angst, ein Verlierer zu sein, auf ähnliche Weise in Schach wie einst der Calvinist, der mit seinem Erwerbsfleiß die Sorge betäubte, nicht zu den Auserwählten zu zählen.

Die Lebenshaltung der Calvinisten und anderer „protestantischer Sekten" wurde von Max Weber als „innerweltliche Askese" beschrieben. Gottesfurcht, Fleiß und Sparsamkeit verschmelzen mit einem nie nachlassenden Willen zum Profit und bilden als „protestantische Ethik“ den stärksten Antrieb für das, was Weber als „Geist des Kapitalismus“ bezeichnet hat. Heute scheint aus der „innerweltlichen Askese“ der „protestantischen Ethik“ eine Konsumkultur geworden zu sein, die mit ihrem Status-Stress den „flexiblen Menschen“ von Leistung zu Leistung treibt.

Ein begeisterter Fürsprecher dieser Antriebshaltung ist Christoph Keese, Mitbegründer der inzwischen selbst flexibel wieder eingestellten *Financial Times Deutschland* und heute Manager bei Springer. Der 1964 geborene Keese ist eine Art personifiziertes Klischeebild der „Generation Golf“ und hat 2004 ein Buch mit dem Titel *Rettet den Kapitalismus* veröffentlicht. Appelle wie dieser waren damals neoliberaler Mainstream. Man sonnte sich im Triumph des Sieges über den Sozialismus und bekämpfte den westlichen Wohlfahrtsstaat als Verschwender und bürokratisches Monster, vor dem die privatkapitalistische Initiative zu retten sei. Bis im Zuge der Lehmann-Pleite im September 2008 der Finanzkapitalismus nicht vor dem Staat ‚gerettet‘ wurde, sondern von ihm.

Den Flexi-Fetischismus, dem bösen alten Hire-and-fire-Prinzip näher verwandt als zugegeben, pries Keese voller Bewunderung bei John Chambers von der amerikanischen Netzwerkfirma Cisco: „Chambers entlässt jedes Jahr fünf Prozent seiner Mitarbeiter. Jeder Chef, vom Vorstand bis zum Gruppenleiter, muss jährlich einen von zwanzig Angestellten bestimmen, der schlechter ist als die anderen. Die Unglücklichen bekommen sofort ihre Kündigung. Weigert sich der Chef, gehört er automatisch selbst zu den schlechtesten fünf Prozent und kann seine Sachen packen. Nur aus Mitleid wird dort niemand durchgeschleppt, der zu wenig Leistung zeigt.“ Die Chefs fungieren als Schleusen zur Überflüssigkeit und halten so die Belegschaft flüssig.

Aber auch bei Keese geht es nicht ohne „protestantische Ethik“ – wie er sie versteht: „Ein moralisches Dilemma für jeden Manager. Helfen kann höchstens die protestantische Ethik, die sagt: Nicht Gott entscheidet, was richtig ist, sondern der Mensch vor Gott. Cisco-Chef John Chambers steht mit sich alleine da.“

Dieser nassforsche Keese-Kapitalismus wäre bloß eine Skurrilität, wenn der Mann nicht in wichtiger Position tätig wäre. Sich von ihm erklären zu lassen, wie ‚Globalisierung geht‘, ist deshalb nicht in der Sache aufschlussreich, sondern in der Art, über sie zu reden: „Für Belize ist es am besten, Bananen herzustellen und in die Schweiz zu verkaufen, weil die Schweizer, wenn sie selbst züchten würden, teure Gewächshäuser bauen müssten, und Geld sparen, indem sie Bananen aus Belize kaufen. Mit dem Geld aus dem Bananenverkauf kann Belize Uhren, Medikamente und Lokomotiven in der Schweiz erwerben. Darin sind die Schweizer gut bis unschlagbar. Eine Lokomotive bekommen die Belizianer folglich am billigsten durch die Bananenzucht.“

Wohlgemerkt: Das stammt nicht aus einem Fernsehskript für *Die Sendung mit der Maus*, sondern vom Mitbegründer und damaligen Chefredakteur einer Zeitung, die so tat, wenn auch letztlich erfolglos, als würde dort für die deutsche ‚Wirtschaftselite‘ geschrieben.

Der zum Zeitpunkt seiner Kapitalismusrettung vierzigjährige Keese wies in seinem Buch darauf hin, in Deutschland seien viele Männer zwischen Fünfundfünfzig und Fünfundsechzig erwerbslos. Bei diesen Menschen handele es sich um Vorruheständler und Arbeitslose aus allen Berufsschichten, vom Maurer bis zum Architekten, vom Dreher bis zum Maschinenbauingenieur, vom Anwaltsgehilfen bis zum Volljuristen. An dieser Situation hat sich bis heute wenig geändert, obwohl die Unternehmen inzwischen wieder Leute suchen, vom Auszubildenden bis zum Ingenieur.

Menschen ohne Arbeit, ohne selbst verdientes Einkommen und ohne funktionelle Verantwortung müssen mit dem Problem fertig werden, sich nicht mehr gebraucht zu fühlen oder tatsächlich nicht mehr gebraucht zu sein. Die Überflüssigen sind zum Massenphänomen geworden.

Der Begriff der „Überflüssigen“ wurde in Deutschland vor allem durch den Soziologen Heinz Bude populär gemacht. Der harsche Terminus setzt den Akzent auf das Phänomen der Ausschließung, vornehm wissenschaftlich ausgedrückt: auf das Phänomen der „sozialen Exklusion“. Eine ihrer drei Hauptformen ist Bude zufolge die „Überflüssigkeit“: „In Zusammenhängen sozialer Ausgrenzung müssen wir drei Populationen unterscheiden, zwischen denen zwar Anschlüsse, aber keine Deckungsgleichheiten existieren: Die Population der Arbeitslosen, die der Armen und die der Überflüssigen.“

Der Versuch, die „Überflüssigen“ als eigene „Population“ von den „Populationen“ der Arbeitlosen und Armen abzugrenzen, ist nicht sehr überzeugend. Schließlich fühlen sich auch viele Menschen ohne Arbeit und viele Menschen ohne Einkommen überflüssig. Andererseits muss man nicht unbedingt arm oder arbeitslos sein, um sich und anderen überflüssig vorzukommen.

Die „Überflüssigen“ verbindet kein Gemeinschaftsgefühl, was sie in der soziologischen Begriffsbildung von einer Gruppe unterscheidet. Mit gutem Grund benutzt Bude, der den Fachjargon sonst nicht überstrapaziert, den etwas unbeholfenen, aber präzisen Ausdruck „Population“. Die „Population der Überflüssigen“ besteht zwar inzwischen aus Massen, aber aus Massen lauter versprengter Einzelner. „Es ist eine merkwürdige Gruppe, die von sich selbst als Gruppe gar nichts weiß.“ Eben dies unterscheidet sie von den herkömmlichen Unterschichten oder der traditionellen Arbeiterklasse. Es gibt kaum gemeinsame Milieus und nur selten Anzeichen von Solidarität, von so etwas wie Klassenbewusstsein im Sinne der Arbeiterbewegung gar nicht erst zu reden. Viele der sich überflüssig fühlenden Menschen leiden unter Langeweile, und zwar ganz ohne die vornehme Blasiertheit, die in vergangenen historischen Epochen von überflüssig gewordenen Aristokraten oder nichtsnutzigen großbürgerlichen Erben zur Schau getragen wurde.

Überflüssigkeit als Schicksal wurde zwar von Heinz Bude in die deutsche Diskussion gebracht, erfunden hat er die Kategorie des ‚überflüssigen Menschen' aber nicht. Am Ende des 18. Jahrhunderts beispielsweise bezeichnete sie eine zwar dekadente, aber immerhin faszinierende Erscheinung, nämlich die bis heute sprichwörtlich gebliebene ‚jeunesse dorée'. Bei dieser ‚Goldenen Jugend' handelte es sich um vor 1789 geborene Adelskinder, die ihre Jugend während des Direktoriums verlebten, also in der Übergangszeit von der Revolution zu Napoleons Alleinherrschaft.

Ein anderes Beispiel privilegierter Überflüssigkeit waren die vielen, eigentlich fortschrittlich gesinnten jungen Aristokraten im russischen Zarenreich während des ersten Drittels des 19. Jahrhunderts. Diese so rat- wie rastlosen jungen Leute hat Michail Lermontow in seinem Roman *Ein Held unserer Zeit* porträtiert: Der junge Offizier Petschorin, tatendurstig und doch bei all seinem Tun von Sinnlosigkeitsgefühlen überwältigt, langweilt sich buchstäblich zu Tode. Petschorin ist ein von sich selbst an den Fels seiner Zeit gefesselter Prometheus. In seinem von Lermontow fingierten Tagebuch schreibt er: Nachdem „ich die vornehmen Salons und die Triebfedern der menschlichen Gesellschaft zur Genüge kennengelernt hatte, vervollkommnete ich mich in der Kunst zu leben und sah, wie die anderen ohne diese Kunst glücklich waren und kostenlos jene Vorteile genossen, nach denen ich unermüdlich strebte. Da wurde in meiner Brust die Verzweiflung geboren, nicht jene Verzweiflung, die man mit dem Pistolenlauf heilt, sondern die kalte, kraftlose Verzweiflung, die sich hinter Liebenswürdigkeit und einem gutmütigen Lächeln versteckt. Ich wurde ein moralischer Krüppel; die eine Hälfte meiner Seele existierte nicht mehr, sie war verdorrt, verdunstet, gestorben. Ich schnitt sie ab und warf sie weg – die andere aber regte sich und lebte jedermann zu Gefallen, und niemand merkte es". Passagen wie diese, so hinreißend wie niederdrückend, sind es, die Petschorin als literarische Verdichtung eines geschichtlichen Übergangstypus' bis in die Gegenwart lebendig gehalten haben.

Den Überflüssigen von heute fehlt die romantische Aura. Bei Hunderttausenden, bei Millionen von noch nie oder nicht mehr gebrauchten Menschen wäre es absurd, im Einzelnen nach dem Glamour des Scheiterns zu suchen oder nach der Theatralik beim morbiden Verdämmern früh aufgegebener Hoffnungen. Die Niederlage nach einem ehrlichen Kampf ist eine Sache, das Zerkaut- und Ausgespucktwerden eine ganz andere. Bei Zuständen, in denen Consulter und Outsourcing-Berater untereinander halb zynisch, halb bedauernd tatsächlich von „ausspucken" sprechen, ist Heroismus keine Haltung mehr, die Unterlegenheit erträglich macht. Vielmehr wird die Demütigung vor den anderen noch durch die Angst verstärkt, auch vor sich selbst die Achtung zu verlieren.

Dabei ist Überflüssigkeit als Existenzproblem in der Regel nicht die Folge persönlicher Fehlentscheidungen, falsch eingeschätzter Risiken oder nachvollziehbarer Niederlagen. Diejenigen, die ‚es getroffen' hat, empfinden das, was ihnen zugestoßen ist, als blindes Schicksal, als ein Schicksal noch dazu, das nicht bloß einmal niederschlägt, sondern dauernd niederhält. Willkürlich und sinnlos, wie es dem Einzelnen erscheint, kann dieses Schicksal nicht mehr durch Verstehen gemildert, durch Analysieren nicht mehr klein gearbeitet werden. Was bleibt, ist das Ausgeliefertsein an die widrigen Umstände und die hilflose Frage: Warum ausgerechnet ich?

Die negative Übereinstimmung, nicht zu wissen, was sie überflüssig macht, ist das einzige, was Budes Population der

Überflüssigen gemeinsam hat: „Der stolze Werftarbeiter ist genauso gefährdet wie der Pyramidenkletterer aus dem mittleren Management, die kompetente Sachbearbeiterin aus der Reklameabteilung genauso wie die clevere Friseuse aus dem Salon im Einkaufszentrum. Was sie verbindet, ist das latente Gefühl, dass sie sich aufgrund unglücklicher Umstände mit einem Mal in einer staatsabhängigen Schicht wiederfinden könnten, in der die Grenzlinien von erwartbaren Zuerkennungen und gerechtfertigten Ansprüchen nach Maßgabe der öffentlichen Finanzlage mit einer gewissen Willkürlichkeit immer wieder verändert werden."

Heinz Budes Überflüssigkeitstheorie ist verführerisch, weil sie Gefährdungen betont, die bei älteren Problemdiagnosen nur am Rande vorkommen. Schon vor vielen Jahren sprach der CDU-Politiker Heiner Geißler von der „Neuen Armut", und es ist ebenfalls schon etliche Jahre her, dass der SPD-Politiker Peter Glotz den Begriff der „Zweidrittelgesellschaft" geprägt hat. Diese älteren Diagnosen und die neue Kategorie der „Überflüssigkeit" schließen einander nicht aus. Trotzdem besteht das Verlockende des neuen Ansatzes für einige Gesellschaftstheoretiker darin, die Beschreibung der aktuellen Probleme aus dem Bezugsrahmen der überlieferten Modelle herauszulösen.

Aber gerade weil der Begriff der Überflüssigen verführerisch ist, wurden gegen ihn auch Einwände erhoben, und es wurden ihm Vorwürfe gemacht. Wenn man ein Gefühl für das hat, was sich als ‚Sound' der Wissenschaft bezeichnen ließe, könnte man tatsächlich die Frage stellen, ob sich nicht mancher soziologische Zeitdiagnostiker schon im Moment der Diagnose resigniert von seinen bedauernswerten Objekten abwendet. Vermutlich ist das gar nicht gewollt, aber auch in der Soziologie macht der Ton die Musik. Wie diese Musik klingen kann, lässt sich am Beispiel des Bielefelder Systemtheoretikers Helmut Willke demonstrieren: „Das unterste Segment der rund 20 % nicht oder gering qualifizierter und qualifizierbarer Arbeitnehmer ist hoffnungslos. Es wird mit deutlicherer Ausbildung der Wissensgesellschaft immer weniger in der Lage sein, sich durch Arbeit selbst zu erhalten und mithin die Armutsgrenze unterschreiten und/oder dauerhaft auf zusätzliche Transfereinkommen angewiesen sein." Das innere Abwinken des Bielefelder Wissenschaftlers ist deutlich herauszuhören.

‚Fünf Ärzte, sechs Meinungen' sagt man, wenn die Diagnose unklar ist. Warum sollte das bei Soziologen anders sein. Besonders in Zeiten, in denen der ‚soziale Tod', wie der französische Theoretiker Pierre Bourdieu die soziale Ausschließung genannt hat, zur Massenepidemie zu werden droht. Doch welcher Begriff auch immer zur Beschreibung der Lage besonders geeignet sein mag, ihr Ernst bleibt unbestritten.

Auf der Insel des Thomas Morus gab es solche Probleme nicht. Dort sorgten von der Obrigkeit bezahlte Aufseher dafür, dass keiner überflüssig war, und dass keiner sich zu Tode schuftete. Aber die statische Handwerkergesellschaft der Utopier kann für uns eben keine Utopie mehr sein. Der erstarrte Ständestaat ist keine taugliche Alternative zur flexiblen Gesellschaft. Jedoch sollte wenigstens an das erinnert werden, was noch vor einer Generation als ‚die Würde der Arbeit' bezeichnet wurde. Der Schriftsteller Primo Levi hat das in seinem 1978 erschienenen Roman *Der Ringschlüssel* einem Monteur in den Mund gelegt: „Ich glaube, die Menschen sind gebaut wie die Katzen. Wenn die nicht wissen, was sie anstellen sollen, dann kratzen sie sich gegenseitig die Augen aus, flitzen auf die Dächer oder klettern auf Bäume, wo sie dann womöglich herummaunzen, weil sie nicht mehr runterkommen. Ich glaub wirklich, wenn man zufrieden leben will, dann braucht man was zu tun, und zwar was nicht gar zu Einfaches; oder irgendwas, das man sich wünscht, aber nichts völlig Aussichtsloses, sondern etwas, wo man wirklich hoffen kann, es auch zu bekommen."

Das Lauern der Zukunft

Angst als Grundstimmung der Gegenwart

In Zeiten des Umbruchs, wenn alte Sicherheiten verloren zu gehen drohen oder auch tatsächlich verloren gehen, vervielfältigen sich die Ängste, spiegeln sich ineinander, schaukeln sich wechselseitig hoch. Es entsteht eine allgemeine Grundstimmung, die zwar den wirklichen Gefahren im Einzelnen nicht immer angemessen ist, aber doch in diffuser Weise die Sorge vieler Menschen zum Ausdruck bringt, den Boden unter den Füßen zu verlieren. Es handelt sich um eine vage Stimmung, ein irgendwie frei flottierendes Gefühl, das etwas Gespensterhaftes an sich hat. Im angloamerikanischen Sprachraum wird zwar halb spöttisch, halb mitleidig von „German angst" gesprochen, doch handelt es sich nicht allein um ein deutsches Gefühl. „Gespenster der Angst im heutigen Europa" hieß ein Kongress, den die *Europäische Gesellschaft für Katholische Theologie* bereits 2004 veranstaltete.

Die grundsätzliche Gestimmtheit zur Angst ist etwas anderes als die anlassbezogene Bereitschaft, sich zu fürchten. Mitunter verbindet sie sich auf skurrile Weise mit dem, was seit einigen Jahren als ‚Spaßgesellschaft' bezeichnet wird. Schon vor Jahren hat ausgerechnet der Modeschöpfer Wolfgang Joop, dessen Spezialgebiet nicht unbedingt philosophischer Tiefsinn ist, in einem *Zeit*-Interview auf den Selbstbetrug der Konsumenten in unserer panischen Fun-Gesellschaft hingewiesen: „Wir verdrängen alles, was nicht in unsere Lifestyle-Gesellschaft passt; Aids, Angst, Terror. Wir machen wieder Urlaub auf Bali, weil es da so schön billig ist seit den Terroranschlägen. In Amerika ist die beliebteste Partydroge derzeit ‚Xanax', eine Anti-Panik-Tablette."

Gibt es einerseits zu viel Angst und andererseits doch wieder zu wenig? Vielleicht trifft beides gleichzeitig zu, denn Gesellschaften – und die Individuen, aus denen sie sich zusammensetzen – sind viel weniger widerspruchsfrei als die Gedanken, die man sich über sie macht. Was im Denken unlogisch wirkt, versteht sich im Sozialen und Seelischen häufig von selbst, mag es nach sogenannten ‚rationalen Gesichtspunkten' auch noch so unverständlich sein. Wirtschaftswissenschaftler beispielsweise gehen mit Vorliebe von rational handelnden Subjekten aus. Wenn sich dann herausstellt, dass Menschen in bestimmten Situationen anders agieren als erwartet, zeigen sich die Wissenschaftler irritiert über den ‚unlogischen' Eigensinn der Leute. So wurde in einem Experiment gefragt, was ihnen lieber wäre: Entweder würde ihr eigenes Einkommen wenig und das eines anderen viel wachsen, oder das Einkommen beider würde überhaupt nicht wachsen. Zur Überraschung der Wissenschaftler zogen die meisten Menschen das Nullwachstum für alle einem Wachstum vor, das zwar jedem mehr bringt, aber für die einen viel mehr und für die anderen nur wenig mehr. Die Wissenschaftler bezeichneten diese Haltung als ‚irrational'. Aber könnte es nicht sein, dass der instinktive Widerwille gegen einen kleinen Zuwachs, der mit großer Ungleichheit bezahlt wird, auf lange Sicht klüger ist als eine kurzsichtige Rationalität, die alles in Kauf nimmt, nur um selbst ein wenig mehr zu bekommen?

Neuerdings wurden darüber nicht nur Menschenversuche gemacht, sondern auch welche mit Affen. Wenn ein Affe viele Trauben bekommt und ein anderer wenig, so stört das den zu kurz gekommenen nicht, solange nur etwas für ihn übrig bleibt. Die Ökonomen mit ihrer ‚rational choice' Theorie hätten das ganz vernünftig gefunden. Die Verhaltensforscher indessen zogen daraus die Schlussfolgerung, den Affen sei die Idee der Fairness fremd.

Wissenschaft kann sehr komisch sein: Tiere werden mit menschlichem Ernst untersucht, und Menschen gelten als irrational, weil sie sich nicht so verhalten wie Affen. Immerhin demonstriert das ‚rational choice'-Experiment, dass Angst ein guter Ratgeber sein kann: insofern nämlich, als instinktiv die zukünftigen Risiken erkannt werden, die ein sehr ungleiches Wachstum für diejenigen birgt, die jetzt zwar auch mehr bekommen, aber lange nicht so viel wie die anderen. Den Ökonomen behagt ein solches Verhalten nicht, weil es zeigt, dass die Konstruktion des ‚rational handelnden Wirtschaftssubjekts' eben eine Konstruktion ist, keine angemessene Wiedergabe der Wirklichkeit.

Angst durchdringt in verschiedenen Intensitäten das gesamte Dasein des Menschen, auch dort, wo er als ‚Homo oeconomicus' agiert. Das ist für Wissenschaftler, die das Handeln des Menschen in Sektoren aufteilen und dann die ‚Binnenrationalität' dieser Teilgebiete untersuchen, ein Ärgernis. Aber der Mensch, seine Ängste und Hoffnungen sind größer als die Begriffschachteln reduktionistischer Theorien.

Um noch einmal von vorn anzufangen, ganz von vorn, bei Adam und Eva. Die Neugier verführte sie dazu, im Paradies vom Baum der Erkenntnis zu essen. Der Biss in den Apfel, der in der Überlieferung bis ins 5. nachchristliche Jahrhundert wohl eher eine Feige war – aber das ist eine andere Geschichte; der Biss in den Apfel brachte den beiden das Wissen um die eigene Sterblichkeit ein. Oder bürdete es ihnen auf. Denn der Preis dieses Wissens war die Angst, die existenzielle Grundangst des Menschen: die Angst vor dem Tod. „Und Gott der Herr sprach: Du darfst essen von allen Bäumen im Garten, aber von dem Baum der Erkenntnis des Guten und Bösen sollst du nicht essen; denn an dem Tage, da du von ihm issest, musst du des Todes sterben."

Der Gott des *Alten Testaments*, hier zitiert nach der Übersetzung Luthers, ist ein jähzorniger, unberechenbarer Gott. Und er hat Angst vor dem Menschen, den er doch selbst geschaffen hat. Das Paradies-Drama, wie es in der *Genesis* geschildert wird, zeigt einen Gott von großer Sprunghaftigkeit. Es fehlt ihm an jener erhabenen Allweisheit, die sich der fehlbare Mensch in den monotheistischen Religionen seit jeher vom Schöpfer ersehnt. Auf den Sündenfall folgt erst der Fluch der Sterblichkeit, dann wird Gott von Mitleid übermannt und ersetzt die Feigenblätter Evas und Adams durch Röcke aus Fell. Doch kaum hat er die beiden eingekleidet, bekommt er es wieder mit der Angst zu tun und beschließt ihre Vertreibung: „Und Gott der Herr machte Adam und seinem Weibe Röcke von Fellen und zog sie ihnen an. Und Gott der Herr sprach: Siehe, der Mensch ist geworden wie unsereiner und weiß, was gut und böse ist." Genau das war Eva von der Schlange versprochen worden. „Nun aber, dass er nur nicht ausstrecke seine Hand und breche auch von dem Baum des Lebens und esse und lebe ewiglich. Da wies ihn Gott der Herr aus dem Garten Eden, dass er die Erde bebaute, von der er genommen war. Und er trieb den Menschen hinaus und ließ lagern vor dem Garten Eden die Cherubim mit dem flammenden, blitzenden Schwert, zu bewachen den Weg zu dem Baum des Lebens."

Ach hätten Eva und Adam doch nur vom Baum des Lebens gegessen! Der Menschheit wären diese ganzen Geschichten mit der Geschichte erspart geblieben. Geschichte gibt es nur, weil es Macht gibt; und Macht gibt es nicht ohne Angst; und die mächtigste Angst ist die Angst vor dem Tod. Hätten unsere ‚Ureltern' vom Baum des Lebens gegessen, hätte Kain den Abel nicht umgebracht, denn wer ewig lebt, kann nicht ermordet werden. Wer nicht sterben muss, braucht nicht zu gehorchen, und wer nicht töten kann, kann auch nicht herrschen. Ohne den Tod und die Angst vor ihm ist Geschichte nicht denkbar. Wenn es aber die Schrecken der Geschichte nicht gibt, wird auch die Gegenwart nicht durch die Angst vor der Zukunft vergiftet. Nicht umsonst spielt das Ende der Geschichte in Erlösungsreligionen und in politischen Ideologien eine ungeheuer wichtige

Rolle. Und nur, wer an das unmittelbar bevorstehende Ende der Zeiten glaubt, kann wirklich leben, ohne an den nächsten Tag zu denken, kann leben wie „die Vöglein im Himmel", von denen im *Neuen Testament* die Rede ist: „… sie säen nicht, sie ernten nicht, sie sammeln nicht in den Scheunen; und euer himmlischer Vater ernährt sie doch."

Nur wer daran glaubt, dass morgen der Heiland kommt, braucht sich heute keine Sorgen mehr zu machen. Genau das war die Situation der frühen Christen. Als sie feststellten, dass ihre Naherwartung nicht erfüllt wurde, stellte sich erneut die Angst vor einer heillosen Zukunft ein. Die Naherwartung musste auf Dauer gestellt und die Angst vor dieser Dauer bewältigt werden. Sowohl die Erwartung des Jüngsten Tages als auch die Angst vor dem nächsten Tag waren nun religiös zu verwalten.

Der Soziologe Robert Michels hat im ersten Drittel des 20. Jahrhunderts davon gesprochen, dass soziale Bewegungen – sein Beispiel war die Sozialdemokratie Ende des 19., Anfang des 20. Jahrhunderts – sich entweder auflösen oder bürokratisieren. Diesen Vorgang konnte man, gewissermaßen im Zeitraffer, an den *Grünen* beobachten.

In Zeitlupe wäre er zu studieren an der Herausbildung der Kirche in den ersten Jahrhunderten des Christentums. Die Kirche ist ein Beispiel dafür, wie eine Bewegung sich in Gestalt fester Lehrsätze nach und nach eine Art innere Verfassung gibt, eine Dogmatik. Die Autorität der Kirche soll den Gläubigen Sicherheit geben bis zu dem Tag, an dem der Heiland kommt. Die Kirche ist institutionalisierte Angstbewältigung für die Zeit des Übergangs bis zum Jüngsten Gericht. Faszinierenderweise bringt aber die geregelte Bewältigung von Angst selbst neue Ängste hervor: Die Angst vor dem Nachlassen der Erwartungsbereitschaft und die Angst vor der Erstarrung, vor der ‚Veralltäglichung', wie Max Weber gesagt hätte. Historisch gesehen sind diese Ängste überaus fruchtbar, denn sie treiben in Religion und Politik die Erneuerungsbewegungen hervor. Das Erschrecken eines müde und satt gewordenen Christentums vor dem radikalen Islam hat viel mit Angst vor der Erneuerung der großen konkurrierenden Weltreligion zu tun.

Wie fast immer in der Geschichte treten die eifernden Erneuerer rückwärts gewandt auf und nehmen für sich in Anspruch, alte verratene Ideale zu neuem Leben zu erwecken. Aber hat nicht auch das frühe Christentum für sich in Anspruch genommen, gegen das Establishment der Hohenpriester und Pharisäer die alten Wahrheiten durch Jesus zu erneuern? Damit soll nichts für den Fundamentalismus gesagt sein, weder für den christlichen noch den islamischen.

Um noch einmal auf Adam und Eva zurückzukommen, deren Geschichte in der Bibel und im Koran erzählt wird: Seit der Aufklärung ist diese Geschichte zwar nicht mehr als historischer Tatsachenbericht lesbar, aber sie ist dennoch mehr als nur ein hübsches Märchen. In dieser Geschichte geht es um die menschliche Freiheit als die Freiheit zum Bösen. Der Mensch ist frei, weil er zwischen gut und böse unterscheiden und zwischen gut und böse wählen kann. Diese Freiheit macht Angst. Niemand hat das so nachdrücklich beschrieben wie der dänische Philosoph Sören Kierkegaard. Ungefähr zur gleichen Zeit, als Hans Christian Andersen in Kopenhagen seine furchterregenden Märchen schrieb, notierte Kierkegaard in *Der Begriff Angst*: „Die Angst ist die Möglichkeit der Freiheit, nur diese Angst ist durch den Glauben absolut bildend, indem sie alle Endlichkeiten verzehrt, alle ihre Täuschungen aufdeckt. Und kein Großinquisitor hat so entsetzliche Folterungen in Bereitschaft wie die Angst, und kein Spion weiß so listig den Verdächtigten gerade in dem Augenblick anzugreifen, da er am schwächsten ist, oder weiß die Schlinge, in der er gefangen werden soll, so betörend zu machen, wie die Angst dies weiß; und kein scharfsinniger Richter versteht so zu examinieren, ja den Angeklagten so zu prüfen wie die Angst, die ihn niemals loslässt, nicht in der Zerstreuung, nicht im Lärm, nicht bei der Arbeit, nicht am Tage, nicht in der Nacht.“

Kierkegaard ist ein Klassiker der Angst. Seine Philosophie schnürt einem die Kehle zu und treibt einen auf die Seite der Theologie. Aber auch dort treffen wir wieder auf die Angst. Der Theologe Albert Franz hat auf dem eingangs erwähnten europäischen Gespensterkongress gesagt: „Angst gehört zum Menschen als religiösem, als nach sich, nach seinem Woher und Wohin, nach dem Grund seiner Existenz fragendem Wesen, das heißt Angst gehört zur Theologie nicht weniger als zur Philosophie, Angst ist konstitutiv für beide. Würden wir nicht fragen nach unserem Woher und Wohin, sondern wären wir fraglos einfach da, dann hätten wir keine Angst, wie wir umgekehrt nicht fragen würden, wenn wir keine Angst hätten.“

Kein Wunder, dass der Psychoanalytiker Fritz Riemann in seinem Buch *Grundformen der Angst* den depressiven Charaktertypus als religiös besonders begabt beschrieb: „Depressive neigen dazu, Gott und dem Teufel zu viel zu überlassen. Wir tragen Himmel und Hölle in uns selbst, auch die Verantwortung dafür; wie wir es lernen müssen, das Böse in uns zu erkennen, anzunehmen und zu bekämpfen und es nicht auf den Teufel oder ein Feindbild zu projizieren, sollten wir auch das Gute, den göttlichen Kern in uns selbst, suchen und zu verwirklichen versuchen, um seiner selbst willen und um unser selbst willen, nicht wegen einer Belohnung im Jenseits. Depressive sehen leicht allzu viel als ‚Gottes Willen‘ und Fügung an und können sich damit der Eigenverantwortung entziehen in falsch verstandener Demut. Aber der gesunde Mensch mit depressiven Einschlägen kann in seiner Religiosität eine große Innigkeit und Tiefe erreichen, die nicht selten mystische Erlebnisse ermöglicht.“

Fritz Riemanns Buch erschien zum ersten Mal 1961 und hat bis heute eine Auflage von über 800 000 Exemplaren erreicht.

Und obwohl die Psychoanalyse durch die modernen Neurowissenschaften heftig befehdet wird, zollen Angstforscher wie der in Göttingen arbeitende Psychiater Borwin Bandelow der überaus einflussreichen Schrift Riemanns nach wie vor Respekt. Etwas hinterlistig lobt Bandelow das Buch Riemanns als „fabelhaft", womit er einerseits seiner Bewunderung Ausdruck verleiht, andererseits im gleichen Atemzug das Buch wissenschaftlich entwertet, indem er es zur Fabel erklärt. Sein eigenes Werk, das Bandelow mit gut trainiertem Selbstbewusstsein schlichtweg *Das Angstbuch* genannt hat, beginnt er mit dieser Bestandsaufnahme: „Angst vor Terror und Krieg ist in unserer Zeit ein ständiges Thema in den Medien. Doch es sind eher die alltäglichen Ängste, die die Menschen krank machen. So krank, dass der Alltag nur noch durch die Angst bestimmt wird. In den deutschsprachigen Ländern gibt es, grob geschätzt, 17 Millionen Menschen mit Angsterkrankungen – das bedeutet einen unglaublichen Markt, an dem nicht nur diejenigen verdienen, die nachweislich wirksame Behandlungsmethoden oder Medikamente anbieten, sondern auch Tausende von Gurus, Wunderheilern und Pillendrehern. Sie wollen uns mit Hypnose, Zen-Meditation, Rebirthing-Wochenenden in der Toskana, Traumdeutung, endlosen Gesprächen über unsere Kindheit, Tanztherapie, Akupunktur, Bach-Blüten, Veilchenwurzel oder Rauschpfeffer heilen."

Hier schimpft die Wissenschaft. Das Heilungshallodri, das mitunter getrieben wird, kann einem auch wirklich auf die Nerven gehen. Jedoch drückt sich Borwin Bandelow erheblich vorsichtiger aus, wenn er auf die neurologischen Grundlagen der Angst zu sprechen kommt: „Die Entstehung von Ängsten erklärt man sich heute vielschichtiger als früher. Wir müssen uns wahrscheinlich von dem Gedanken lösen, dass allein Erziehungsfehler unserer Eltern an der Angst schuld sind. Stark belastende Erlebnisse in der Kindheit können in unserem Gehirn überdauern, um Jahrzehnte später unerklärliche Ängste auszulösen. Angst kann uns aber auch mit den Genen mitgegeben werden wie Sommersprossen. Sie kann auch eine lästige Erbschaft von unseren Vorfahren sein, die ihre Schutzfunktion heute verloren hat. Und neuere Erkenntnisse der Wissenschaft zeigen uns, dass die biochemischen Vorgänge in unserem Gehirn uns mehr beeinflussen, als wir bisher geglaubt haben."

Folgt daraus, dass eines Tages Medikamente das menschliche Dasein angstfrei machen könnten? Nein. Sie sollten es auch nicht. Denn obwohl „es heute möglich ist, die schlimmsten Ausprägungen der Angst in Schach zu halten, wird es immer ein Traum bleiben, völlig ohne Angst leben zu können. Nicht nur, weil wir wissen, dass das Leben endlich ist, sondern auch weil die Angst zu uns gehört. Sie macht uns zu dem, was wir sind."

Die Angst macht uns zu dem, was wir sind! Mit dieser existenziellen Aussage verlässt der Psychiater das neurologisch erschließbare Gebiet der menschlichen Physis und wird metaphysisch. Diese Dimension hat ihr eigenes Recht. Sie kann weder neurologisch noch ökonomisch noch sozial richtig erfasst werden. Womit allerdings nicht gesagt sein soll, die ökonomische oder soziale Dimension sei weniger wichtig als die metaphysische. Zu viel Schindluder wurde mit solchen Rangzuweisungen getroffen, zu viel falsche Vertröstungen aufs Jenseits gingen damit einher. Der metaphysischen Dimension des menschlichen Daseins ihr Recht zuzuerkennen bedeutet nicht, das alltägliche Lebensinteresse als etwas Zweitrangiges abzufertigen. Auch das wäre eine Reduktion, eine fundamentalistische in diesem Fall. Fundamentalistische Eiferer aller Religionen spielen seit jeher die verschiedenen Ängste der Menschen gegeneinander aus. Zur religiösen Lebensweisheit gehört hingegen das Ausbalancieren, das immer wieder neue Herstellen eines angemessenen Verhältnisses zwischen unseren Ängsten und der Wirklichkeit.

Bei großen Katastrophen die Angst der Traumatisierten kleinzureden wäre schäbig, und sie mit Sintflutvergleichen irgendwie ‚sinnvoll' machen zu wollen, wäre bigott. Auch die soziale Angst, das normale Besorgtsein um die unmittelbare Zukunft hat ihre Berechtigung. Nicht allen geht es in den Wohlstandsgesellschaften, die noch dazu gefährdet sind, tatsächlich gut.

Hinzu kommt die graue Maus der Alltagsangst, die mit unscheinbarer Wühlarbeit die Lebensfreude untergräbt. Und es gibt die Ablagerungen der Ratlosigkeit in den Seelen der Menschen, das tatenlose Hinnehmen der eigenen Besorgnis. Gerade diese kleinen Ängste können den Willen zur Freiheit zermürben. Wenn die Zukunft nur als lauernde Gefahr erlebt wird, und wenn die Grundstimmung der Gegenwart vergiftet ist von diffusen Angstgefühlen, erstarren die Menschen vor ihren Aufgaben. Zum Aushalten der Freiheit gehört die Angst, aber damit die Angst erträglich bleibt, ist die Gelassenheit der Reife nötig.

Dramen des Verzeihens

Entschuldung und Entschuldigung

Eine Entschuldigung im Vorübergehen ist keine große Sache, im Alltag erregt ein „pardon“ oder „sorry“ kein Aufsehen. Wenn aber ein „sorry“ in den Himmel geschrieben wird, sieht das schon anders aus. Im Jahr 2000, im Vorfeld der Olympischen Spiele in Australien, erschienen am Himmel über Sydney in den Formen eines S, eines O, eines gedoppelten R und eines Y die Kondensstreifen eines Flugzeugs. Die Entschuldigung richtete sich an die Aborigines, die australischen Ureinwohner.

Normalerweise sind Entschuldigungen keine pompösen Events, sondern Bagatell-Rituale des Alltags, bestehend aus flüchtigen Signalen der Höflichkeit. Die Verfehlung und die Bitte um Nachsicht finden dabei in der Gegenwart statt und folgen unmittelbar aufeinander. Zum Event, wie in Sydney, oder zum Drama wird das Verzeihen erst, wenn die Vergangenheit und die Zukunft ins Spiel kommen, wenn es darum geht, in der Gegenwart etwas Vergangenes abzuschließen, um die Zukunft zu öffnen. Dann ist in privaten Krisensituationen das Bitten um Verzeihung und das Gewähren der Vergebung eine menschliche Bewährungsprobe. Zu einer politischen Bewährungsprobe kommt es, wenn Einzelne stellvertretend für ein Kollektiv oder eine Institution symbolische Akte in der Öffentlichkeit vollziehen, wie es etwa bei Willy Brandts unvergessenem Kniefall 1970 in Warschau geschehen ist oder beim großen *Mea culpa* von Papst Johannes Paul II. im Jahr 2000. Ich werde darauf zurückkommen.

Eine zugleich menschliche und politische Bewährungsprobe wiederum ist dann zu bestehen, wenn individuell Erlittenes im Zusammenhang mit politisch-historischer Vergangenheitsbewältigung kollektiv vergeben werden soll. Wer hat dann überhaupt das Recht, zu vergeben? Wer hat die Pflicht, die Vergebung zu erbitten? Dürfen beispielsweise Überlebende stellvertretend für die Ermordeten den Mördern vergeben? Sollten – wiederum beispielsweise – persönlich schuldlose Nachgeborene an der Stelle ihrer persönlich schuldigen Vorfahren um Vergebung bitten? Was bedeuten generell die menschlichen, politischen und menschlich-politischen Dramen des Verzeihens für die Menschen, die sich ihnen stellen – oder ihnen ausgesetzt werden?

Im Privatleben senkt das Verzeihen immerhin den Blutdruck. Das mag sarkastisch klingen, ist aber medizinisch bewiesen. Die alte Redensart vom Stein, der einem vom Herzen fällt, wurde durch wissenschaftliche Studien bestätigt, die im Jahr 2003 von der amerikanischen „Kampagne für Vergebensforschung" initiiert wurden. Eine dieser Studien dokumentierte an zweihundert Probanden aus Michigan, dass die Verzeihensbereiten sowohl einen niedrigeren diastolischen Blutdruck hatten als auch niedrigere Kortisol-Werte. Eine andere Studie kam zu dem Ergebnis, dass die Fähigkeit zum Verzeihen Rückenschmerzen und Depressionen lindern kann.

Aber wie schafft man es, wirklich zu vergeben, also von Herzen, nicht bloß mit dem Verstand? Wie wird man durch Verzeihen die Bürde los, die man einem anderen – nachträgt, wie es ganz treffend heißt? Der amerikanische Stressforscher Robert Enright schlägt vier Stufen vor: Erstens soll man sich darüber klar werden, wer oder was Schuld am Ärger hat; im nächsten Schritt muss der Entschluss zum Verzeihen gefasst werden; drittens geht es um das Verstehen des anderen, aber auch um die Anerkennung der eigenen Kränkung; der letzte Schritt ist die Befreiung aus dem Gefängnis der Vorwürfe, in die sich derjenige, der sie erhebt, selbst einsperrt.

Ja – wenn das alles so einfach wäre. Als ob gut gemeinte Appelle genügten, als ob die große Herausforderung des Vergebens dem Vergebenden nicht mehr abverlangen würde als die kleine Anstrengung des Nachsichtübens.

Und doch scheinen auch die Evangelien das Verzeihen als etwas Selbstverständliches und nahezu Unausschöpfbares anzusehen. Während im *Alten Testament* gewalttätige Geschichten von einem Gott erzählt werden, der so rachsüchtig ist wie das von ihm erwählte Volk unzuverlässig, werden im *Neuen Testament* Liebe und Vergebung gelehrt. Im Matthäus-Evangelium etwa tritt Petrus auf Jesus zu und fragt: „Herr, wie oft muss ich denn meinem Bruder, der an mir sündigt, verzeihen? Genügt es siebenmal? Jesus sprach zu ihm: Ich sage dir: nicht siebenmal, sondern siebzigmal siebenmal." Das heißt so viel wie: unbegrenzt!

Aber das ist denn doch nur die halbe Geschichte. Schließlich erzählt Jesus auch von einem König, der seinem Knecht eine große Schuld erlässt. Dieser Knecht wiederum weigert sich, seinerseits einem Mitknecht eine kleine Schuld zu erlassen. Da fordert ihn der König erneut vor sich und zieht seine Vergebung zurück: „Du böser Knecht! Deine ganze Schuld habe ich dir erlassen, weil du mich gebeten hast; hättest du dich da nicht auch erbarmen sollen über deinen Mitknecht, wie ich mich über dich erbarmt habe? Und sein Herr wurde zornig und überantwortete ihn den Peinigern, bis er alles bezahlt hätte, was er ihm schuldig war. So wird auch mein himmlischer Vater an euch tun, wenn ihr einander nicht von Herzen vergebt, ein jeder seinem Bruder." Das ist eine unmissverständliche Drohung: Wehe dem, der nicht vergibt!

Das Knüpfen der Vergebung an Bedingungen mag ethisch angemessen sein, von bedingungsloser Liebe geprägt ist es aber nicht. Außerdem ist sowieso nur von den Brüdern die Rede, womit keineswegs alle möglichen Leute gemeint sind, sondern nur die Mitglieder der eigenen Gemeinde, die Glaubensbrüder eben, nicht einmal die Glaubensschwestern sind erwähnenswert. Und das ist immer noch nicht alles. Unmittelbar bevor

Petrus die Auskunft bekommt, er habe siebzigmal siebenmal zu verzeihen, geht es um die Zurechtweisung sündiger Gemeindemitglieder. Hier ordnet Jesus ohne Wenn und Aber ein Eskalationsmodell an: „Sündigt aber dein Bruder an dir, so geh hin und weise ihn zurecht zwischen dir und ihm allein. Hört er auf dich, so hast du einen Bruder gewonnen. Hört er nicht auf dich, so nimm noch einen oder zwei zu dir, damit jede Sache durch den Mund von zwei oder drei Zeugen bestätigt werde. Hört er auf die nicht, so sage es der Gemeinde." Und wenn auch das Anprangern vor der Gemeinde nicht hilft? „Hört er auf die Gemeinde nicht, so sei er für dich wie ein Heide".

Dieses Drohen mit Ausstoßung ist weit entfernt vom ewig duldsamen Hinhalten rechter und linker Wangen und hat einen alttestamentarischen Unterton, auch wenn der gern überhört wird. Das Verzeihen und das dadurch erst möglich gemachte Versöhnen ist eben keine leichte Sache und vor allem keine Demutsgeste. Man kann es auch so polternd ausdrücken wie der frühere Fernsehpfarrer Jürgen Fliege in einer seiner Zeitungskolumnen: „Versöhnung ist eine mühselige christliche Drecksarbeit. Versöhnung versucht, aus Dreck wieder Menschen zu machen, wie am Anfang der Schöpfung."

Das ist drastisch und dreckig gesagt, aber die Erinnerung an die Schöpfung ist nicht bloß eine clevere Idee, sondern spricht tatsächlich das an, worum es beim Verzeihen und Versöhnen geht: um die Chance zum Neuanfang, um das Offenhalten der Zukunft und um die Fähigkeit des Menschen zur politischen und historischen Selbstschöpfung.

Die Kraft zur Erneuerung auf der menschlich-politischen Ebene lässt sich beispielhaft veranschaulichen an der dramatischen Versöhnungspolitik in Südafrika, an der Erzbischof Desmond Tutu maßgeblichen Anteil hatte. Auf der symbolisch-politischen Ebene kann als Beispiel das erwähnte *Mea culpa* von Papst Johannes Paul II. dienen.

Nach dem Zusammenbruch des Apartheidregimes wurde in Südafrika eine „Wahrheits- und Versöhnungskommission" eingerichtet und in der Verfassung verankert. Täter, die vor dieser Kommission Geständnisse ablegten und die Wahrheit über die Einzelheiten und Hintergründe ihrer Verbrechen preisgaben, konnten mit Straffreiheit rechnen. Die Übereinkunft war keineswegs das Resultat der Versöhnung, sondern ein äußerst schmerzhafter Kompromiss, dessen Ziel die Versöhnung war.

Dieser Kompromiss, von dem viele Täter kaltschnäuzig profitierten, während er vielen Opfern weitere Opfer aufzwang, hatte seine Wurzeln in der politisch-militärischen Pattsituation zwischen dem Apartheidregime und dem damaligen ANC von Nelson Mandela. Keine der beiden Seiten war stark genug, die andere zu überwinden. Um einen fortwährenden jahrelangen Bürgerkrieg, in dem es überall nur Verlierer hätte geben können, zu vermeiden, handelten die Konfliktparteien unter dem Ansporn von Erzbischof Tutu ein Verfahren aus, in dem der friedliche Regimewechsel mit einem weitgehenden Verzicht auf Strafverfolgung bezahlt werden musste. Die Wahrheitskommission war der Mittelweg, auf dem dieses Ziel erreicht werden sollte, kein einfacher, bequemer Mittelweg, sondern langwierig und beschwerlich.

Erzbischof Tutu wurde nach seinem Engagement für die Einrichtung der Wahrheitskommission zu ihrem Vorsitzenden gewählt und hat später ein Buch über seine Arbeit geschrieben: „Als ich den Aussagen der Menschen zuhörte, die oft unter unerträglichem Leid ihre Geschichten erzählten, und ich die in Amnestieanträgen offengelegten Beweise jener sah, die so schreckliche Gräueltaten begangen hatten, fragte ich mich, ob sich Gott nicht selbst manchmal darüber wundert, warum Er uns erschaffen hat."

Vielleicht wäre es besser, Gott bei dem, was Menschen einander antun, aus dem Spiel zu lassen. Andererseits können die

Menschen, nachdem sie einander all das angetan haben, ohne Gottvertrauen vielleicht überhaupt nicht mehr miteinander leben. Das Buch Desmond Tutus jedenfalls bringt schon im Titel den fürchterlichen Zwang zum Ausdruck: *Keine Zukunft ohne Versöhnung.*

Die Wahrheits- und Versöhnungskommission war während ihrer Arbeit heftig umstritten, und ist es im Rückblick immer noch. Vor ihren Schranken hat es aufrichtige Reue gegeben und wahres Verzeihen, laues Bedauern und ohnmächtiges Verlangen nach Rache. Zwischen bitterer Unversöhnlichkeit, erpresstem Verzeihen, gerechtem Ausgleich und von Herzen kommender Vergebung erlebten und durchlitten Täter und Opfer eine tragische Suche nach Wahrheit, auf deren Weg in die Versöhnung gefunden werden sollte.

Was wäre geschehen, wenn Südafrika diesen Weg nicht beschritten hätte? Wäre das Unrecht dann irgendwann einfach vergessen worden wie so vieles in der Gewaltgeschichte der Menschheit? Besteht nicht die Gefahr, dass die geschichtliche Zeit alles, was geschehen ist, früher oder später in einen historischen Sicherheitsabstand zur Gegenwart rückt, der nicht mehr zu überbrücken ist?

Eben darauf zielte der rumänisch-französische Schriftsteller Emile Cioran, als er fragte: „Die Zeit, Komplizin der Vertilger, macht die Moral zunichte. Wer nimmt heute Nebukadnezar noch etwas übel?“

Uns betrifft, berührt, erregt vor allem das, was uns nahe ist, zeitlich und räumlich. Der Belgrader Schriftsteller Ivan Ivanji, der Auschwitz und Buchenwald überlebt hat, beschreibt das so: „Natürlich haben wir das Recht, uns vor allem mit Geschehnissen zu beschäftigen, die uns, unsere Gemeinschaft und unsere Zeit, besonders angehen. Wir sollten nur nie vergessen, dass es auch anderswo und seit jeher Grauenhaftes gegeben hat, auch wenn wir uns auf konkrete und uns näher stehende Orte, Taten und Jahre konzentrieren möchten." Weil das für Ivanji keine bloß theoretische Erwägung ist, kommt er auf das unmittelbare persönliche Leid zu sprechen: „Der letzte Schrei einer Indianermutter aus dem Stamme der Caraiben, bevor sie mit ihren Kindern ermordet und verzehrt wurde, vor zweihundertfünfzig Jahren, kann sich in seiner Verzweiflung nicht vom Todesröcheln in der Gaskammer in Auschwitz unterschieden haben. Darf ich einen Unterschied zwischen der Ermordung eines Indianerkindes und eines Judenkindes, das ich war, machen?"

Wie aber wirkt sich das auf die Bewährungsprobe des Verzeihens aus, wenn es um die politisch-historische Dimension eines Geschehens geht? Denn anders als bei den zugleich menschlichen und politischen Bewährungsproben des Verzeihens handelt es sich bei politisch-historischen Schuldbekenntnissen um symbolische Akte von überindividueller Bedeutung. Am Beispiel der sieben Vergebungsbitten, die Papst Johannes Paul II. am ersten Fastensonntag des Jahres 2000 im Rahmen eines Gottesdienstes aussprach, wird das ganz deutlich. In seiner vierten Bitte sprach der Papst über die historische Schuld, die Christen im Verhältnis zum „Volk Israels" auf sich geladen haben: „Gott unserer Väter, du hast Abraham und seine Nachkommen auserwählt, deinen Namen zu den Völkern zu tragen. Wir sind zutiefst betrübt über das Verhalten aller, die im Laufe der Geschichte deine Söhne und Töchter leiden ließen. Wir bitten um Verzeihung und wollen uns dafür einsetzen, dass echte Brüderlichkeit herrsche mit dem Volk des Bundes. Darum bitten wir durch Christus unseren Herrn."

An dieser Bitte fällt ihre Allgemeinheit, um nicht zu sagen: Unverbindlichkeit auf. Der Holocaust blieb unerwähnt, ebenso das politische und moralische Versagen des Vatikans unter Papst Pius XII. Überhaupt war in keiner der sieben Vergebungsbitten von der Schuld der Kirche die Rede, immer nur von der Schuld ihrer Mitglieder. Die Institution, deren Gewicht die eigentliche

Schwere der Schuld ihrer Mitglieder ausmacht, blieb unerwähnt und unangetastet. Während der Papst die Mitglieder der Kirche ausdrücklich entschuldigte, wurde die Kirche unausgesprochen ent-schuldet.

Im Vorfeld der Vergebungsbitten des Papstes hatte die Internationale Historische Theologische Kommission unter dem Vorsitz des damaligen Kardinals Ratzinger ein Papier veröffentlicht, das davor warnte, die Institution Kirche mit ihrer Schuld zu konfrontieren. Zu vermeiden sei „eine Beschuldigungsattitüde, die jedes Ereignis, jedes Wort und jede Handlung, ob gerechtfertigt oder nicht, benutzt, um die Kirche auf die Anklagebank zu verweisen". Wohlgemerkt: Das bezog sich nicht nur auf grundlose Schuldvorwürfe gegen die Kirche, sondern auf alle, „ob gerechtfertigt oder nicht". Des Weiteren wurde betont, es käme nur Gott als Adressat der päpstlichen Vergebungsbitten in Frage, keinesfalls „Gemeinschaften innerhalb oder außerhalb der Kirche". Allerdings könne die Erinnerung an historische Verfehlungen dazu beitragen, „ein Vorspiel der an Gott gerichteten Bitte um Vergebung einzuläuten, die uns den Weg ebnet, uns wechselseitig zu vergeben und uns miteinander zu versöhnen".

Wie man sich das vorzustellen hat, demonstrierte Papst Benedikt XVI. im Mai 2006 bei einem Besuch in Auschwitz. Er begann seine Rede mit den Worten: „An diesem Ort des Grauens, einer Anhäufung von Verbrechen gegen Gott und den Menschen ohne Parallele in der Geschichte, zu sprechen ist fast unmöglich – ist besonders schwer und bedrückend für einen Christen, einen Papst, der aus Deutschland kommt. An diesem Ort versagen die Worte, kann eigentlich nur erschüttertes Schweigen stehen – Schweigen, das ein inwendiges Schreien zu Gott ist: Warum hast du geschwiegen? Warum konntest du das alles dulden?" An einer späteren Stelle seiner Rede kam Papst Benedikt noch einmal darauf zurück: „Immer wieder ist da die

Frage: Wo war Gott in jenen Tagen? Warum hat er geschwiegen? Wie konnte er dieses Übermaß von Zerstörung, diesen Triumph des Bösen dulden?"

Das Schockierende an diesen Sätzen eines Papstes in Auschwitz liegt in der historischen Konstellation, aus der heraus sie gesprochen wurden. Während des Holocaust hatte Papst Pius XII., Oberhaupt der römisch-katholischen Kirche und ihrer Lehre entsprechend Stellvertreter Gottes auf Erden, politisch und moralisch versagt, weil er über die Vernichtung der Juden schwieg. Gut sechzig Jahre später fragt ein Nachfolger dieses Papstes am zentralen Ort des Holocaust nicht nach dem Schweigen des Papstes und der Kirche, sondern nach dem Schweigen Gottes.

Vielleicht wäre es an der Zeit, von der Theodizee zur Anthropodizee überzugehen und angesichts des Bösen in der Welt nicht mehr nach der Rechtfertigung Gottes zu fragen, sondern nach der des Menschen. Weil die Übernahme von Verantwortung eine Voraussetzung für das Verzeihen ist, haben sich die Mensch beim Sprechen über ihre Untaten zuallererst an diejenigen zu wenden, denen sie zugefügt wurden, vor allem dann, wenn Täter und Opfer an verschiedene Götter glauben. In den Worten des Historikers Reinhart Koselleck: „Wenn die Gebete in Dachau oder Auschwitz Hilfe, Rettung oder Gnade und Verzeihung erbitten, so erreichen sie niemals jene Mehrzahl der Opfer, die keine Christen waren."

Verzeihung und Versöhnung zwischen den Gläubigen verschiedener Religionen und den Angehörigen verschiedener Kulturen ist ohne Besinnung auf das allen Religionen und Kulturen gemeinsame menschliche Maß nicht möglich. Wenn Verzeihen menschenmöglich bleiben soll, so muss es zuallererst zwischen Menschen möglich bleiben, jedenfalls in irdisch zeitlicher Perspektive. Was das Jüngste Gericht und die Ewigkeit betrifft, gilt für gläubige Christen, was Papst Johannes Paul II.

am Schluss seiner sieben Bitten um Vergebung lehrte: „Barmherziger Vater, dein Sohn Jesus Christus, der Richter über Lebende und Tote, hat in der Niedrigkeit seines ersten Kommens die Menschheit aus der Sünde befreit. Wenn er wiederkommt in Herrlichkeit, wird er für alle Schuld Rechenschaft fordern von unseren Vätern, von unseren Brüdern und Schwestern und von uns."

Schutzengel im Kopf, Menschen im All, Gene in der Schöpfung

Wissenschaft und Technik durchdringen das Leben des modernen Menschen wie die Religion das Leben des Menschen im Mittelalter durchdrungen hat. Ein Leben ohne Gott war damals so wenig vorstellbar wie heute ein Leben ohne Technik und Wissenschaft. Trotz aller kopernikanischen, darwinschen und freudianischen Kränkungen, die den Menschen aus dem Weltparadies seiner Einzigartigkeit hinausgestoßen haben, gleicht er diesen Stellungsverlust in der Schöpfung durch das aus, was er selber schafft. Manchmal umgibt er seine technischen Hervorbringungen mit einer quasi-religiösen Aura und verkündet seine wissenschaftlichen Erkenntnisse wie Dogmen. Dieses über sich selbst Hinauswachsen fand einen theatralischen Höhepunkt, als Menschen tatsächlich von der Erde hinausflogen ins All. Und in Hirnforschung und Genetik kommt sich das alte Gottesgeschöpf gewissermaßen von innen heraus neu auf die Spur.

Schutzengel im Kopf

Von der Fähigkeit, auf sich aufzupassen

Man stelle sich vor, wie es einem Marsmännchen erginge, das zum ersten Mal die Erde besucht. Ein kindischer Vorschlag? Er stammt von dem zum Katholizismus konvertierten amerikanischen Schriftsteller Walker Percy. In einem Essay mit dem Titel *Ach, Sie sind katholisch?* lässt er den Außerirdischen über die Geräusche staunen, die wir Menschen unentwegt machen. Denn anders als Engel brauchen wir Sprache, um uns zu verständigen. Stellen wir uns also mit Walker Percy vor, wie es einem Marsmännchen ergeht, wenn es zum ersten Mal die Erde besucht: „Nehmen wir an, auch bei ihm handelt es sich um ein intelligentes Wesen, dessen Intelligenz sich allerdings nicht über die Vermittlung von Sprache gebildet hat, sondern, sagen wir durch die Entwicklung von außersinnlicher Wahrnehmung. Es ist also so etwas wie die Engel, die nach dem Heiligen Thomas" – gemeint ist nicht der ‚ungläubige Thomas' aus dem *Neuen Testament*, sondern der mittelalterliche Scholastiker Thomas von Aquin (1225/1226–1274), der den Spitznamen Doctor Angelicus führte, weil er sich in ausführlichster Gelehrsamkeit mit Engeln befasst hat – „die nach dem Heiligen Thomas die Dinge direkt in ihrem Wesen erfassen und Gedanken ohne die Hilfe der Sprache übermitteln können. Was ist das erste, was das Marsmännchen von den Erdlingen wahrnimmt? Dass sie fortwährend kleine Mundgeräusche machen: Klicke, Zischer, Schreie, Rufe, Explosionen, Quiekser, von denen einige die Dinge in der Welt benennen und in kurzen Abfolgen geäußert werden, die etwas aussagen über diese Dinge und die Ereignisse der Welt."

Ohne Sprache können wir Erdmenschlein im Unterschied zu Percys Marsmännchen nicht sein. Selbst, wenn wir es mit unserem eigenen Schutzengel zu tun haben: „Heiliger Schutzengel, Gottes liebende Sorge hat dich mir zum Begleiter gegeben. Du bist sein Anruf an mein Gewissen: verhilf mir zu klarer Entscheidung. Du bist seine führende Hand: bleibe bei mir Tag und Nacht. Du bist sein machtvoller Arm: kämpfe mit mir für sein Reich." Das war ein katholisches Gebet. Aber auch die evangelische Kirche verleugnet die Schutzengel nicht, obwohl sie ihr manchmal peinlich zu sein scheinen. Zu Martin Luthers Morgen- und Abendsegen jedoch gehört noch ganz selbstverständlich die Wendung: „Dein Heiliger Engel sei mit Dir."

Im Übrigen braucht man weder evangelisch noch katholisch zu sein, um an Schutzengel zu glauben. Selbst Gefühlsatheisten lassen sich ihren ständigen Begleiter ungern nehmen. Bei Umfragen zu religiösen Lebensgewohnheiten – so muss man unser ‚säkularisiertes' Verhältnis zur Transzendenz wohl bezeichnen: als ‚religiöse Lebensgewohnheit' – fällt auf, dass mehr Menschen an Schutzengel glauben als an Gott. Ohne das Allmächtige scheint man auszukommen, ohne einen Intimus, der stärker und besser ist als man selbst, uns aber gleichwohl nahe steht, offenbar nicht. Und wie nicht anders zu erwarten, macht sich das menschliche Bedürfnis geltend, den eigenen Engel nicht nur zu spüren, sondern auch mit ihm zu plaudern, eben das zu tun, was Walker Percys Marsmännchenengel, der sich ohne Sprache verständigt, an unsereinem am meisten auffällt.

Von dieser Menschenweise, mit Geistwesen umzugehen, legen private Schutzengelberichte im Internet beredtes Zeugnis ab, wie etwa dieses Bekenntnis einer anonymen Internet-Diskutantin: „Ich habe sicher schon oft – bewusst oder unbewusst – mit meinem Schutzengel zu tun gehabt. Doch seit etwa einem Jahr reden wir auch miteinander." Das vertrauliche Gespräch mit einem Duz-Engel mag nicht besonders visionär sein, aber vielleicht hilft es, mit sich selbst besser klarzukommen. Und auf dieses unser Selbst kommt es uns doch vor allem an, nicht auf den ursprünglichen Status der Engel als Botschafter, man könnte auch sagen: Befehlsübermittler Gottes.

Der Heilige Augustinus wollte das Wort „Engel“ noch als Bezeichnung eines Amtes, nicht eines Wesens verstanden wissen. Das griechische „ànghelos“, das lateinische „angelus“ – beides bedeutet so viel wie „Bote“ – richtete sich für ihn nicht auf das Sein der Engel, sondern auf ihr Tun: Sie überbrücken den ungeheuren Abstand zwischen Schöpfergott und Menschengeschöpf.

In der Funktion des göttlichen Meldegängers, des blendenden Verkünders, aber auch des nimmermüden Wächters kommen Engel nicht nur im Christentum vor. Es gibt sie im Alten Ägypten, in Persien, in Babylon, im Judentum, im Islam. So heißt es beispielsweise in der sechsten Sure des Koran über Allah: „Er ist der Zwingherr über seine Diener, und er sendet über euch Wächter, so dass, wenn zu einem von euch der Tod kommt, Unsre Gesandten, die Engel, ihn zu sich nehmen.“ Auch in der römischen Mythologie spielen die himmlischen Gesandten ihre reich ausgeschmückten Rollen, in Gestalt des Götterboten Hermes etwa oder als Siegesbotin Victoria, von der später die christlichen Engel die Flügel übernahmen. In der griechischen Philosophie dagegen herrscht der innere Engel vor. Sokrates nannte ihn „Daimon“ und beschrieb ihn nach einem Bericht von Platon als warnende Stimme: „Mir aber ist dieses von meiner Kindheit an geschehen, eine Stimme nämlich, welche jedes Mal, wenn sie sich hören lässt, mir von etwas abredet, was ich tun will, zugeredet aber hat sie mir nie.“

Sokrates spricht von seinem „Daimon“ als Stimme des Gewissens, die es zu hören gelte. Bei Epiktet wiederum heißt es über den Wächter des Menschen: „Er schläft nicht, man täuscht ihn nicht, den edlen Schützer eines Jeden von uns. Schließe deine Tür und mache dunkel, aber erinnere dich, dass du niemals allein bist.“ Niemals allein? Eine schöne Vorstellung: Wir sind immer behütet. Und eine schreckliche Vorstellung: Wir befinden uns dauernd unter Aufsicht.

Sokrates hatte seinen „Daimon“ im Kopf. Und vom Beginn der menschlichen Selbsterkenntnis im Denken des griechischen Philosophen bis hin zur modernen Tiefenpsychologie und der noch moderneren Neurologie hat der Schutzengel seinen Platz in unserem Kopf behauptet. Für den Tiefenpsychologen Carl Gustav Jung macht er sich im Traum bemerkbar: „In jedem von uns ist auch ein anderer, den wir nicht kennen. Er spricht zu uns durch den Traum und teilt uns mit, wie anders er uns sieht, als wie *wir* uns sehen. Wenn wir uns daher in einer unlösbar schwierigen Lage befinden, so kann der fremde andere uns unter Umständen ein Licht aufstecken, welches wie nichts geeignet ist, unsere Einstellung von Grund auf zu verändern, nämlich eben jene Einstellung, die uns in die schwierige Lage hineingeführt hat.“

Nach eigener Auskunft verdankte Jung das Erkennen des „fremden anderen“ in uns einer Art Engel, einer Phantasiegestalt, die er Philemon nennt: „Philemon brachte mir die entscheidende Erkenntnis, dass es Dinge in der Seele gibt, die nicht ich mache, sondern die sich selber machen und ihr eigenes Leben haben. Philemon stellte eine Kraft dar, die ich nicht war. Ich führte Phantasiegespräche mit ihm, und er sprach Dinge aus, die ich nicht bewusst gedacht hatte.“ Durch Philemon lernte Jung das kennen, was er als „psychische Objektivität“ bezeichnet, jene „Wirklichkeit der Seele“, die unabhängig vom Ich-Bewusstsein existiert, hinter ihm, neben ihm, mitunter auch gegen es. Jung denkt dabei an etwas sehr, sehr Altes in uns, „an den zwei Millionen Jahre alten Mann, der in uns allen ist. In letzter Analyse rühren die meisten unserer Schwierigkeiten daher, dass wir den Kontakt zu unseren Instinkten, zu der uralten, unvergessenen Weisheit, die in jedem von uns gespeichert ist, verloren haben.“

Inzwischen hat die moderne Neurologie den Ort in unserem Hirn identifiziert, an dem sich der zwei Millionen Jahre alte Mann oder die zwei Millionen Jahre alte Frau möglicherweise aufhalten, der urtümliche Adam, die urtümliche Eva, deren Instinktweisheit, wie Jung sagt, „unvergessen" in uns ruht, auch wenn unser Verstand sich dessen nicht bewusst ist. Dieser Ort wird von den Neurowissenschaftlern als Corpus amygdalae bezeichnet, auf Deutsch Mandelkern, denn dieses Hirnareal ähnelt in Form und Größe einer Mandel. Die Amygdala ist einer der geheimnisvollsten Plätze in der Gegend zwischen unseren Ohren, die auch sonst nicht arm ist an dunklen, unerforschten Flecken. In der Amygdala sind sowohl die Urgefühle aus den Anfängen des Menschengeschlechts bewahrt als auch die Gefühlserlebnisse am Anfang unseres eigenen Lebens. In ihr findet die neuronale Verknüpfung zwischen der evolutionären Genese der Gattung und den emotionalen Urerfahrungen des Individuums statt.

Was die Macht, man muss wohl sagen: die Übermacht der Gefühle für unser Verhalten bedeutet, schildert der Neurowissenschaftler Gerhard Roth so: „Gefühle haben einen massiven Einfluss auf die bewusste ebenso wie die unbewusste Verhaltenssteuerung. Als ‚starke Gefühlszustände' in Form von Stress, Schmerz, Furcht, Angst, Aggressivität, Lust, Glück, Verliebtsein und Liebe ergreifen sie uns und lassen uns ihre Macht spüren. Sie schließen komplizierte Interaktionen zwischen angeborenen Tendenzen, vorgeburtlichen und frühkindlichen Einflüssen und späteren Lebenserfahrungen ein. Verstand und Vernunft entstehen relativ spät in der Entwicklung des Individuums und können nur in begrenztem Maße auf die Emotionen einwirken."

Wenn unsere Ratio anfängt, sich auszubilden, ist die Amygdala, eines unserer sogenannten ‚Gefühlszentren', schon längst entwickelt. Sie ist im Wortsinn früh reif. Ihre Entwicklung beginnt in der fünften Schwangerschaftswoche. Die neurophysiologischen Voraussetzungen für das Ich und sein autobiografisches Gedächtnis werden um die zwanzigste Woche geschaffen. Das emotionale Gedächtnis, wie die Amygdala manchmal bezeichnet wird, folgt also unserer Fähigkeit zum bewussten Erinnern nicht nach, sondern geht ihr voraus.

Die Amygdala hat zwar an allen unseren Gefühlsregungen Anteil, doch ist sie, wie Gerhard Roth sagt, „in besonderem Maße das Zentrum für konditionierte Furcht", mithin für das Fürchten, das wir gelernt haben. Das geschieht normalerweise schon in den ersten beiden Lebensjahren, nicht erst nach einer ganzen Serie von Abenteuern wie im *Märchen von einem, der auszog, das Fürchten zu lernen*. Der Held dieses Märchens schlägt unerschrocken ein Gespenst nach dem anderen in die Flucht. Erst ganz am Schluss, er hat dem Spuk im Schloss ein Ende gemacht und die obligatorische Königstochter schon geheiratet, läuft es ihm eiskalt den Rücken hinunter. Eine Magd schüttet ihm einen Eimer kalten Wassers, in dem lauter kleine Fischlein zappeln, ins Bett: „Da wachte er auf und rief: ‚Ach was gruselt mir, was gruselt mir. Ja, nun weiß ich, was Gruseln ist.'"

Die meisten Leute sind auf eine solche Therapie nicht angewiesen und wissen ganz genau, was Gruseln ist. Die Amygdala hat es ihnen von Kind auf beigebracht. Sie ist frühreif, empfindlich und blitzschnell. Sie ist nachtragend, vergisst nie und schläft nie. Sie behütet und sie schreckt uns. Sie ist ausdauernd und geduldig. Sie ist der Schutzengel in unserem Kopf.

Dieser neuronale Engel breitet seine Flügel zwar in uns aus, steht aber dennoch genau wie der christliche Schutzengel ‚neben' oder ‚hinter' unserem Ich. Das uns selbst bewusste Ich, unser Selbst-Bewusstsein, ist nur ein Teil von uns, und zwar ein Teil, der zu dem Gebiet, den die Wissenschaft Amygdala nennt, normalerweise keinen Zutritt hat. Nicht alles, was wir sind, ist unserem Ich auch bewusst. Sigmund Freud hat „Seine Majestät, das Ich", wie er es liebevoll-spöttisch titulierte, ziemlich gekränkt, als er ihm in einer Art innerseelischer Gewaltenteilung ein „Es" und ein „Über-Ich" an die Seite stellte. Aber womöglich ist diese freudianische Machtbeschränkung des „Ich" nicht konsequent genug. Vielleicht ist unser „Ich" nicht nur kein König und kein Chef, sondern überhaupt keine eigenständige Instanz im pulsierenden Ensemble unseres Selbst. Vielleicht ist das, was wir „Ich" nennen, eher eine Art Schwingungszustand, ein Echo dessen, was in unserem Körper und in unserem Gehirn geschieht und wovon dieses „Ich" nur eine ungefähre Ahnung hat. Weil diese Ahnung mit den Mitteln des Verstandes unbegreiflich bleibt, erfahren wir sie als Transzendenz.

So gesehen ist die Vorstellung eines Engels in uns mehr als nur ein Gleichnis; und so gesehen werden die Jahrtausende alten und in sämtlichen Kulturen von Generation zu Generation weitererzählten Mythen und Legenden von schützenden Dämonen, Geistern und Engeln durch die wissenschaftlichen Erzählungen von heute nicht widerlegt, sondern aufgenommen, ergänzt und fortgesponnen.

Die Amygdala ist evolutionär viel älter und in ihren aktuellen Reaktionen viel schneller als unser Bewusstsein. Sie ist sowohl in unserem Sein als auch in unserem Handeln immer schon dort, wo das Ich erst langsam und allmählich hinkommt. Und nur wegen ihrer instinktiven Schnelligkeit ist die Amygdala in der Lage, uns zu beschützen – indem sie uns erschreckt.

Wie das im Einzelnen vor sich geht, hat Joseph LeDoux, ein Pionier der Amygdala-Forschung, an einem Beispiel erklärt. Stellen wir uns vor, wie es einem Menschen ergeht, wenn er einer Schlange begegnet – es muss ja nicht gleich der Verführer vom Baum des Paradieses sein. LeDoux nimmt in seiner Amygdala-Geschichte ein klassisch gewordenes Beispiel des amerikanischen Psychologen William James wieder auf und erzählt von einem Spaziergänger, der im Wald „plötzlich auf eine Schlange stößt, die hinter einem auf den Weg gestürzten

Baumstamm zusammengeringelt liegt. Im Gehirn wird der Reiz zunächst vom Thalamus verarbeitet". Dieses Hirnareal ist direkt mit den Sehzellen des Auges verknüpft. „Ein Teil des Thalamus gibt grobe, fast archetypische Informationen direkt an die Amygdala." Der Verstand bekommt von diesem Vorgang nichts mit. „Dank dieser schnellen und ungenauen Übermittlung kann das Gehirn sofort auf die mögliche Gefahr reagieren, die ein dünnes, gekrümmtes Objekt anzeigt, das eine Schlange sein könnte, aber auch ein Stock oder sonst ein harmloses Objekt. Gleichzeitig schickt der Thalamus visuelle Informationen zur Sehrinde."

Damit sind nicht die Augennerven gemeint, sondern die im Hinterkopf lokalisierten Verarbeitungszentren für visuelle Reize. „Die Sehrinde geht dann daran, eine detaillierte und genaue Repräsentation des Reizes zu schaffen. Das Ergebnis dieser Verarbeitung wird dann ebenfalls an die Amygdala weitergegeben. Diese Bahn liefert der Amygdala zwar eine genauere Repräsentation als die direkte Bahn vom Thalamus zur Amygdala, doch braucht die Information auf dem Umweg über die Sehrinde mehr Zeit. In gefährlichen Situationen ist es sehr nützlich, wenn man schnell reagieren kann. Die Zeit, die die Amygdala einspart, indem sie aufgrund der thalamischen Information handelt, statt auf den Sehrinden-Input zu warten, kann über Leben und Tod entscheiden. Es ist besser, einen Stock versehentlich für eine Schlange zu halten, als auf eine mögliche Schlange nicht reagiert zu haben."

Es ist besser, versehentlich zu erschrecken, als sich vor nichts zu fürchten. Es ist besser, zuerst dem Schutzengel zu vertrauen, und dann darüber nachzudenken, was eigentlich geschehen ist. Normalerweise müssen wir die Last dieser Entscheidung aber gar nicht tragen. In bestimmten Situationen erschrecken wir eben, und zwar ausdauernd und fast ohne Abnutzungserscheinungen. Ein lauter Knall zum Beispiel, der plötzlich in diese

Erläuterungen platzen würde, ließe die Leserin und den Leser zusammenzucken, obwohl gerade erklärt wurde, wie es funktioniert. Auch beim zweiten, dritten und vierten Knall würde man jedes Mal wieder erschrecken. Erst wenn sich die Aufmerksamkeit permanent auf das mögliche Eintreten des Knalls konzentriert, lässt der Schreck-Appeal nach. Aber sobald die Erwartungsaufmerksamkeit absinkt, nimmt die Schreckbereitschaft wieder zu.

Die Fähigkeit, nicht zu erschrecken, oder anders herum und sinnvoller ausgedrückt: die Unfähigkeit zu erschrecken, gibt es nur bei Menschen, deren Amygdala durch Unfälle oder Tumore beschädigt wurde. Diese Menschen wissen zwar, was Gefahr, was Furcht, was Schrecken, was Schmerz ist, können aber nicht mehr angemessen reagieren. Sie sind furchtlos auf erschreckende Weise.

Auch Adam und Eva in ihrer Unschuld fürchteten sich nicht vor der Schlange. Erst nachdem sie vom Apfel gegessen hatten, stellten sie erschrocken fest, dass sie nackt waren. So jedenfalls erzählt es die *Genesis*. Zitternd vor Furcht und mit Flüchen beladen werden sie aus dem Paradies vertrieben und von einem Engel mit Flammenschwert an der Rückkehr gehindert. Werden wir eines Tages von dieser Erbfurcht erlöst, ohne die wir Sterbliche nicht leben können, und dürfen ins Paradies zurückkehren?

Gott im Weltall

Religion und Raumfahrt

Im Sommer 2005 ließ sich auf den Bildschirmen das Zwillingsdrama um ein russisches U-Boot vom Typ Pris und die amerikanische Raumfähre Discovery verfolgen. In beiden Fällen ging es darum, die Besatzungen wohlbehalten zur Erdoberfläche zurückzuholen – einmal von unten, einmal von oben. Jules Vernes hätte sich das vor anderthalb Jahrhunderten nicht besser ausdenken können. *Reise zum Mittelpunkt der Erde* heißt einer seiner Romane, *Von der Erde zum Mond* ein anderer. Am Ende dieses zweiten Romans kreisen die drei Raumfahrer in ihrer Kapsel um den Mond, verlassen wie niemals Reisende zuvor: „Gab es eine Möglichkeit, diesen kühnen Erdbewohnern Beistand zu leisten? Nein, ganz gewiss nicht, denn sie hatten sich durch die Überschreitung der von Gott den Kreaturen der irdischen Welt gesteckten Grenzen außer Verbindung mit der Menschheit gesetzt. Sie hatten für zwei Monate Luft. Aber dann …?“

In den parallelen Dramen, die sich 2005 nicht in einem Roman, sondern im Fernsehen und in der Wirklichkeit abspielten, konnte immerhin Beistand geleistet werden. Die Dramaturgie des Zufalls hatte für eine ganze Reihe von Entsprechungen gesorgt: Die Ereignisse fanden nahezu gleichzeitig statt; in beiden Fällen bestanden die Besatzungen aus jeweils sieben Personen; in beiden Fällen wurde die Luft knapp; und in beiden Fällen drohte die Wiederholung von noch erinnerungsfrischen Katastrophen. Im Falle des russischen U-Bootes Pris war es die Katastrophe des U-Bootes Kursk. Im Fall der amerikanischen Raumfähre Discovery war es die Katastrophe der Raumfähre Columbia. Glücklicherweise ging diesmal alles gut aus. Das U-Boot kam wieder hoch, die Raumfähre kam wieder runter.

Das mehrmals verschobene Landemanöver der Discovery wurde live im Fernsehen übertragen. Nachdem das Shuttle auf der Landebahn aufgesetzt hatte, sagte der NASA-Kommentator aus dem Off kühl und knapp: „Discovery is home."

Die besondere Leistung, Raumfahrer nicht nur ins All zu schießen, sondern wohlbehalten wieder zur Erde zurückzuholen, zeigt sich im Kontrast zu den drei von Gott und der Welt verlassenen Mondfahrern bei Jules Vernes. Die Rückkehr auf die Erde, das glückende Zurücksinken ins menschliche Maß ist die letzte und vielleicht schwerste Aufgabe jeder Weltraummission. Eileen Collins, die Kommandantin der Discovery, brachte das auf recht bodenständige Weise zum Ausdruck: „Wir hoffen, dass wir heute die Füße auf die Erde bekommen."

Die Angst vor der Unmöglichkeit der Rückkehr ist so alt wie das Ausfahren. Als im 15. Jahrhundert Heinrich der Seefahrer seine portugiesischen Kapitäne die Westküste Afrikas entlang nach Süden schickte, kam es immer wieder zu Meutereien. Die Mannschaften glaubten, unter einem stets in die gleiche Richtung wehenden Wind nicht mehr zurücksegeln zu können und über den Rand der Welt geblasen zu werden. Die Raumfahrer werden tatsächlich über den Rand der Welt geblasen. Seitdem ist das Zurückkehren auf die Erde, die Rückkehr ins Menschliche mehr als nur eine technische Schwierigkeit. Es ist ein Problem des Menschseins überhaupt. Günther Anders hat das in seiner Essaysammlung *Der Blick vom Mond* beschrieben: „Ich könnte es mir vorstellen, dass diese unsägliche Schwierigkeit und Gefahr der Rückkehr in der Geschichte der Technik, damit in der Geschichte der Menschheit einmal beispielhafte Bedeutung annehmen wird. Dann was wir hier beobachten: dass die Rückkehr ins Menschliche immer schwieriger wird und immer komplizierter, je weiter wir die Grenze des Menschlichen überschreiten – diese Beobachtung scheint eine Regel zu sein, die in der wissenschaftlichen Forschung und in der Technik überhaupt gilt. Wir könnten wohl von einer umgekehrten Proportion zwischen dem Steigen der Leistung und dem Sinken der Rückkehrchance sprechen."

Diese Erfahrung ist außerordentlich beunruhigend, weil sie dem Menschen nicht nur buchstäblich, sondern auch metaphysisch den Boden unter den Füßen wegzieht. Es ist oft beschrieben worden, wie schwer es den einzelnen Menschen fällt, nach einer orbitalen Jenseitserfahrung ins normale Alltagsleben zurückzukehren. Der Mann im Mond hat für jemanden, der seinen Kindern ein Einschlafmärchen erzählt, eine ganz andere Bedeutung als für jemanden, der einmal ein Mann auf dem Mond gewesen ist.

Günther Anders spricht aber keineswegs nur von individualpsychologischen Schwierigkeiten. Er verbindet die Vorstellung der ‚Rückkehr' vielmehr menschheitsgeschichtlich mit dem Begriff ‚Fortschritt'. Der Fortschritt lässt sich nicht aufhalten, sagt man. Oder mit einem drohenden Unterton ausgedrückt: Was gemacht werden kann, das wird auch gemacht. Es gibt in der historischen Entwicklung kein einziges Beispiel dafür, dass neue Möglichkeiten bewusst unausgelotet geblieben wären. Der Wille zum Wissen und der Wille zum Schaffen haben sich seit jeher über das hinweg gesetzt, was religiöse Menschen für die Grenze eines Wesens ansehen, das selbst ein geschaffenes ist. Unsere ‚Ureltern' haben vom Baum der Erkenntnis gegessen – und wir, die wir wissen, was daraus geworden ist, würden es trotzdem wieder tun. Das sehen inzwischen auch die Päpste ein. Als im Herbst 1956 – noch hatte kein Menschengerät die Erdatmosphäre durchstoßen – in Rom ein Internationaler Astronautischer Kongress tagte, gab Papst Pius XII. seinen Segen: „Der Herrgott, der ins Menschenherz den unersättlichen Wunsch nach Wissen legte, hatte nicht die Absicht, dem Eroberungsdrang des Menschen eine Grenze zu setzen, als er sagte: ‚Macht euch die Erde untertan'. Es ist die ganze Schöpfung, die er ihm anvertraut hat und die er dem menschlichen Geist anbietet."

Der Papst konnte nicht ahnen, dass ein Jahr später ausgerechnet die kommunistische Sowjetunion mit dem Sputnik den ersten Satelliten ins All schießen würde; und dass der erste Mensch im Weltraum ebenfalls ein atheistischer Sowjet sein würde, der triumphierend erklärte, er habe im Himmel nach Gott gesucht, ihn aber nicht gefunden. Jurij Gagarin, dem diese Bemerkung nach seiner Erdumkreisung 1961 zugeschrieben wurde, kam später ausgerechnet durch einen Flugzeugabsturz ums Leben. Rund zehn Jahre später wurde er von einem polnischen Künstler in einer katholischen Kirche an die Wand gemalt. Er sieht zusammen mit den drei amerikanischen Apollo-11-Astronauten, die 1969 als erste Menschen den Mond betreten haben, von oben dabei zu, wie ein sowjetischer Soldat dem am Kreuz hängenden Christus die Seite aufsticht.

Im Unterschied zur dürftigen Weltlichkeit, die Gagarin im All an den Tag legte (oder vermutlich die sowjetische Propaganda ihm in den Mund), versuchte es die Mannschaft der Apollo 8 mit christlichem Pathos. Auf einer ihrer Mondumrundungen, der wenige Jahre später die Apollo-11-Mission folgte – sind Astronauten eigentlich Missionare? –, erklärte der Kapitän: „Die Mannschaft von Apollo Acht hat eine Botschaft für die Menschen unten auf der Erde." Dann rezitierte Astronaut Anders den Schöpfungsbericht: „In the beginning God created the heaven and the earth – Im Anfang schuf Gott Himmel und Erde. Und die Erde war wüst und leer, und es war finster auf der Tiefe, und der Geist Gottes schwebte auf dem Wasser." Danach las Astronaut Lovell: „Und Gott sprach: Es werde Licht! Und es ward Licht. Und Gott sah, dass das Licht gut war." Zuletzt las Astronaut Borman: „Da schied Gott das Licht von der Finsternis und nannte das Licht Tag und die Finsternis Nacht. Da ward aus Abend und Morgen der erste Tag." Dann fügte Borman hinzu: „Gott segne euch alle, die ihr auf der guten Erde lebt – God bless all of you, all of you on the good earth."

Bei dieser Bibelstunde aus dem All führte die NASA Regie. Die erhabenen Worte des Schöpfungsberichtes wurden von den Astronauten gesprochen, während durch das Bordfenster zu sehen war, wie die Sonne über dem Mond aufging und die Erde beleuchtete. Günther Anders, der die Szene in seinem Buch erzählt, gibt zu, dass sie auch ihn beeindruckt hat, kommentiert aber dennoch unbestechlich: „War nicht diese Veranstaltung ein kolossaler Regietrick? Und darüber hinaus, war diese Veranstaltung nicht einfach ein Betrug? Nämlich ein schwindelhaftes in eins Setzen von Himmel im Sinn von sky und Himmel im Sinn von heaven? Hatten denn die aus dem Himmel kommenden Stimmen irgendetwas mit der creatio ex nihilo zu tun? Mit der Weltschöpfung, von der die Bibelstelle handelte?"

Es wird oft von der ‚Ironie der Geschichte' gesprochen. Vielleicht gibt es auch eine Ironie der Religion. Jedenfalls blieb es ausgerechnet dem philosophischen Atheisten Günther Anders überlassen, Einspruch gegen die menschliche Anmaßung zu erheben, das Wort Gottes von oben herab zu verkünden – herab vom Himmel im Sinne von sky.

Anders übt aber nicht nur Geschmackskritik. Sein Einwand geht viel weiter: „Trotz ihrer Genesis-Rezitation haben sich die Astronauten während ihres Fluges auf die Physik verlassen, nicht auf Gott, in dessen Hand sie sich wohl, wäre diese die einzige Hand gewesen, von der sie sich geschützt gewusst hätten, außerordentlich mulmig gefühlt hätten. Dazu kommt, dass das Stück Welt, das sie auf ihrer Reise kennenlernten, derjenigen Weltsicht, die in Genesis I, 1 zum Ausdruck kommt, einfach widerspricht. Denn die Erde, die sie sahen, verriet ja nichts von ihrer angeblichen Vorzugsstellung. Was sie sahen, war vielmehr die kosmische Mittelmäßigkeit und Provinzialität unserer Erde. Die Weltanschauung, die hinter der abenteuerlichen und wahrhaftig Mythengröße erreichenden Leistung der Raumflüge steht, ist weder die Schöpfungsgeschichte, noch die der ptolemäischen Konstruktion, sondern die kopernikanische, die, als sie noch jung war, von der Kirche bekämpft worden war, und zwar sehr begreiflicherweise, da sie eben dem Schöpfungsbericht der Bibel widersprach."

Die kopernikanische Wende in der Geschichte des menschlichen Welt- und Selbstbildes war für die gebildete Elite ein Schock. Zu den ungebildeten Schichten drang sie erst mit einigen Generationen Verspätung vor, und die Alltagssprache beharrt bis heute darauf, dass die Sonne auf- und untergeht.

Der Schock des Kopernikus war so stark, dass die religiösen Autoritäten lange nur mit Hohn und Feuer darauf reagieren konnten. Luther erklärte die Vorstellung der Erde als Kugel für eine Narretei, ganz zu schweigen von der kopernikanischen Einsicht, dass sich außer dem Mond überhaupt nichts um die Erde dreht. Die römische Inquisition wiederum zündete die Scheiterhaufen an. Der Papst und seine Berater begriffen genau, dass die kopernikanische Degradierung der Erde nicht nur eine Demütigung des Menschen war, sondern auch eine des Gottes, der ihn geschaffen hat. Und – vielleicht noch schlimmer! – sogar eine Demütigung der kirchlichen Autorität. Was drohte, war ein Bruch mit der Tradition, das Heraufkommen einer neuen Zeit. Bertolt Brecht lässt seinen Galileo Galilei, einen der großen Nachfolger des Kopernikus, sagen: „Durch zweitausend Jahre glaubte die Menschheit, dass die Sonne und alle Gestirne des Himmels sich um sie drehten. Der Papst, die Kardinäle, die Fürsten, die Gelehrten, Kapitäne, Kaufleute, Fischweiber und Schulkinder glaubten, unbeweglich in dieser kristallenen Kugel zu sitzen. Aber jetzt fahren wir heraus, in großer Fahrt. Denn die alte Zeit ist herum, und es ist eine neue Zeit."

In der neuen Zeit führt das menschliche Denken gleichzeitig zu zwei Extremerfahrungen: Einerseits können die Menschen im

Rausch des Erkennens und Erzeugens nie gekannte Allmachtgefühle erleben, andererseits empfinden sie sich und ihre Welt als gottverlassen und winzig. 1686, gut vier Jahrzehnte nach Galileis Tod, ließ der französische Schriftsteller Fontenelle in *Dialoge über die Mehrheit der Welten* eine Marquise sinnieren: „Ist es denn möglich, dass dieser gewaltige Raum, worin unsere Sonne und unsere Planeten auf ihrem Umlauf sind, nichts als ein unerheblicher Teil des Universums ist? Das verwirrt, bedrückt und ängstigt mich." Weitere siebzig Jahre später beschrieb der junge Immanuel Kant, sonst nicht gerade ein Witzbold, in satirischer Manier das lausige Gefühl bei der Vorstellung vieler möglicher Welten. In seiner 1755 verfassten *Theorie des Himmels* heißt es: „Diejenigen Kreaturen, welche die Wälder auf dem Kopfe eines Bettlers bewohnen, hatten schon lange ihren Aufenthalt für eine unermessliche Kugel, und sich selber als das Meisterstück der Schöpfung angesehen, als einer unter ihnen, den der Himmel mit einer feinern Seele begabt hatte, ein kleiner Fontenelle seines Geschlechts, den Kopf eines Edelmanns unvermutet gewahr ward. Alsbald rief er alle gescheiten Köpfe seines Quartiers zusammen, und sagte ihnen mit Entzückung: wir sind nicht die einzigen belebten Wesen der ganzen Natur: sehet hier ein neues Land, hier wohnen noch mehr Läuse."

Es vergingen weitere zweieinhalb Jahrhunderte. Menschen betraten den Mond und brachten dort eine Tafel mit einer Jahreszahl an, gekennzeichnet mit AD, mit Anno Domini, das Jahr des Herrn 1969. Merkwürdig, dieses Vertrauen darauf, dass andere Mondbesucher aus dem All Latein können und schon wissen werden, wer gemeint ist mit diesem Herrn unserem Gott. Aber schließlich wurde in die Tafel auch der Unterschriftszug von Präsident Nixon graviert. Wer glaubt, dass in wer-weiß-wie-vielen Jahrmillionen noch irgend jemand eine Ahnung hat, wer dieser Nixon war, der kann auch glauben, dass Anno Domini eine im ganzen Weltall geläufige Zeitrechnung ist.

Nach der Mondlandung wurde der Orbit mit Satelliten bestückt, die den metallenen Ohren auf unseren Dächern Worte und Bilder übermitteln oder uns über kleine Schachteln am Armaturenbrett Bescheid geben, wann unser Auto rechts oder links abbiegen soll. Es wurden Raumstationen eingerichtet, es wurden Sonden ausgeschickt, die den Mars und den Saturn-Mond Titan erkundeten, es wurde ein hundertvierunddreißig Millionen Kilometer entfernter Komet beschossen, und es wird mit Riesenteleskopen immer weiter in die sogenannte ‚Tiefe des Alls' geblickt. Aber die Verwunderung über unsere Kleinheit ist immer noch groß. Douglas Adams, der im Jahr 2001 gestorbene Autor von *Per Anhalter durch die Galaxis*, fasst das in einem seiner nachgelassenen Texte so zusammen: „Als die großen frühen Astronomen, Kopernikus, Galileo und andere, ihre Teleskope gen Himmel richteten und entdeckten, dass das Universum erstaunlich anders war, als wir es erwarteten, und als sich erwies, dass die Erde plötzlich keineswegs der größte Teil des Universums war, um den nur ein paar helle Lichter kreisen, sondern dass sie nur ein winzigkleines Pünktchen ist, das sich um einen kleinen atomaren Feuerball dreht, der selbst wiederum nur einer unter Millionen und Abermillionen ist, die diese spezielle Galaxis bilden, und dass unsere Galaxis nur eine von Millionen oder Milliarden von Galaxien ist, aus denen das Universum besteht, und dass wir uns also auch auf die Möglichkeit einstellen müssen, dass es Milliarden von Universen gibt – das erforderte denn doch eine leichte Korrektur der Perspektive, dass das Universum uns gehört."

Die „leichte Korrektur" ist blanker Hohn. Kein Steinchen blieb am anderen in dem Weltmosaik, das sich die Menschen Generation für Generation zurechtgelegt hatten. Wo sollte im neuen Weltbild der Mensch seinen Platz haben? Und wo sollte man Gott unterbringen, der doch vor allem Anfang da war und nach allem Ende immer noch da sein würde – falls es ihn überhaupt gab. Die Situation ist seit Kopernikus, Kepler und Galileo nicht einfacher geworden. Eine Kränkung folgte auf die nächste. Die Umwälzung der Weltbilder wurde von der Ausnahme zur Regel. Der französische Astrophysiker Michel Cassé spricht von sechs kopernikanischen Revolutionen: „Die erste bestand darin, dass sich die Erde nicht im Zentrum des Sonnensystems befindet. Die zweite Revolution besagt, dass die Sonne und ihr Planetengefolge sich am Rande der Galaxie befinden, in ihren Vororten sozusagen. Die dritte Revolution besagt, dass sich auch die Galaxie nicht im Zentrum des Universums befindet, da das Universum selbst weder ein Zentrum noch einen Rand hat. Die vierte Revolution besagt, dass die aus Atomen bestehende Materie, die uns konstituiert, nicht die wesentliche Substanz des Universums ist – eine gewaltige Revolution, da sie dem Atom seine Königswürde raubt; es beginnt die Ära einer unsichtbaren Substanz, aber mit Energie versehen. Die fünfte Revolution besagt, dass die von uns als universell betrachteten Gesetze, das heißt jene Gesetze, die uns gestatten, das Verhalten der Materie hier auf Erden und am Himmel oben zu beschreiben, auf unsere kosmische Provinz beschränkt zu sein scheint. Die sechste konzeptuelle Revolution, die aber noch nicht erwiesen ist, geht von der Existenz von Dimensionen aus, die wir gar nicht wahrnehmen."

Dimensionen, die wir gar nicht wahrnehmen? Dimensionen, zu denen vor allem nie ein Mensch wird hinfahren können, weder atheistische Kosmo- noch bibelfromme Astronauten. Hat Gott sich dorthin zurückgezogen? Die Raumfahrten des Menschen galten und gelten notgedrungen dem Himmel im Sinn von sky. Im Diesseits, das auch im Weltall immer Diesseits bleiben wird, haben wir keinen Zugang zum Himmel im Sinn von heaven, zum „Himmels Himmel", wie Aurelius Augustinus im zwölften Buch seiner *Bekenntnisse* schreibt: „Wo aber ist des Himmels Himmel, von dem wir das Psalmwort vernehmen: ‚Des

Himmels Himmel gehört dem Herrn, aber die Erde hat er den Menschenkindern gegeben'. Wo bist du, Himmel, den wir nicht schauen, neben dem alles, was wir schauen, nichts als Erde ist? Verglichen mit jenem Himmel des Himmels ist auch der Himmel unserer Erde nur Erde. Dieser Himmel aber und diese Erde, so gewaltige Körper sie sind, werden mit Recht Erde genannt, vergleicht man sie mit jenem unbeschreiblichen Himmel, der dem Herrn zugehört und nicht den Menschenkindern."

Die nicht wahrnehmbare Dimension des Astrophysikers und der nicht beschreibbare Himmels Himmel des Kirchenvaters übersteigen das Maß jedes einzelnen Menschen und das Maß der Menschheit insgesamt. Mit welcher Haltung also sollen künftig Menschen in Raketen steigen? Der deutsche Raumfahrttechniker Peter Sahm meinte in einem Zeitungsinterview: „Der ideale Astronaut der Zukunft wäre jemand, der mit einer geläuterten, befreiten Vorstellung von Religion hinausgeschickt werden könnte. Der gemeinsame Nenner müsste Toleranz und Respekt sein sowie das Einverständnis, dass der Gott, den Christen, Muslime oder Naturreligiöse verehren, der gleiche ist."

Toleranz und Respekt sind immer gut, auch wenn es durchaus nicht der gleiche Gott ist, der in verschiedenen Religionen verehrt wird. Sonst wäre der Appell an Toleranz und Respekt gar nicht nötig. Die Gemeinsamkeit über alle Glaubensdifferenzen hinweg besteht in etwas ganz anderem, in etwas durch und durch Menschlichem. Sie besteht in der Hoffnung, nach jedem Abenteuer des Sich-Aussetzens wieder die Füße auf die Erde zu bekommen.

Genesis versus Genetik

Die Konkurrenz von Theologie und Biologie

„Am Anfang schuf Gott Himmel und Erde. Und die Erde war wüst und leer, und es war finster auf der Tiefe; und der Geist Gottes schwebte auf dem Wasser. Und Gott sprach: Es werde Licht! Und es ward Licht! Und Gott sah, dass das Licht gut war.“ So wird, ich habe es durch den Mund eines Astronauten schon einmal zitiert, der Anfang der Schöpfung am Anfang der Bibel erzählt – in der *Genesis*. Und so ist es womöglich nach Darwin gewesen: „Alle Bedingungen für die Entstehung eines lebenden Organismus könnten in einem kleinen warmen Tümpel geherrscht haben, in dem alle möglichen Ammoniak- und Phosphorsalze, Licht, Wärme und Elektrizität vorhanden waren.“

Ob wirklich alles in einem solchen Tümpel begonnen hat und wie es dabei zuging, ist immer noch ungeklärt und umstritten. Auch unter Evolutionstheoretikern. Einigkeit besteht bloß darin, dass Leben nicht geschaffen wurde, sondern sich entwickelt hat. Wie das vonstatten ging, ist auch unter Wissenschaftlern eine – Glaubensfrage. Immerhin wissen die Forscher, an welche Lehre sie nicht glauben. In den Worten des einflussreichen Evolutionsforschers Ernst Mayr: „Die Lehre, nach der die Welt von einem allmächtigen Gott erschaffen wurde, bezeichnet man als Kreationismus. Ihre Anhänger glauben meist auch, Gott habe seine Schöpfung so weise gestaltet, dass Tiere und Pflanzen aneinander und an ihre Umwelt mit höchster Vollkommenheit angepasst sind. Danach ist in der heutigen Welt noch alles so wie bei ihrer Schöpfung. Zu der Zeit, als die Bibel geschrieben wurde, war das auf Grund der damals bekannten Tatsachen eine völlig logische Schlussfolgerung. Manche Theologen rechneten mithilfe der biblischen Stammbäume aus, dass die Welt recht jung sein müsse – sie wurde demnach im Jahr 4004 vor Christus erschaffen, das heißt vor rund 6000 Jahren. Die Lehren des Kreationismus stehen im Widerspruch zu den Erkenntnissen der Naturwissenschaft, und das führte zu Auseinandersetzungen zwischen Kreationisten und Evolutionsforschern."

So trocken kann man den Streit darüber zusammenfassen, ob die Erde selbst erst sechstausend Jahre alt ist oder das Leben auf ihr 3,6 Milliarden Jahre. Der Mensch allerdings ist in beiden Fällen eine späte Erscheinung: In der Schöpfungsgeschichte wird er am sechsten Tag geknetet. Die Zeitspanne, die er bis zu seiner Vertreibung im Paradies verbrachte, liegt im Dunkel seines zeitlosen Glücks. Die Spanne, die er zur Verbreitung über die Erde brauchte, liegt im Dunkel der geschichtslosen Vorzeit, ist jedoch abschätzbar. Den meisten Paläanthropologen zufolge begannen ‚wir' vor etwa fünfzig oder sechzig Millionen Jahren damit, ‚uns' von einem afrikanischen Tal aus über die Erde zu verbreiten. Auf diese hunderte von Generationen dauernde Wanderung, sozusagen die erste ‚Globalisierung', hatten ‚wir' uns ein paar Millionen Jahre lang vorbereitet. Riesige Spannen und zugleich winzige Momente. Was sind fünfzig, sechzig oder siebzig Millionen Jahre im Vergleich zu dreieinhalb Milliarden? Ein Wimpernschlag in der Ewigkeit. Dennoch: Aus menschlicher Perspektive hat der Historiker Johannes Fried mit der Bemerkung recht: „Der Mensch trat nicht plötzlich aus der Hand seines Schöpfers ins Leben; er entstand im Laufe von Jahrmillionen. Indes, die Evolution kann niemand sehen."

Der Evolution geht es also wie dem Lieben Gott. Wie im Kapitel „Gott im Weltall" schon erwähnt, soll der sowjetische Kosmonaut Jurij Gagarin nach seinem Weltraumflug gesagt haben, er sei im Himmel gewesen, habe aber Gott nicht gesehen. Ist daraus zu schließen: Wenn man die Evolution nicht sehen kann, dann wird sie wie die Existenz Gottes zur unbeweisbaren Glaubensfrage? Noch einmal Ernst Mayr: „Die Evolution ist ein historischer Prozess. Deshalb kann man sie nicht mit den gleichen Methoden beweisen wie rein physikalische Phänomene."

Die Evolution hat einen anderen Tatsachenstatus als beispielsweise das Newton'sche Gravitationsgesetz. Den gravitationsbedingten Fall eines Apfels vom Baum kann man sehen, den evolutionsbedingten Abstieg eines Affen vom Baum hinunter in die Savanne und seine Entwicklung zum Menschen hingegen nicht. Außerdem lassen sich Experimente mit der Schwerkraft beliebig oft wiederholen und führen bei unveränderten Bedingungen stets zum gleichen Ergebnis. Im Unterschied dazu wäre bei einer Wiederholung des evolutionären Prozesses die Entwicklung vom Affen zum Menschen keineswegs unausweichlich. In der Evolution dominiert nicht die Macht des Schicksals, sondern die des Zufalls. Und Zufälle haben weder Sinn noch Zweck noch Ziel.

Die Kreationisten weisen darauf hin, dass die Evolution keine einfache physikalische Tatsache ist, sondern eine kompliziert konstruierte Theorie. Aus dieser richtigen Beobachtung ziehen sie den falschen Schluss, diese Theorie sei nur eine Lehre unter anderen und ihr Alleinanspruch auf die Wahrheit doktrinär. Man kann darauf mit Kopfschütteln reagieren, wie es Darwin wohl getan hätte, der in seiner Autobiographie schrieb: „Ich kann es kaum begreifen, wie jemand, wer es auch sei, wünschen könne, die christliche Lehre möge wahr sein." Das ist der harte Kern des oft oberflächlich geführten Streits zwischen Kreationisten und Evolutionstheoretikern. Hier kann es beim besten Willen zur Toleranz keinen Kompromiss geben, weder von der einen noch von der anderen Seite.

Es gibt aber noch einen dritten Konkurrenten im Deutungswettstreit: Die religiös motivierte Lehre vom ‚Intelligent Design'. Sie versucht, den sachlich nicht möglichen Kompromiss zwischen Wissenschaft und Glaube wenigstens ideologisch vorzutäuschen. In den öffentlichen Diskussionen werden ‚Kreationismus‘ und ‚Intelligent Design‘ oft in einen Topf geworfen. Aber die Durchtriebenheit des Design-Konzepts besteht gerade darin, vom wortwörtlichen Glauben an die *Genesis* abzurücken und den Erkenntnissen der Genetik ihr Recht zu lassen – jedenfalls bis zu einem bestimmten Punkt. Die Anhänger des Intelligent Design akzeptieren den Gedanken der Evolution, nicht jedoch die Macht des Zufalls als wichtigstes Prinzip der Selektion. Der Zufall, so wird argumentiert, hätte niemals die ungeheure Fülle der Natur und zugleich ihre bewundernswerte Ordnung hervorbringen können. Nur ein intelligentes schöpferisches Prinzip sei zu einer solchen Leistung in der Lage gewesen, und dieses Prinzip sei ein göttliches.

Diese neumodische Lehre versucht, die evolutionstheoretischen Erkenntnisse in das eigene Denken zu integrieren, sehr im Unterschied zu den altmodischen Kreationisten, die sich weigern, die von Darwin und seinen Nachfolgern angebotenen Früchte vom Baum der Erkenntnis anzunehmen. Im Vergleich zur trotzig zur Schau getragenen Naivität im Glauben bei den Kreationisten gehen die Intelligent-Designer bei ihrer Fehde gegen die Wissenschaft tatsächlich recht intelligent vor. Der Idee der Evolution soll ihre wissenschaftliche Grundlage entzogen werden, um sie auf ein religiöses Fundament umzusetzen. Denn wenn die Evolution das Werk eines intelligenten ‚Designers‘, eines Schöpfergottes ist, brauchen sich die Menschen, seine Geschöpfe, auf ihre Theorie darüber nicht gar so viel einzubilden.

Die Anhänger des Intelligent Design wollen der Wissenschaft entgegenkommen, ohne den Boden des Glaubens zu verlassen, und erwarten dafür, dass die Wissenschaft auch dem Glauben entgegenkommt und ihn als gleichberechtigt anerkennt. Aber eben das ist nicht möglich. Es kann allenfalls um Toleranz ohne Akzeptanz gehen, um die Duldung der Lehre des jeweils anderen, obwohl man sie für falsch hält. In diese Richtung wies Kardinal Karl Lehmann, bis 2008 Vorsitzender der Deutschen Bischofskonferenz, als er im August 2007 in einem Interview mit der Katholischen Nachrichtenagentur an die päpstliche Enzyklika *Humani generis* von 1950 erinnerte. Dort heißt es: „Das Lehramt der Kirche verbietet nicht, dass die Evolutionslehre, insofern sie nämlich den Ursprung des menschlichen Leibes aus schon existierender und lebender Materie erforscht, in Erörterungen von Gelehrten in beiden Feldern behandelt werde."

Die Verlautbarung ist tückisch und enthält einen ähnlichen Vorbehalt, wie ihn die Intelligent-Designer geltend machen. Ausdrücklich ist von der Erforschung „schon existierender und lebender Materie" die Rede. Mag die Evolution ihr Entwicklungswerk getan haben, das Werk der Schöpfung kann man ihr auf keinen Fall überlassen. Dann nämlich wäre kein Platz mehr für Gott. Ganz gleich, ob an irgendeinem ersten Tag irgend ein erstes Leben aus einem kleinen, warmen Tümpel kroch oder ob sich das Leben ganz anders entwickelt hat – auf eben dieses Entwickeln kommt es an. War es ein Zufall aus dem Nichts? Oder gab es einen Anstoß, gab es Schöpfung, gab es Geist, gab es Gott?

Innerhalb des christlichen Denkens ist es sogar möglich, sich diesen Gott als bösen vorzustellen, wie es die Gnostiker im 2. und 3. Jahrhundert taten, um sich das Übel in der Welt zu erklären. Die teuflische Vorstellung war eine Irrlehre, aber immerhin eine christliche. Ein böser Schöpfergott ist im christlichen Denken immerhin als Abweichung möglich, gar kein Schöpfergott dagegen ist blanker Unglaube – und den anzuprangern behält sich auch die von Kardinal Lehmann zitierte Enzyklika vor. Der christliche Glaube kann den göttlichen Ursprung der Erde und des Lebens unter keinen Umständen preisgeben, will er nicht sich selbst aufgeben. Entsprechendes gilt für die menschliche Seele. Der Glaube kann Zugeständnisse an die Wissenschaft machen, aber die Seele kann er sich nicht entreißen lassen. Kardinal Lehmann betont: „So hält zum Beispiel der Glaube daran fest, dass die menschliche Seele bei aller leiblichen Evolution auch des Menschen unmittelbar von Gott geschaffen ist."

Die göttliche Initiative zu Beginn der Schöpfung insgesamt und am Anfang jeder einzelnen menschlichen Seele: Darüber kann der Glaube nicht mit sich diskutieren lassen, wenn er sich behaupten will. Zumal die modernsten Richtungen der Neurologie nicht nur die Existenz der menschlichen Seele in Frage stellen, gottgeschaffen oder nicht, sondern das menschliche Selbst gleich mit. Das Selbst, das Bewusstsein, das uns allen so ans Herz gewachsene Ich wäre demnach nichts als eine Hervorbringung des Nervennetzes unter der Schädeldecke, eine ganz natürliche Hervorbringung, ein Phänomen physikalischer, chemischer und elektrischer Prozesse.

Während Sigmund Freud seine Zeitgenossen damit verstörte, dass er den Glauben an Gott als Illusion bezeichnete, halten seine neurowissenschaftlichen Nachfolger auch den Glauben an uns selbst für eine. Wie soll der Mensch an Gott glauben, wenn er sich seines Selbst und seiner selbst nicht mehr sicher ist? Es könnte aber auch sein, dass der Glaube durch diese Herausforderung gestärkt wird, indem er sein Recht nun nicht mehr gegen die Vernunft geltend macht, sondern neben ihr. Ein solches Nebeneinander hätte sich beispielsweise in der Schule zu bewähren. Kardinal Lehmann empfiehlt: „Gewiss muss der Biologieunterricht nicht ausführlicher den Sinn der biblischen Schöpfungserzählung entfalten. Der Religionsunterricht seinerseits kann nicht darauf verzichten, zur Klärung des Verhältnisses von Evolutionslehre und biblischer Schöpfungserzählung die verlässlichen Ergebnisse der biologischen Abstammungslehre in Erinnerung zu rufen und in Bezug zueinander zu setzen."

Das hört sich nach Defensive an, ist in Wahrheit aber viel kraftvoller als die ‚Anregung' der früheren hessischen Kultusministerin Karin Wolff von der CDU. Sie hatte gefordert, im Biologieunterricht auch die biblische Schöpfungsgeschichte zur Sprache zu bringen. Kardinäle denken in anderen Dimensionen als Politikerinnen, die geistlichen Führer denken strategisch, wo es die politischen beim Äugeln mit der Wählerschaft bestenfalls zur Taktik bringen. Während Karin Wolff naiv eine Gleichberechtigung von Evolutions- und Schöpfungslehre im Biologieunterricht fordert, schlägt Karl Lehmann das Gewährenlassen vor, allerdings eines, auf das ein Auge zu haben ist. Burschikos gesagt: Die Biologielehrer sollen über Religion die Klappe halten, die Religionslehrer sich aber über die Biologie äußern: „Die Naturwissenschaften und die theologische Deutung der Weltentstehung gehen zunächst einmal völlig verschiedene Wege und dürfen nicht miteinander vermischt werden. Aber die Beziehungslosigkeit zwischen beidem kann mindestens für den Christen nicht einfach das letzte Wort sein. Er will schließlich in seinem heutigen Bewusstsein verstehen, ob beides bei aller Verschiedenheit gedanklich vereinbar ist."

Das nebeneinander Stehenlassen, die friedliche Koexistenz von religiöser und wissenschaftlicher Lehre setzt Dominanzverzicht von beiden Seiten voraus. Aus der Position des scheinbar Schwächeren weist der Glaube die Wissenschaft in ihre Schranken – in Schranken, die dann doch wieder von religiösen Amts-, nicht von wissenschaftlichen Sachwaltern gezogen werden: „Es ist also gut, wenn sich der ‚Evolutionismus' bescheidet" – Evolutionismus, sagt der Kardinal, nicht Evolutionstheorie, und hebt, oder vielmehr: senkt die naturwissenschaftliche Theorie raffiniert auf die gleiche Ebene wie den ‚Kreationismus' – „wenn sich der ‚Evolutionismus' bescheidet, sich nicht überschätzt und, ohne zu einer Weltanschauung zu werden, bei seinen nachprüfbaren Einsichten bleibt." Aber was heißt „nachprüfbar"? Und wer entscheidet darüber, ob etwas als nachgeprüft zu gelten hat: Galileo oder der Papst?

Während der ehemalige Vorsitzende der deutschen Bischofskonferenz klug genug war, sich gleichzeitig zurück- und alles offen zu halten, warf der frühere Ratsvorsitzende der evangelischen Kirche Deutschlands, Bischof Wolfgang Huber, sowohl den Kreationisten als auch den Atheisten vor, nicht adäquat zwischen Glauben und Wissen zu unterscheiden. Hält man *Genesis* und Genetik nur richtig auseinander, sollte das wohl heißen, kommen sie einander auch nicht ins Gehege. Religion und Wissenschaft folgen jeweils ihren eigenen Gesetzen, erzählen jeweils eigene Geschichten, bieten jeweils eigene Deutungen an. Und das eine hat mit dem anderen nichts zu tun. Aber ist das nicht doch zu bequem? Weicht das den Fragen nach Grund und Ursprung des Lebens nicht bloß aus um des lieben Friedens willen? Der evangelische Bischof Martin Hein aus Kassel äußerte sich jedenfalls dezidierter: „Zu glauben, Biologie und christlicher Glaube hätten nichts miteinander zu tun und müssten deutlich voneinander geschieden werden, wird weder dem christlichen Bemühen um Wahrheitserkenntnis noch einem reflektierten Selbstverständnis der Naturwissenschaften gerecht."

Als Beispiel für eine wissenschaftliche Selbstpositionierung lässt sich eine Stellungnahme des Biologen und ehemaligen Präsidenten der Deutschen Forschungsgemeinschaft, Hubert Markl, zitieren. Er scheint wie Bischof Huber für ein neutrales Nebeneinander von Glaube und Forschung zu werben: „Die Toleranz für andere Überzeugungen, die Zurückhaltung, sich mit nur angemaßter Sachkunde im jeweils anderen Gebiet zu äußern, gewährleisten sowohl dem Glauben und seinen moralischen Weisungen als auch der Wissenschaft und ihrem Ethos, eigenständige Erkenntniswege und Einsichten zu suchen."

Dieser Satz begann mit Toleranz – und endete mit Arbeitsteilung. Hier die moralischen Weisungen des Glaubens, dort die eigenständigen Erkenntnisse der Wissenschaft. Das klingt gleichberechtigter als es ist. Denn es hängt alles davon ab, wer wen toleriert. Und in diesem Punkt haben sich die Kräfteverhältnisse seit Galileo dramatisch geändert. Damals entschieden kirchliche Instanzen, wann in wissenschaftlichen Fragen zu tolerieren und wann zu verbrennen war. Inzwischen sind es umgekehrt die Kirchen, die auf Toleranz in religiösen Fragen angewiesen sind.

Das Kräfteverhältnis bei der Deutungsmacht hat sich verändert, nicht aber die Verschiedenheit der Deutungsperspektiven. Hubert Markl sieht das Nebeneinander von Glauben und Wissen aus der Perspektive des ‚Mannes der Wissenschaft', Karl Lehmann aus der des Kirchenmannes.

Aber lassen sich die wissenschaftliche und die religiöse Lehre nicht doch unter einen Hut bringen? Vielleicht, wenn es der Hut eines Anglikaners ist. Der Quantenphysiker John Polkinghorne ist zugleich Priester der Kirche von England und hat ein Buch mit dem Titel geschrieben: *An Gott glauben im Zeitalter der Naturwissenschaften*. Darin heißt es: „Religion hat keinen Zugang zum absoluten Beweis ihres Glaubens, aber die Wissenschaft bei sorgfältiger Analyse auch nicht."

Das stimmt, stellt aber weder Religion und Wissenschaft auf die gleiche Ebene noch die *Genesis* mit der Genetik. Die Unvereinbarkeit bleibt eine mit Ranggefälle, wenn es um wissenschaftliche Fragen geht. Und auch in ethischen Fragen haben religiöse Überzeugungen ihre alten Rechte verloren. Dieses Recht jedoch ist nicht in direkter Erbfolge auf die Wissenschaft oder die Experten übergegangen, auch wenn Experten von einer ratlosen Öffentlichkeit manchmal so behandelt werden oder sich in einer Art Amtsanmaßung so benehmen. Immer dann, wenn der Deutungsstreit zwischen Religion und Wissenschaft neu aufflackert, wie im Fall der Weltanschauungskontroverse zwischen Evolutionstheorie und Schöpfungsmythos, zwischen natürlicher Selektion und göttlicher Ordnung, zwischen Genetik und *Genesis* – immer dann nehmen besonders dogmatische

Wissenschaftler priesterliche Züge an, während besonders moderne Priester ernüchternd wissenschaftlich tun. In diesem seltsamen Spiel überbieten beide Seiten einander ausgerechnet in dem, was der jeweils eigenen wesensfremd ist.

Dann also doch lieber ein profilloses Nebeneinander: Hier eine blässliche Wissenschaft, die keinen Glauben kränken will – dort eine fade Religiosität ohne Rückgrat, die sich jeder Wissenschaft beugt? Wie auch immer: Der Glaube versetzt Berge. Und die Wissenschaft weiß, dass der Prophet zum Berg gehen muss, wenn der Berg nicht zum Propheten kommt.

Das fetischisierte Gen

Eine Polemik

Wir laufen alle mit Strickleitern in Leib und Seele herum. Es ist die ‚Strickleiter' der DNA, wie sie Watson und Crick 1953 als Modell der genetischen Struktur entwickelt haben. Die Sprossen dieser Strickleiter werden von Paarungen der Basen Adenin, Cytosin, Guanin und Thymin gebildet. Weil diese Basen von den Wissenschaftlern mit Buchstaben abgekürzt werden – A, C, G, T – ist häufig vom ‚Buch des Lebens' die Rede. Nur schreibt das Leben keine Bücher, es lebt einfach. Moleküle in Zellkernen sind keine Buchstaben, chemische Verbindungen keine Leitern und Zellen keine Texte. Man sollte Sachverhalte in der Natur nicht mit den Metaphern verwechseln, mit denen sie je nach historischer Epoche kulturell codiert werden.

Um an die Geschichtlichkeit unserer Vorstellungen am Beispiel des Gedächtnisses zu erinnern: In der Antike wurde die Gegend hinter der Stirn gern mit einer Wachstafel verglichen, in die ein Griffel seine Spuren ritzt. Mit der Erfindung der Uhr kam es zu einer Epidemie der Uhrwerkmetapher: Von der göttlichen Schöpfung über den fürstlichen Staat bis zur menschlichen Seele schien nun alles wie Uhren zu funktionieren. Nach der Verbindung von Mechanik und Mathematik durch Pascal und Leibniz galten Geist und Gedächtnis als eine Art höhere Rechenmaschine. Und heute stellen sich die Gehirne der Leute die Gehirne der Leute wie Computer vor oder, nächste Steigerung in der Metaphernkette, als Netzwerk von Computern. Es wird nicht lange dauern bis man das Gedächtnis mit virtuellen Speicherwolken vergleicht ähnlich denen beim ‚Cloud Computing'.

Das alles sind Sinnbilder, metaphorische Veranschaulichungen, die sich im öffentlichen Gebrauch zu Phrasen verfestigen. In den Hohlformen der Phrasen bieten die Menschen einander ihre Meinungen über unverstandene Sachverhalte dar. Dass etwas ‚in den Genen liegt' ist ein inzwischen nahezu klassisches Beispiel.

Während die Erbinformationen in der Natur der genetischen Evolution unterliegen, unterliegen die Vorstellungen, die sich die Menschen darüber machen, der kulturellen Entwicklung. Man könnte die darwinistische Stammbaummetapher auf die darwinistische Metapher vom Stammbaum anwenden. Das soll gleich probiert werden, wenigstens teilweise. Es wird sich zeigen, dass die Verwandtschaftsbeziehung zwischen dem neumodischen Genfetischismus und den altmodischen Erblehren der Verwandtschaftsbeziehung zwischen Menschen und Affen nicht unähnlich ist. Der eine stammt nicht direkt vom anderen ab, aber beide haben gemeinsame Vorfahren. Und da scheint es rezessive Gene beziehungsweise rezessive Gedanken zu geben, die an unerwarteten Stellen wirksam werden.

Jedenfalls erinnert manche seit der angeblichen ‚Entzifferung des Genoms' im Jahr 2000 kursierende Phrase an das Veranlagungsgerede vor der tatsächlichen Entdeckung der Doppelhelix-Struktur der DNA durch Watson und Crick im Jahr 1953. Und die ältere Erblehre ruhte wiederum in einer ideologischen Tradition, die vom Vulgärdarwinismus der kolonialistischen Rassegedanken bis zum Vernichtungsdarwinismus der nationalsozialistischen Rassegesetze führte.

Worin bestehen die Gemeinsamkeiten zwischen dem aktuellen Genfetischismus, der sozialdarwinistischen Vorstellung vom Überleben des Stärksten, der kolonialistischen und schließlich der nazistischen Rassetheorien? In der Erklärung kultureller durch natürliche Unterschiede, in der Rechtfertigung sozialer durch natürliche Ungleichheit, in der Verwandlung naturwissenschaftlicher Begriffe in kulturelle Metaphern, die dann in einem seltsamen ideologischen Rückkoppelungseffekt wiederum für die ‚Natur der Sache' gehalten werden.

Eine der beliebtesten und zugleich gefürchtetsten Phrasen ist die vom ‚survival of the fittest'. Die Wendung stammt nicht von Charles Darwin, dem sie so oft zugeschrieben wird, sondern von dem Philosophen und Soziologen Herbert Spencer. Allerdings hat Darwin sie in eine spätere Auflage seines Hauptwerkes aufgenommen. Spencer übertrug Darwins Überlegungen zur Evolution in der Natur auf die Entwicklung von Gesellschaften. Der ideologischen Wertverschiebung zwischen Darwin und Spencer entspricht eine ideologische Wortverschiebung: von „favoured" zu „fittest". Darwins 1859 erschienenes Hauptwerk hieß: *On the Origin of Species by Means of Natural Selection, or the Preservation of Favoured Races in the Struggle for Life*. Darwin spricht von „favoured races", was bei den ersten deutschen Ausgaben mit „begünstigten Rassen" übersetzt wurde. Darwin spricht also nicht vom Erhalt der Stärksten, sondern von dem der Begünstigten. Diejenigen Rassen, die von der Natur begünstigt sind, erhalten sich in einer bestimmten natürlichen Umwelt am besten, jedenfalls solange, bis sich die Umwelt ändert und das, was einmal von Vorteil war, unter neuen Bedingungen zum Nachteil wird.

Analogisch korrekt aufs Soziale übertragen würde sich das so anhören: Diejenigen Klassen, die von der Gesellschaft begünstigt sind, erhalten sich in einer bestimmten sozialen Umwelt am besten, jedenfalls solange, bis sich die soziale Umwelt ändert – zum Beispiel durch eine Revolution – und das, was einmal von Vorteil war, unter neuen Bedingungen zum Nachteil wird.

Die naturalistische Reduktion, um wissenschaftlich auszudrücken, was im politischen Nahkampf als ideologischer Trick funktioniert, diese Reduktion, dieser Trick ist eine halbe Sache – und vielleicht gerade deshalb ganz erfolgreich. Einerseits wird bei der Übertragung des Selektionsgedankens auf gesellschaftliche Verhältnisse die natürliche Umwelt durch die soziale ersetzt, andererseits aber die natürliche Begünstigung gerade nicht durch eine soziale. Vielmehr wird die soziale Begünstigung durch (angebliche) natürliche Stärke gerechtfertigt. Und dafür eignet sich Spencers „fittest“ besser als Darwins „favoured“.

Das ‚survival of the fittest‘ wurde in Deutschland von dem Mediziner und Zoologen Ernst Haeckel bekannt gemacht. Er war der große Popularisierer der Evolutionstheorie in der zweiten Hälfte des 19. Jahrhunderts. Seine Ideen wirken bis heute nach. Beispielsweise die symbolisch beeindruckende, wissenschaftlich naive und ideologisch folgenreiche Vorstellung eines evolutionären Stammbaums mit Wurzel und Wipfel, mit Hauptstamm, Ästen und Zweigen.

Symbolisch beeindruckend ist, dass der Baum der Evolution an den Baum der Erkenntnis im Paradies erinnert. Wissenschaftlich kindlich wirkt es, weil die Evolution kein artiges Aufstreben der Arten ist, sondern ein undurchdringliches Speziesgestrüpp – auch Darwins Handskizze der evolutionären Struktur erinnert eher an einen Strauch. Ideologisch folgenreich wurde es, weil ein Baum-Modell viel klarer als ein Strauch-Modell das rassistische Rangbedürfnis artikuliert, dem zufolge der schwarze Mensch unter dem weißen steht wie der Hominide unter dem Homo sapiens. „Die Naturmenschen“, schrieb Haeckel, „stehen in psychologischer Hinsicht näher den Säugetieren als dem hochzivilierten Europäer; daher ist auch ihr individueller Lebenswert ganz verschieden zu beurteilen.“

Haeckel war Ehrenmitglied der 1905 gegründeten *Gesellschaft für Rassenhygiene*, die laut Satzung „die Förderung der Theorie und Praxis der Rassenhygiene unter den weißen Völkern“ bezweckte. Mitglieder dieser Gesellschaft waren auch der Schriftsteller Gerhart Hauptmann und der sozialdemokratische Hygieniker Alfred Grotjahn. Damals ging der Erbfanatismus durch alle politischen Lager, so wie heute der Genfetischismus parteiübergreifend Mainstream ist.

Der englische Publizist Walter Bagehot hat 1872 Darwins ‚natürliche Zuchtwahl' auf gesellschaftliche Verhältnisse übertragen: *Physics and Politics*, lautet der Titel, *or Thoughts on the Application of the Principles of ‚Natural Selection' and ‚Inheritance' to Political Society.* Darin heißt es: „Erwägen wir, worin ein Dorf englischer Kolonisten einem Stamm australischer Eingeborener überlegen ist. Unzweifelhaft sind die Engländer in einer, und zwar der hauptsächlichen, Hinsicht überlegen. Sie können die Australier im Krieg schlagen, wann immer es ihnen gefällt; sie können ihnen alles wegnehmen, was ihnen gefällt; und sie können jeden von ihnen töten, den sie auswählen."

Für Bagehot manifestiert sich Überlegenheit nicht nur im Totschlagen, sondern noch in anderen Begabungen. So haben „die Nachkommen kultivierter Eltern durch angeborene Nervenorganisation eine größere Anlage zur Kultivierung als die Nachkommen der Unkultivierten." Auch Darwin glaubte, „dass Erziehung und Umgebung nur eine geringe Wirkung auf den Geist eines jeden ausüben und dass die meisten unserer Eigenschaften angeboren sind". In seinem zweiten Hauptwerk *Die Abstammung des Menschen und die geschlechtliche Zuchtwahl* warnte er, „es dürfen die Fähigsten nicht durch Gesetze oder Gebräuche daran verhindert werden, den größten Erfolg zu haben und die größte Zahl von Nachkommen aufzuziehen".

So gesehen war die Einführung des inzwischen wieder in Frage gestellten staatlichen Elterngeldes eine darwinistische Maßnahme. Nach Einkommen gestaffelt lief es darauf hinaus: Je mehr man verdient, desto mehr Elterngeld verdient man auch. Diese typisch sozialdarwinistische Tautologie dominierte die öffentliche Diskussion vor der Einführung des Elterngelds. Susanne Gaschke plädierte in der *Zeit* für die Staatsprämie, weil sie glaubte, die Kinderkriegsubvention könne „die soziale Spaltung der Fortpflanzung zumindest mildern". Gaschke drohte seinerzeit: „sonst wird Fortpflanzung ein Unterschichtenmerkmal". Inzwischen hat sich gezeigt, dass das Elterngeld das Kinderkriegen bei Akademikern nicht befördert hat. Die ausdauernde Zurückhaltung beim besserverdienenden Fortpflanzen liegt eben nicht an fehlendem Geld, sondern an fehlender Infrastruktur. Der institutionelle Versorgungsmangel bei der Kinderbetreuung muss behoben werden, will man, was ja wünschenswert wäre, die Alternative Kinder oder Karriere überwinden.

Durch Artikel wie jenen von Gaschke indessen raunte die Furcht vor sozialer Überfremdung. Eine Argumentationsschleife, die in Zusammenhang mit Migranten als rassistisch erkannt worden wäre, fällt im Sozialkampf gegen die eigene Unterschicht als ‚klassistisch' nicht einmal auf. Und doch liegt ihr ein durch und durch naturalistisches Begabungsverständnis zugrunde. Die angeblich genetisch Überlegenen dürfen nicht durch sozialen Ausgleich daran gehindert werden, die größte Zahl an Nachkommen zu zeugen. Vielmehr muss der soziale Ausgleich denjenigen zugute kommen, die ihn genetisch verdienen. Im genfetischistischen Gesellschaftsbild kehrte Darwins verstiegene Warnung als Forderung nach Finanzhilfe für fortpflanzungsgehemmte Akademiker wieder.

Ein anderes Beispiel für die eigentümliche Renaissance der Erblehre beim Thema Begabung lieferte Josef Kraus im Dezember 2008 in der von der Bundeszentrale für politische Bildung herausgegebenen Zeitschrift *Aus Politik und Zeitgeschichte*. Der damalige ehrenamtlicher Präsident des deutschen Lehrerverbands behauptete: „Die Forschung hat seit mehreren Jahrzehnten eindeutig nachgewiesen, dass 70 Prozent des kognitiven Potentials durch Erbfaktoren bestimmt sind."

Alles was „die Forschung", wer immer die geheimnisvolle Dame sein mag, in dieser Hinsicht „nachgewiesen" hat, ist ihre Ratlosigkeit darüber, was dieses „kognitive Potential" überhaupt sein soll. Nicht einmal auf einen gemeinsamen Intelligenzbegriff konnte man sich einigen. Unter intelligenteren Intelligenzforschern kursiert deshalb „seit mehreren Jahrzehnten" der selbstironische Witz, Intelligenz sei das, was Intelligenzforscher messen.

Man könnte exemplarische Äußerungen wie diese auf sich beruhen lassen, hätten sie keinen Einfluss auf das praktische Leben. Aber Sichtweisen wie die von Susanne Gaschke prägen die Sozialpolitik und Sichtweisen wie die von Josef Kraus die Schulpolitik.

Schon vor anderthalb Jahrzehnten fürchtete Noelle Lenoir, damals Ethikberaterin bei der EU-Kommission: „Sogar bei Schulkindern wird man danach suchen, ob schlechte Leistungen genetisch bedingt sind." 1999 tobte in Deutschland eine biopolitische Züchtungsdebatte, ausgelöst durch Peter Sloterdijks Rede über *Regeln für den Menschenpark*. Sloterdijk wurde vorgeworfen, er wolle Menschen mit verschiedenen Eigenschaften züchten, so, wie einst Gregor Mendel in seinem Klostergarten Erbsen mit verschiedenfarbigen Blütenblättern gezüchtet hatte.

Vieles, was damals Angst, Schrecken und Vorwürfe auslöste, gehört inzwischen zum genfetischistischen Phrasenrepertoire. So bewarb etwa der C. H. Beck Verlag das Buch *Der Darwin-Code* unter anderem mit dieser Frage: „Steht die moderne sexuelle Selbstbestimmung der Frauen im Gegensatz zur Evolution, oder ist sie Teil der biologischen Natur?" Ein hübsches Beispiel dafür, dass es nicht nur dumme Antworten, sondern auch dumme Fragen gibt. Die „moderne sexuelle Selbstbestimmung der Frauen" steht deshalb nicht im Gegensatz zur Evolution, weil sie mit der Evolution überhaupt nichts zu tun hat. Sie ist aber auch kein „Teil der biologischen Natur", weil Menschenrechte oder Frauenrechte keine biologischen, sondern ethische, politische, rechtliche, soziale Angelegenheiten sind.

Aber heute sind Theorien über die genetischen Wurzeln des sozialen Verhaltens so populär wie seit dem späten 19. Jahrhundert nicht mehr. „Fast alles hat irgendeine genetische Basis,

Politik eingeschlossen", konnte der Harvard Professor James Q. Wilson im amerikanischen *City Journal* schreiben. Nach dieser umwerfend präzisen Behauptung wartete Wilson ähnlich wie Josef Kraus mit einer dieser kuriosen Prozentangaben auf, von denen niemand weiß, wie sie eigentlich zustande kommen: „Bei registrierten Wählern erklären genetische Faktoren 60 Prozent des Unterschieds zwischen denjenigen, die Wählen gehen und denjenigen, die das nicht tun."

Jeremy Freese von der amerikanischen Northwestern University wiederum stellte eine Liste von zweiundfünfzig Charaktereigenschaften und Neigungen zusammen, die „teilweise erblich" sind, was immer dieses „teilweise" bedeuten mag, das in solchen Kontexten immer herum vagabundiert. Auf der Freese-Liste stehen zum Beispiel: kognitive Fähigkeiten, Aggressivität, Heiratsneigung, Alter beim Vollzug des ersten Geschlechtsverkehrs, Befürwortung der Todesstrafe. Die lächerlich schmale Datenbasis, aufgrund derer solche Aussagen zusammengeschustert werden, stammt aus der Zwillingsforschung. Was den Evolutionsbiologen die Fruchtfliege ist, das sind den Sozialgenetikern die Zwillinge. Diese Vorliebe teilen sie mit den Rassehygienikern.

Einer von ihnen war Otmar Freiherr von Verschuer. Er attestierte „Sippenwanderern", vulgo ‚Zigeunern', politischkorrekt Sinti und Roma, eine „Unstetigkeit", die eine „psychische Erbeigenschaft" sei, vielleicht ähnlich den zweiundfünfzig Charaktereigenschaften von Jeremy Freese. 1935 schrieb Verschuer in der Zeitschrift *Der Erbarzt* über den ‚Urvater' aller Rassetheoretiker: „Gobineau hat mit genialem Griff die Rassenlehre auf die Politik angewandt." Comte de Gobineau veröffentlichte von 1853 bis 1856 den *Versuch über die Ungleichheit der Menschenrassen*. Das bizarre Werk avancierte zu einer der ideologischen Inspirationsquellen der nationalsozialistischen Rassen- und Vernichtungspolitik.

In den ideologischen Rahmen der Rassen- und Erblehre wurde auch die Eugenik gespannt. Schon 1930 fragte Hans Luxenburger im Titel einer Schrift: *Welche Folgerungen hat die Eugenik aus den Ergebnissen der psychiatrischen Erblichkeitsforschung zu ziehen?* Seine Antwort lautet: Die Eugenik ist die Lehre „von der Wohlgezeugtheit des Individuums. Sie will erreichen, dass der ungezeugte Mensch wohlgezeugt sein wird im Sinne größtmöglicher biologischer Vollkommenheit".

Drei Generationen später, genau gesagt am 22. Dezember 2008, meldete dpa: „Eine Frau aus London erwartet das erste Baby Großbritanniens, das nach einer genetischen Auswahl ohne Brustkrebs-Gen geboren werden soll." Nach einer künstlichen Befruchtung waren die entstandenen Embryonen einer Präimplantationsdiagnostik (PID) unterzogen worden. Von insgesamt elf in vitro erzeugten Embryonen wurden zwei zur Einpflanzung in die Gebärmutter ausgewählt, denen trotz erblicher Vorbelastung die ‚Brustkrebs-Gene' BRCA 1 und BRCA 2 fehlten. Ein Embryo reifte heran.

Der ungezeugte Mensch als wohlgezeugt im Sinne größtmöglicher Vollkommenheit? Die Selektion von Embryonen durch PID im England unserer Tage unterscheidet sich sachlich und ethisch von der Euthanasie behinderter Kinder in Deutschland während der Hitlerzeit. Die schlimme Last unseres historischen Erbes presst uns Aufmerksamkeit für alles ab, was uns am Tun der anderen an die eigenen Untaten erinnert. Reflexempörung führt aber dazu, aus lauter Angst vor den rassehygienischen Verbrechen der Vergangenheit die anders gearteten biopolitischen Gefahren der Zukunft zu übersehen.

So wurde auch in der dpa Meldung gleich zu Anfang auf die ethische Problematik der in Deutschland verbotenen PID hingewiesen. Aber erst im allerletzten Satz wurde klargestellt, was es mit dem angeblichen ‚Brustkrebs-Gen' wirklich auf sich hat: „Es wird davon ausgegangen, dass BRCA 1 und das verwandte

BRCA 2 für rund fünf bis zehn Prozent der Brustkrebserkrankungen verantwortlich sind." Anders herum: Für neunzig bis fünfundneunzig Prozent der Brustkrebsfälle ist nicht das ‚Brustkrebs-Gen' die Ursache.

Das ändert nichts an der Relevanz der BRCA-Gene für Menschen, die damit leben müssen. Eine entsprechende Diagnostik nicht schlankweg zu verwerfen kann ethisch besser sein, als mit leichtfertig gutem Gewissen dem Problem einfach auszuweichen. Die Bedeutung, die solche Gene für die betroffenen Menschen haben, rechtfertigt jedoch weder sachlich noch ethisch die Instrumentalisierung dieser Einzelfälle für eine allgemeine Gen-Promotion, die zusehends in Marketing übergeht. Ihre tatsächliche medizinische Bedeutung wird von der symbolischen Bedeutung für das Geschäftsmodell Gentechnik weit übertroffen.

Also schickt sich der Mensch an, statt der kulturellen Entwicklung, die ihm nach wie vor über den Kopf wächst, die biologische Evolution in die Hand zu nehmen? Beginnt nun das Naschen vom Baum der Erkenntnis Wirkung zu zeigen und die Nachfahren von Eva und Adam zu befähigen, nicht länger nur zu zeugen, sondern auch zu schöpfen? Und wird die Menschheit auf diese Weise die Achillesferse ihrer wahren Herkunft ausheilen?

Die Abfolge unserer A-s und C-s, unserer G-s und T-s unterscheidet sich von der im Schimpansen-Genom um höchstens zwei Prozent. In Kafkas *Bericht für eine Akademie* erinnert ein zum Menschen umgeschulter Affe die Professoren daran: „Ihr Affentum, meine Herren, soferne Sie etwas Derartiges hinter sich haben, kann Ihnen nicht ferner sein als mir das meine. An der Ferse aber kitzelt es jeden, der hier auf Erden geht: den kleinen Schimpansen wie den großen Achilles."

Der Fersenkitzel der Darwin'schen Kränkung, dass der Mensch zwar nicht ‚direkt' vom Affen abstammt, jedoch zum

Gestrüpp der Primatenverwandtschaft gehört, ist heute nur noch ein Nervenkitzel für Leute, die wortwörtlich an die *Genesis* glauben und von Genetik nichts wissen wollen. Aber was genau passiert eigentlich bei der Evolution? Ist sie ein – je nach Sichtweise – glücklicher beziehungsweise unglücklicher Zufallsprozess, an dessen Beginn nicht ein wissender und wollender Gott nach menschlichem Bild stand, sondern irgendeine neue Eiweißverbindung? So hat es der Evolutionsbiologe Axel Meyer wohltuend nüchtern in der *FAZ* erklärt: „Zufällig in den Genen auftretende Mutationen führen zu veränderten biochemischen Interaktionen von Genen und Proteinen, die schließlich manchmal auch in veränderten äußeren Erscheinungsbildern der Organismen zum Ausdruck kommen." Also liegt es nicht ‚in den Genen', sondern zwischen Genen und Proteinen, wenn es schon irgendwo liegen muss, dass es durch zufällige (!) Mutationen manchmal (!!) auch (!!!) zu Veränderungen kommt.

Die Evolution ist ein Prozess ohne Ziel, Sinn und Zweck, vor allem ist sie kein Lernprozess, in dem sich die ‚Fitten' der Umwelt anpassen. Es gehört zu den Grunddogmen der Evolutionstheorie, dass erlernte Fähigkeiten nicht vererbt werden, auch wenn es neuere Nebenströmungen gibt, die mit sogenannten ‚Memen' herumhantieren, eine Art Gedächtnisgen, mit dessen Hilfe auch die kulturelle Evolution in eine biologische verwandelt werden soll.

Und dann steht vor dem botanischen Garten in Paris noch dieser Typ auf dem Sockel, der von Anfang an und schon vor Darwin anderer Meinung war. Die Inschrift auf dem Sockel lautet „Begründer der Evolutionstheorie", und da sich das Denkmal in Paris befindet, ist damit eben nicht der Engländer Darwin gemeint, sondern der Franzose Jean-Baptiste Lamarque, der drei Generationen vor Darwin über die Entstehung der Arten nachdachte. Er vermutete, dass Individuen einer Spezies die Eigenschaften, die sie im Leben nicht brauchen, allmählich verlieren, während sie nützliche weiterentwickeln. Die Giraffe, glaubte er, hat deshalb einen langen Hals, weil sie ihn Generation um Generation nach immer höheren Blättern streckte. Hat der Fuchs einen kurzen, weil für ihn die Trauben sowieso zu hoch hängen?

Viele vernünftige Menschen sprechen wie Darwinisten, denken aber genau genommen wie Lamarque. In Tierfilmen werden Pfauenschwänze und Pavianpopos damit erklärt, dass damit die Weibchen beeindruckt werden sollen. Warum jedoch die Weibchen nicht einfarbige Kavaliershintern vorziehen oder weniger eitle, dafür beweglichere und überlebensfähigere Radschläger – das fällt bei solchen pseudodarwinistischen, in Wahrheit lamarquianischen Deutungen als Problem gar nicht auf. Darwin selbst hat übrigens lange über die nicht sehr überlebensfitte Befiederung des sogenannten starken Geschlechts beim Pfau gegrübelt.

Für den Fall, dass Tierfilme nicht akzeptiert werden als Beweis für das Überleben der Ideen Lamarques im darwinistischen Mainstream, sei der *Stern* als weiterer Belastungszeuge aufgerufen. Anlässlich des zweihundertsten Geburtstages von Darwin erkundigte er sich bei Axel Meyer in einem Interview: „Evolution geschieht durch Anpassung eines Lebewesens an seine Umwelt. Wie gelangt diese Veränderung ins Erbgut?" Axel Meyer antwortete: „So gefragt zäumt man das Pferd von hinten auf. Die Variation muss schon im Erbgut vorhanden sein. Dann wird selektiert." Weniger geduldig reformuliert: Die Gene sind eben keine Speicher, in die im Überlebenskampf erworbene Fähigkeiten ‚hineingelegt' werden. Erworbenes Vermögen wird nur in der Gesellschaft vererbt, nicht in der Natur. Das gilt nicht nur fürs Geld, sondern auch für die Gedanken.

Trotzdem trösten sich die Menschen, zweckorientiert und sinnbedürftig wie sie nun einmal sind, über die darwinistische Zumutung der Evolution als Zufallsprozess gern mit einem

Schuss Zielgerichtetheit hinweg. Wenn es schon mit der Theologie nichts mehr ist, will man sich die Teleologie nicht auch noch nehmen lassen. Es ist, im Wortsinn, ver-rückt: Während die kulturelle Evolution, die wirklich eher mit Lamarque beschreibbar wäre, mit darwinistischen Metaphern begriffen, besser gesagt: betatscht wird, mag man bei der natürlichen Evolution, der allein das darwinistische Modell angemessen ist, von lamarquianischen Illusionen nicht lassen. Die zur Diva angeschwollene Prinzessin der genetischen Alltagsweisheit fühlt sich auf Mendels Erbsen immer noch nicht recht wohl.

„Was wir bergen in den Särgen,
ist der Erde Kleid.
Doch der Gene Reigen, den die Enkel zeigen,
führt zur Ewigkeit.“

Das stand in einer Todesanzeige in der *FAZ*, jene Zeitung, die nach der ‚Entzifferung des Genoms' viele Seiten mit den vier Basenbuchstaben bedruckte, um uns das ‚Buch des Lebens' zum Lesen zu geben.

Will der Mensch noch glauben?

Was wäre Gott ohne die Gläubigen? Soziologisch betrachtet ist alles, was die Menschen glauben und gesellschaftlich leben, eine soziale Tatsache, unabhängig von theologischer Verbürgtheit oder wissenschaftlicher Wahrheit. Wenn zwei oder drei Gläubige in Gottes Namen beisammen sind, dann ist er mitten unter ihnen. Kein Mensch glaubt seinen Gott allein. Eben deshalb ist der Glaube nicht dem Willen und der Willkür des Einzelnen anheim gestellt, sondern selbst individualpsychologisch noch kollektiv vorgeformt und gesellschaftlich durchgebildet. Andererseits gibt es die Freiheit zur Abkehr, und bei der Gottverlassenheit ist nicht nur der Mensch von Gott, sondern auch Gott vom Menschen verlassen. Spirituelle Bedürfnisse können aber auch aus der Bahn der Überlieferung brechen, ohne Gott den Rücken zu kehren. Religionen sind keine steinernen Gottesbauten, auch wenn sie solche hervorbringen, sondern menschliches Leben und menschliches Tun.

Das Gespensterfest

Allerheiligen oder Halloween

An der ganzen Sache ist natürlich wieder der Teufel schuld. Nicht einmal mit irischen Whiskey-Säufern wird er fertig, lässt sich glatt von einem Jack unter den Tisch trinken und verliert die Seelenwette. Nachdem Jack gestorben war, musste er nicht in die Hölle, aber die im Himmel wollten ihn auch nicht haben. Also treibt er sich seitdem rastlos in der Welt herum, seine Laterne eine ausgehöhlte Rübe, und sein Licht ein von Luzifer geborgtes Stück Kohle. „Jack O'Lantern" tauschte die Rübe gegen einen Kürbis, nachdem wegen der großen irischen Hungersnot im 19. Jahrhundert viele Iren nach Amerika ausgewandert waren. Von Amerika kehrte Jacks Laterne dann zurück nach Europa, wo sich Halloween mehr und mehr breit macht alljährlich Ende Oktober.

Forscht man im Internet nach Einträgen zu den Stichworten ‚Reformationstag' oder ‚Allerheiligen' werden je nach Tagesaktualität und Suchalgorithmus Millionen von Fundstellen nachgewiesen. Das ist beachtlich? Gibt man ‚Halloween' ein, bekommt man eine halbe Milliarde Verweise. Werden also der protestantische Reformationstag am 31. Oktober und das katholische Allerheiligenfest am 1. November vom kommerziellen Kürbiskarneval Halloween verdrängt?

Die Sache mit Jack und dem Teufel hat eine Vorgeschichte. In heidnischer Zeit feierten die Kelten ein Herbstfest, das den Dank nach der Ernte und das Totengedenken mit einer Art Hexenkarneval verband. Das poltrige Gefeier trug den Namen Samhain, und als die ersten Missionare zu den Kelten kamen, beschlossen sie, schlau wie sie waren, den Kelten das Fest nicht zu verbieten, sondern es lieber christlich umzudeuten. Die Heiden sollten schließlich nicht verschreckt, sondern gelockt werden, ‚abgeholt' – wie man heute sagen würde. Unter dem Einfluss der christlichen Bekehrer verwandelte sich das alte Samhain-Fest in Allerheiligen. Papst Gregor IV. machte das Fest im Jahr 837 offiziell, und seitdem wird es in der Christenheit gefeiert.

Die katholischen Auswanderer in die Neue Welt, die Iren, Italiener, Polen und Deutschen, brachten ihr Brauchtum mit nach Amerika, darunter das Allerheiligenfest mit den hübschen Lichtern auf den Gräbern. Der Abend vor Allerheiligen wiederum wurde als „All Saints Eve" bezeichnet. Ein anderes Wort für Heiliger ist „Hallow", und so hat sich das „All Saints Eve" erst in „All Hallows Eve" verwandelt und wurde dann zu Halloween verschliffen. Und als Halloween kam das alte Keltenfest dann über den großen Teich zurück nach Europa, um dort mit dem christlichen Allerheiligen das zu machen, was einst das christliche Allerheiligen mit dem keltischen Samhain gemacht hatte: überformen, umdeuten, beiseite drängen.

Aber findet dieser Verdrängungswettbewerb wirklich statt? Oder behaupten das nur die Kirchenvertreter, weil sie fürchten, ihre religiösen Feste – der Reformationstag bei den Protestanten, Allerheiligen bei den Katholiken – seien der Billigkonkurrenz aus Übersee nicht gewachsen? Wer allerdings dem statistischen Glauben anhängt wird die durch die Internetzahlen schon überdeutlich gemachten Verhältnisse durch weitere Datensätze bestätigt finden: Über die Hälfte der jungen Erwachsenen feiert repräsentativen Umfragen zufolge Halloween, bei den Kindern und Jugendlichen sind es sogar mehr als fünfundsechzig Prozent. Während die Vertreter beider Kirchen über sinkende Besucherzahlen klagen, freuen sich die Vertreter der Wirtschaft über steigende Umsätze – die im Halloween-Geschäft werden auf gut zweihundert Millionen Euro geschätzt. Ein Sprecher der Marke Haribo erklärte schon vor Jahren: „Halloween ist so etwas wie die dritte Saison nach Ostern und Weihnachten." Entsprechend resigniert fragt ein Kardinal: „Lenkt dieser ganze Maskenzauber nicht von dem ab, woran uns Allerheiligen und Allerseelen besonders erinnern: dass wir sterblich sind, und dass unsere Heimat ‚drüben' ist, in der Ewigkeit?"

In der Tat: Halloween ist Konsum, Kürbissuppe, Maskenzauber und Fun. Und was ist Allerheiligen? Bei einer im Juli 2004 in der *Zeit* dokumentierten Umfrage zum christlichen Fest hat es Pfarrer Bernd Habenschaden so erklärt: „An diesem Tag werden in der katholischen Kirche Menschen geehrt, die den christlichen Glauben vorbildlich gelebt haben. Die Angehörigen stellen sich an die Gräber ihrer Familien, und ich gehe mit Weihwasser die Hauptwege des Friedhofs entlang, hinter mir die Messdiener. Die Menschen beten ein Vaterunser und im Stillen ein Gebet für die Verstorbenen."

Den Reformationstag hat in der gleichen Umfrage Pastor Waldemar Rausch beschrieben: „Am Reformationstag vergewissern wir uns unserer evangelischen Identität. Woher kommen wir? Was macht uns aus? Am 31. Oktober 1517 schlug Luther seine Thesen an die Pforten der Schlosskirche zu Wittenberg. Im Gottesdienst lesen wir Texte, die ihm wichtig waren. Zum Beispiel ‚Selig allein aus Gnade durch den Glauben' aus dem Römerbrief, wo Luther merkt: Ich kann mir die Gnade Gottes nicht erarbeiten, ich muss mir das schenken lassen."

Eben dem ist der moderne Mensch der Jetzt-Zeit oft nicht mehr gewachsen. Er nimmt das Schenken lieber selbst in die Hand: an Weihnachten, Ostern und Halloween, ganz wie der Haribo-Mann gesagt hat. Bei Halloween kommt zudem noch das Karnevaleske hinzu, das dem sentimentalen und übrigens auch nicht ganz unheidnischen Weihnachtsfest genauso abgeht wie dem eierfröhlichen und ebenfalls nicht ganz unheidnischen Ostern. Vielleicht steckt in diesem karnevalesken Zug sogar das Erfolgsgeheimnis von Halloween, jedenfalls was die USA betrifft?

Irgendwann muss sich der Mensch schließlich austoben, sogar wenn er Puritaner ist. Und was ist die Kürbisbeleuchtung in Amerika schon gegen den katholischen Karneval in Köln? Was ist das bisschen Kinderverkleiden an Halloween gegen die Erwachsenenorgie am Rhein? Oder gegen das karnevaleske Allerheiligen im katholischen Mexiko?

Jedes Jahr am Tag der Toten, dem „dia de los muertos" feiern die Familien mit ihren aus dem Jenseits zurück gekehrten verstorbenen Verwandten ein überschäumendes Freudenfest. Auf blumenübersäten Haus- und Straßenaltären reiht sich Kreuz an Kreuz und Totenschädel an Totenschädel, jeder mit einer Kerze beleuchtet. Es ist der Tag der Kinder und der Toten. Das eine schließt das andere gerade nicht aus. Selig knabbern die Kleinen an „calaveras", Zucker- oder Schokoladeschädeln, auf denen oft ihr eigener Vorname steht. Überall wird „pan de los muertos" herumgereicht, das Brot der Toten, süßes Hefegebäck mit bunten Verzierungen, die Knochen und Skelette darstellen. Die Skelette sind überhaupt das wichtigste. Sie hängen im Puppenformat an Fäden, sie tanzen lebensgroß durch die Straßen, sie sind in Brote eingebacken. Und wer darauf beißt, kann von Glück sagen, denn es ist ein gutes Omen.

In Mexiko ist Allerheiligen wie Karneval. ‚Carne' bedeutet übrigens im Lateinischen so viel wie ‚Fleisch', und ‚valet' ist ein lateinischer Abschiedsgruß. Lebewohl Fleisch, wir tanzen den Tod. Was könnte den „dia de los muertos" besser charakterisieren?

Der Zusammenhang zwischen Halloween und Karneval ist eher kurios, besonders in Deutschland. Er hat etwas mit Krieg zu tun und mit Geschäft. Der größte amerikanische Kostümhersteller ist die Firma Rubie. Das Unternehmen ist auch in Deutschland aktiv. Als im Golfkrieg von 1991 der Umsatz zusammenbrach, weil selbst den Rheinländern die Lust am Karnevalfeiern vergangen war, wich das Unternehmen auf Halloween aus. Mit Unterstützung der Warenhausketten Karstadt und Woolworth kamen zum ersten Mal flächendeckend Kürbisfest-Artikel in die Regale. Seitdem wachsen Jahr für Jahr die Umsätze. So hat ein Krieg den Deutschen erst im Winter den Karneval verdorben und sie dann im Herbst mit Halloween entschädigt. Seitdem hält es sich zwischen Reformationstag und Allerheiligen.

In Mexiko wiederum sind der karnevaleske Gespensterkult und das katholische Allerheiligen sowieso nicht auseinander zu dividieren. Es ist ein katholisches Fest und ein heidnisches zugleich. Hier liegen die Ursprünge im aztekischen Totenkult, der seinen Höhepunkt Ende Juli, Anfang August hatte. Als mit den spanischen Eroberern auch die spanischen Missionare kamen und mit ihnen die Allerheiligen-Tradition, wurden Elemente des Aztekenfestes von Anfang August auf Anfang November verschoben. Der spanische Fest-Import verschmolz mit dem uralten heimischen Brauch. Es ist wie bei den Kelten: Wo die christlichen Missionare hinkamen, waren immer schon örtliche Götter da. Der Mensch feiert nirgends einfach drauflos. Zu allen Zeiten und überall braucht er irgendeine Art von Jenseits, um im Diesseits über die Stränge schlagen zu können. Der Philosoph Josef Pieper hat das in seinem Buch *Zustimmung zur Welt – Eine Theorie des Festes* so ausgedrückt: „Es gibt weltliche, aber keine rein profanen Feste. Und zwar ist zu vermuten, dass sie nicht nur faktisch nicht anzutreffen sind, sondern dass es sie gar nicht geben *kann*. Das Fest ohne Götter ist ein Unbegriff."

Das ‚Heidnische' an so manchem christlichen Fest ist also nicht nur keine spätere Abweichung vom wahren christlichen Glauben, sondern geht diesem Glauben voraus. Streng gesagt: Nicht das heidnische Fest ist der Usurpator, sondern das christliche.

Wie auch immer: Die lange Geschichte der Vermengung von beidem macht eine fein säuberliche Trennung zwischen ‚wirklich christlich' und ‚echt heidnisch' praktisch unmöglich. Auch wenn die reine Lehre, man könnte sie auch Dogmatismus nennen, das pralle Sein wohl zu allen Zeiten als unordentliche Zumutung empfunden hat. In diesem Punkt haben womöglich ein keltischer Druide und ein christlicher Priester, wenn sie allzu streng auf der Wahrung des religiösen Anstands bestehen, mehr miteinander gemein als mit ihren jeweiligen Schäfchen.

Meist nehmen es diejenigen, die zum Altar kommen, weniger genau als diejenigen, die vom Altar leben. Das frustriert die ‚Profis' und führt zu Predigten. Die Laien tun dann zerknirscht – oder auch nicht – und kehren nach der Zerknirschung zu ihren Gewohnheiten zurück. Diese lebendige Widersprüchlichkeit der Religionen beschrieb der berühmte Soziologe Max Weber in einem eher unberühmten Aufsatz mit dem bezeichnenden Titel *Virtuosenreligiosität und Alltag*: „Die Religionen so wenig wie die Menschen waren ausgeklügelte Bücher. Sie waren historische, nicht logisch oder auch nur *psycho*logisch widerspruchslos konstruierte Gebilde." Sie waren historisch ‚gewachsen', wie sich auch sagen ließe, und schon deshalb nicht in sich widerspruchsfrei. „Sie ertrugen sehr oft in sich Motivreihen, die, jede für sich konsequent verfolgt, den anderen Motivreihen hätte in den Weg treten, oft ihnen schnurstracks zuwiderlaufen müssen. ‚Konsequenz' war hier die Ausnahme, und nicht die Regel."

Angewandt auf Halloween bedeutet das: Es ist besser, sich mit Säkularisierungsklagen zurückzuhalten. Die ‚Säkularisierung', die ‚Verweltlichung' zersetzt zwar tatsächlich religiöse Inhalte und verwandelt religiöse Formen in Folklore; aber sie bezieht ihre Kraft keineswegs nur aus dem „Geist des Kapitalismus", von dem Max Weber an anderer Stelle gesprochen hat, sondern auch aus Ursprüngen, die älter sind als das Christentum und die abendländische Zivilisation. Was jedoch die Kontaktsperre zwischen der ‚Virtuosenreligiosität' und dem Wirtschaftshandeln betrifft, sei ein weiters Mal Weber zitiert: „Wo die

Heilsgüter und Erlösungsmittel der Virtuosenreligiosität kontemplativen oder orgiastisch-ekstatischen Charakter trugen, führte von ihr keine Brücke zum *praktischen* Alltagshandeln innerhalb der Welt. Nicht nur war dann die Wirtschaft, wie alles Handeln in der Welt, etwas religiös Minderwertiges. Sondern es ließen sich auch indirekt keinerlei psychologischen Motive dafür aus dem als höchstes Gut geschätzten Habitus entnehmen. Vielmehr war die kontemplative und ekstatische Religiosität im innersten Wesen spezifisch wirtschaftsfeindlich.“

Aber diese Art, den Glauben zu leben, kann immer nur Sache einer Minderheit sein. Wenn das Christentum in den modernen Zivilisationen überleben will, bleibt ihm nichts anderes übrig als die Koexistenz mit dem Goldenen Kalb. Ist also die Verwandlung von Andacht in Amüsement, von Glauben in Konsum, von Transzendenz in Marktwirtschaft widerspruchslos hinzunehmen? Hat nicht Jesus die Händler aus dem Tempel getrieben?

Eine Antwort auf diese Frage ist schwer, sehr schwer sogar in Zeiten, in denen überdimensionierte Werbeplakate von den Kirchtürmen hängen, um die Sanierung eben dieser Kirchtürme zu finanzieren. Im Übrigen ist die Zeit des Rigorismus abgelaufen, ob man das nun ‚gut‘ oder ‚schlecht‘ findet. Heutzutage muss den Menschen etwas geboten werden, sollen sie wieder in die Kirche kommen. „Gott plus X“ könnte man dieses Marketingprogramm nennen, und das X dabei kann gar nicht groß genug sein. Mancher katholische Pfarrer und mancher evangelische Pastor spricht davon, dass man die Leute eben ‚abholen‘ muss, wenn man Wert darauf legt, dass sie nicht nur regelmäßig ins Kaufhaus gehen, sondern gelegentlich auch in die Kirche. Wenn sie dann einen Kürbis mit vor den Altar bringen, ist das in Ordnung, solange sie sich überhaupt blicken lassen.

So verschmelzen in den christlichen Gemeinden Allerheiligen mit Halloween und Halloween mit dem Reformationstag;

nicht in den sakralen Handlungen selbst, aber doch in den übrigen Gemeindeaktivitäten. Außerdem tut sich – das sollte ebenfalls nicht verschwiegen werden – das katholische Allerheiligen lieber mit dem kapitalistischen Halloween zusammen als mit dem evangelischen Reformationstag; und dem evangelischen Reformationstag geht es umgekehrt genauso. Trotz aller Ökumene sind die Kirchen doch sehr auf das bedacht, was McKinsey-Berater den ‚unique selling point' nennen würden, das also, was einen Anbieter auf dem Markt von allen anderen unterscheidet.

Im kirchlichen Bemühen, in der Welt den Anschluss nicht zu verlieren, schließt sich der Kreis. Wie einst bei der Missionierung der Kelten oder der Azteken greifen die Priester ‚vor Ort' die Bräuche der Leute auf, die sie ‚abholen' wollen. Die „innerweltliche Askese", die Max Weber zufolge dem „Geist des Kapitalismus" einst seelisch kompatibel war, ist längst dem innerkirchlichen Konsum gewichen. Anders hätte die Selbstmissionierung des ‚verweltlichten' Abendlandes überhaupt keine Chance mehr. Lasst also die Leute ihre Kürbissuppe essen und wie den alten Säufer Jack mit ausgehöhlten Fruchtlaternen durch die Gegend laufen. Zumal es schon Gegenden und Zeiten gab, in denen Halloween ganz anders ‚gefeiert' wurde. Nicht immer hat der Teufel seinen bösen Job so schlecht gemacht wie bei Jack. In den späten siebziger Jahren etwa geriet die amerikanische Autostadt Detroit in eine schwere Krise. Viele Einwohner zogen weg und ließen ihre Häuser leer zurück. Andere zündeten die Häuser an, um wenigstens die Versicherungssumme mitzunehmen. Die individuellen Betrügereien weiteten sich zu einer Art Volksbelustigung aus, und alljährlich wurde an Halloween die Detroiter *devil's night* ‚gefeiert'. In diesen Teufelsnächten brannten Dutzende, manchmal Hunderte von Häusern, die meisten von ihnen aus Holz. Das Häuserabfackeln in der Nacht auf Halloween setzte sich bis in die achtziger Jahre fort. Es entwickelte sich sogar eine Art Pyromanen-Tourismus. Manche Leute reisten an, um sich das Feuerchaos in den verlassenen Vierteln anzusehen, andere, um mit Benzinkanister und Streichholz ihr Teil zu diesem Chaos beizutragen. In den Souvenirläden wurden Halloween-T-Shirts mit dem Aufdruck verkauft: „I'm so bad, I party in Detroit."

Die künstlichen Schrecken der Konsumgesellschaft sind nicht so dramatisch. Wir höhlen an Halloween bloß den Kürbis aus und stellen ein Kerzlein hinein. Außerdem hindert das Mitspielen an Halloween die Protestanten nicht daran, am Reformationstag Luthers Thesenanschlag zu gedenken – der übrigens auch seine abergläubischen Seiten hat, weil es ihn, streng historisch genommen, so gar nicht gab. Und es hält Katholiken nicht davon ab, an Allerheiligen rote Lichter auf die Gräber zu stellen. Im übrigen mögen die Strenggläubigen strenggläubig sein, die Abergläubischen abergläubisch, und die gar nicht Gläubigen sollen gar nicht glauben. Das klingt unernst und beliebig, fördert aber Gelassenheit und Toleranz. Der religiöse Ernst beginnt beim Einzelnen. Wenn immer weniger ihn leben, ist daran nicht der Kürbis schuld.

Zugfahrt mit Mormone

Mitt Romney und die *Heiligen der Letzten Tage*

Mitt Romney, der unterlegene republikanische Herausforderer Barack Obamas bei den amerikanischen Präsidentschaftswahlen im November 2012, ist nicht der erste Mormone, der das Präsidentenamt anstrebte. Der erste, der das versuchte, war der Gründer der Kirche selbst: Joseph Smith, geboren am Vorweihnachtstag des Jahres 1805 und am 27. Juni 1844 während seines Präsidentschaftswahlkampfes in Illinois von einem wütenden Mob gelyncht.

Ich lernte Smith vor einiger Zeit während einer Zugfahrt kennen. Das heißt: Natürlich lernte ich nicht seine Person kennen, sondern seine Geschichte. Ein anderer Reisender, mit dem ich zwei, drei Stunden allein im Abteil saß, hat sie mir erzählt. Mit der Inbrunst eines Missionars und der Gewichtigkeit eines Theologen trug er mir die Lehre vor. Nur das mit dem Lynchmord an dem Propheten ließ er aus, davon erfuhr ich erst später.

Der Mann im Zugabteil erwies sich als deutsch-schweizerischer Mormonenbischof, korrekter formuliert: als einer der europäischen „Coordinatoren" der Kirche, die Smith im Jahr 1830 im Bundesstaat New York gegründete hatte: *Church of Jesus Christ of Latter-day Saints, Kirche Jesu Christi der Heiligen der Letzten Tage*. Die Mitglieder dieser Kirche werden Mormonen genannt, nach dem „Heiligen Buch", das Smith gefunden haben will, das *Buch Mormon*. In der offiziellen Einführung dazu heißt es: „Das Buch Mormon ist heilige Schrift wie die Bibel; es wird darin vom Umgang Gottes mit den früheren Bewohnern Nord- und Südamerikas berichtet, und es enthält ebenso wie die Bibel die Fülle des immerwährenden Evangeliums. Das Buch wurde mit dem Geist der Prophezeiung und Offenbarung von vielen früheren Propheten verfasst. Ihre Worte, auf Goldplatten geschrieben, wurden von einem Propheten und Geschichtsschreiber namens Mormon zitiert und zusammengefasst. Das Buch berichtet von zwei bedeutenden Kulturen. Die Angehörigen der einen kamen im Jahre 600 v. Chr. aus Jerusalem und teilten sich nachher in zwei Völker, nämlich die Nephiten und die Lamaniten. Die Angehörigen der anderen waren viel früher angekommen, und zwar nachdem der Herr beim Turmbau zu Babel die Sprache verwirrt hatte; diese Gruppe ist als Jarediten bekannt. Nach Tausenden von Jahren wurden alle vernichtet, ausgenommen die Lamaniten, und diese sind im wesentlichen die Vorfahren der Indianer. Der Höhepunkt der im Buch Mormon geschilderten Ereignisse ist das persönliche Wirken des Herrn Jesus Christus bei den Nephiten kurze Zeit nach seiner Auferstehung. Es zeigt die Lehrsätze des Evangeliums auf, legt den Plan der Errettung dar und lässt die Menschen wissen, was sie tun müssen, um in diesem Leben Frieden und im künftigen Leben ewige Errettung zu erlangen. Nachdem Mormon mit seiner Arbeit an dem Bericht fertig war, übergab er ihn seinem Sohn Moroni, der noch eigene Worte hinzufügte und dann die Platten im Hügel Cumorah verbarg. Am 21. September 1823 erschien dieser selbe Moroni als verherrlichtes und auferstandenes Wesen dem Propheten Joseph Smith."

Der Bericht von dieser Erscheinung ist als „Zeugnis des Propheten Joseph Smith" ebenfalls dem *Buch Mormon* vorangestellt: „Am Abend des 21. September wandte ich mich in flehentlichem Gebet an Gott den Allmächtigen. Während ich so im Begriffe war, Gott anzurufen, bemerkte ich, wie in meinem Zimmer ein Licht erschien, das immer stärker wurde, bis der Raum schließlich heller war als am Mittag. Gleich darauf wurde an meinem Bett eine Gestalt sichtbar, und der Betreffende stand in der Luft, denn seine Füße berührten den Boden nicht."

Nach der Schilderung des blendenden Aussehens der Erscheinung erzählt Smith, wie sich der Bote ihm als Moroni vorstellt und dann vom *Buch Mormon* zu sprechen beginnt: „Er sagte, es sei ein Buch verwahrt, auf goldenen Platten geschrieben, und darin sei ein Bericht über die früheren Bewohner dieses Erdteils und ihre Herkunft zu finden. Er sagte weiter, in dem Buch sei die Fülle des immerwährenden Evangliums enthalten, wie es der Erretter jenen Bewohnern einst gebracht habe."

Smith wird nicht sofort nach dieser Erscheinung zum Versteck der Platten geführt, sondern muss vier Jahre, bis zum September 1827 darauf warten. Dann wird ihm aufgetragen, das Buch ins Englische zu übersetzen. Nach Abschluss der Übersetzung nimmt Moroni die Tafeln wieder in seine Obhut. Die Übersetzung erschien im Jahr 1830 als *Das Buch Mormon*, unterteilt in fünfzehn Abschnitte, beginnend mit dem ersten und zweiten „Buch Nephi", darauf folgend das „Buch Jakob", das „Buch Enos" und weitere Bücher und Lehrsätze, bis zu den abschließenden Texten, das „Buch Ether" und das „Buch Moroni".

Das Exemplar, nach dem ich zitiert habe, war mir nach der Zugfahrt vom „Coordinator" geschickt worden. Auf das Vorsatzblatt hatte er mit der Hand geschrieben: „Auf Seite 500 finden Sie eine Aufforderung. Diese habe ich befolgt. Seitdem ist mir klar, dass dieses Buch göttlichen Ursprung hat. Viel Freude beim Lesen." Die Seite 500 ist die vorvorletzte von „Buch Moroni" und damit die vorvorletzte vom gesamten *Buch Mormon*. Dort steht geschrieben: „Siehe, ich möchte euch auffordern, wenn ihr dieses hier lesen werdet – sofern es nach Gottes Weisheit ist, dass ihr es lest –, dass ihr daran denkt, wie barmherzig der Herr zu den Menschenkindern gewesen ist, von der Erschaffung Adams an bis herab zu der Zeit, da ihr dieses hier empfangen werdet, und dass ihr im Herzen darüber nachdenkt. Und ich möchte euch auffordern: Wenn ihr dieses hier empfangt, so fragt Gott, den ewigen Vater, im Namen Christi, ob es wahr ist; und wenn ihr mit aufrichtigem Herzen, mit wirklichem Vorsatz fragt und Glauben an Christus habt, wird er euch durch die Macht des Heiligen Geistes kundtun, dass es wahr ist."

Nach dem Buch schickte mir der „Coordinator" die Buben ins Haus. Eines Tages klingelten sie an meiner Tür, junge Männer in dunklen Anzügen, Amerikaner aus Salt Lake City in Utah, jener Stadt, die Brigham Young, der Nachfolger des ermordeten Joseph Smith, im Jahr 1848 gegründet hatte. Die beiden jungen Männer waren höchstens Anfang Zwanzig, nicht viel älter als Mitt Romney gewesen ist, als er 1966 mit neunzehn Jahren begann, durch Frankreich zu reisen und zu missionieren. Ich habe nicht lange mit den beiden gesprochen. Es wäre unfair gewesen, sie in fruchtlose Diskussionen zu verwickeln und womöglich noch falsche Hoffnungen zu wecken wie beim „Coordinator". Er hatte sich in mir getäuscht. Die Seite 500 hatte keinerlei Wirkung auf mich. Im Zugabteil war ich eine neugierige Seele, im Leben jedoch durchaus nicht missionsreif. Die beiden Jungs zogen wieder ab. Besonders frustriert wirkten sie nicht. Sie schienen das Reisen zu genießen, diesen von ihren Familien finanzierten Ausbruch, zu dem die Kirche, in deren Dienst er erfolgte, nur einen kleinen Teil beitrug.

Inzwischen sind die jungen Männer wohl längst wieder in ihre Heimat zurückgekehrt, haben einen Beruf ergriffen und geheiratet. Aber nur eine Frau. Die Polygamie, die den Mormonen manchmal angelastet wird, kommt nur noch bei kleinen Abspaltungen von der Hauptkirche vor und war im Jahr 1890 vom damaligen Kirchenpräsidenten für unzulässig erklärt worden. Die offizielle Abschaffung der Polygamie war eine Voraussetzung dafür, dass dem Mormonenstaat Utah sechs Jahre später von Washington die Eigenständigkeit als Bundesstaat zugestanden wurde. Die tatsächliche Durchsetzung des Polygamieverbots dauerte allerdings noch eine Generation. Viele Gläubige waren damit nicht einverstanden und konnten sich immerhin auf Joseph Smith berufen, der mit über dreißig Frauen „versiegelt" war, wie die Mormonen es ausdrücken. Übrigens bedeutet eine „Versiegelung" nicht unbedingt auch eine sexuelle Beziehung. Mit wie vielen Frauen Joseph Smith Kinder hatte, konnte ich nicht herausfinden und wollte es auch nicht. Aber seine ‚Vielweiberei' war sein Verhängnis. Als Bürgermeister der von ihm gegründeten Kleinstadt Nauvoo am Mississippi hatte er während seines Präsidentschaftswahlkampfs die Druckerpresse einer Zeitung zerstören lassen, die ihn der Polygamie bezichtigte. Daraufhin ließ ihn der Gouverneur von Illinois wegen der Verletzung der Pressefreiheit verhaften. Bei einem Fluchtversuch aus dem Gefängnis, um das sich eine aufgebrachte, lynchbereite Menschenmenge versammelt hatte, wurde er durch Flintenschüsse getötet.

In den innerkirchlichen Auseinandersetzungen, die auf den Tod von Smith folgten, setzte sich Brigham Young durch, einer seiner Stellvertreter. In einem Treck zog er tausend Meilen nach Westen bis zum Großen Salzsee, an dessen Ufern er im Sommer 1848 einen hölzernen Tempel errichten ließ und Salt Lake City gründete. Einer von Mitt Romneys Vorfahren war damals schon dabei. Er selbst ist Kirchenmitglied in fünfter Generation. Ihm geht es vor allem darum, den befürchteten Niedergang der Vereinigten Staaten aufzuhalten. Als Präsidentschaftskandidat verglich er die USA mit Frankreich, das er als junger Missionar bereiste: „Wir dürfen nicht das Frankreich des 21. Jahrhunderts werden. Noch immer eine bedeutende Nation, aber nicht mehr der Weltführer." Überhaupt ist Romneys Bild des gegenwärtigen Zustands von Europa für ihn zugleich das Schreckbild der Zukunft Amerikas: „Europa steht vor einem demographischen Desaster; das ist das unvermeidliche Resultat eines geschwächten Glaubens an den Schöpfer, von gescheiterten Familien, einer Missachtung der Heiligkeit des menschlichen Lebens und einer erodierten Moral."

Der Aufstieg der USA und der Aufstieg der Mormonenkirche sind untrennbar miteinander verbunden, auch wenn heute über die Hälfte der knapp fünfzehn Millionen Mitglieder außerhalb der Vereinigten Staaten leben. Die amerikanische Bodenständigkeit ist für die Kirche von größter Bedeutung. Im mentalen Sinn, im symbolischen Sinn und auch im wortwörtlichen Sinn. Schließlich wurden die goldenen Tafeln mit dem *Buch Mormon* dem Gründungsmythos zufolge in amerikanischem Boden gefunden. Die Findung, man mag auch sagen: die Erfindung einer amerikanischen Bibel für das amerikanische Volk kam einem Bedürfnis entgegen, das nicht nur unter religiösen Eiferern wie Smith verbreitet war. Henry David Thoreau, einer der bedeutendsten Vertreter dessen, was man die „amerikanische Romantik" nennen könnte, dieser große Verehrer und Beschreiber der Natur, machte im Oktober 1859 folgende Notiz in seinem Journal: „Es ist gewiss eine Schwäche unserer Bibel, dass sie nicht wahrhaft die unsere, sondern eine hebräische ist. Die für uns passenden Bilder sollten nicht aus Ägypten oder Babylon stammen, sondern aus Neuengland."

Was immer man über den archaisierenden Stil von *Das Buch Mormon* sagen mag, ob man ihn als die Bibel nachahmend oder als die Bibel nachäffend bezeichnet, man kann ihm nicht absprechen, auf amerikanische Verhältnisse zugeschnitten, zugeschrieben oder – in Gottes Namen? – zugraviert zu sein.

Trotz ihrer amerikanischen Verankerung war das Verhältnis zwischen der frühen Mormonenkirche und dem amerikanischen Bundesstaat äußerst problematisch. Brigham Young wollte nach der Gründung von Salt Lake City die Oberhoheit Washingtons zunächst nicht anerkennen. Diese Widersetzlichkeit rührte jedoch nicht von einem besonderen Freiheitsdrang her. Immerhin hieß es im zwölften der dreizehn Glaubensartikel des Kirchengründers Joseph Smith: „Wir glauben, dass es recht ist, Königen, Präsidenten, Herrschern und Obrigkeiten untertan zu sein und dem Gesetz zu gehorchen, es zu achten und für es einzutreten."

Das steht ganz in der Tradition der Aufforderung Jesu, dem Kaiser zu geben, was des Kaisers ist. Jesu meinte damit die Münzen, die den Kopf des römischen Kaisers trugen, und wollte damit sagen, die jüdischen Untertanen sollten der römischen Besatzungsmacht Steuern zahlen. Aber wie war der Satz Jesu in der Mitte des 19. Jahrhunderts in Amerika auszulegen? Entsprach dem Kaiser in Rom der amerikanische Präsident in Washington? Brigham Young war durchaus nicht dieser Auffassung. Der Konflikt zwischen dem religiösen Führer am Salzsee und dem politischen Führer im Weißen Haus war unabwendbar. Präsident James Buchanan schickte 1857 Soldaten nach Salt Lake City. Es kam zu keinen größeren Gefechten. Allerdings metzelte im Verlauf des „Utah Krieges" eine mormonische Miliz etwa hundertzwanzig unbewaffnete Männer, Frauen und Kinder einer nichtmormonischen Siedlergruppe nieder. Young gab schließlich nach, handelte eine Amnestie aus und ließ die Soldaten in die Stadt marschieren.

Auch wenn diese Ereignisse lange zurück liegen, ist es nicht schwer, sich vorzustellen, was es für die Mormonen bedeutet hätte, wäre Mitt Romney der Einzug ins Weiße Haus gelungen. Manche Kommentatoren verglichen die Situation mit derjenigen John F. Kennedys, der am 8. November 1960 als erster Katholik das Oval Office eroberte. Was hätte der deutsch-schweizerische „Coordinator" dazu gesagt, der mir Buch und Buben ins Haus schickte zu meiner Bekehrung? Wäre er als Europäer einverstanden gewesen mit Romneys amerikanischer Kraftmeierei: „Ich werde die amerikanische Führerschaft in der Welt nicht aufgeben. Wenn ihr nicht wollt, dass Amerika die stärkste Nation auf der Erde ist, dann bin ich nicht Euer Präsident."

Romneys Eintreten für die Vor-, man muss schon sagen: für die Übermacht Amerikas duldet keine Zweifel. Was das Eintreten für seine Kirche angeht, gab er sich dagegen im Wahlkampf äußerst zurückhaltend. Er gehörte auf lokaler Ebene eine zeitlang zur Kirchenleitung und war Anfang der Achtziger Vorsteher einer kleinen Gemeinde in einem Vorort von Boston. In Interviews wirkte er schnell genervt, wenn Fragen nach seinem Glauben gestellt wurden. Das machte den reichen Mann nervös wie einen Paria aus sogenannten ‚kleinen Verhältnissen', der Angst hat, die schlechte Herkunft könne ihm schaden.

Sicher wäre Romney kein ‚Mormonenpräsident' geworden. Aber ob man ihn als Präsident aller Amerikaner wahrgenommen hätte, wie er nach seinen ihm selbst schadenden Ausfällen gegen die Obama-Wählerschaft nicht müde wurde, zu versprechen, wurde von denen, die ihn lieber nicht wählen mochten, doch bezweifelt.

Die Bürgerinnen und Bürger, die ihm ihre Stimme verweigerten, werden das weniger wegen seines Glaubens an *Das Buch Mormon* getan haben als wegen seines Unglaubens an den Sozialstaat. Einen Sozialstaat, den mit seinen Steuern mitzufinanzieren er erklärtermaßen möglichst vermeiden wollte und will. Ob Romney die bei Mormonen üblichen zehn Prozent seines Einkommens an die Kirche abführt, ist unklar. Deren reiche Mitglieder insgesamt scheinen sich jedenfalls mit ihren Beiträgen zum Erhalt der Kirche weniger schwer zu tun als mit denen zur Erhaltung des Staates. Das Vermögen der *Heiligen der Letzten Tage* wird auf dreißig Milliarden Dollar geschätzt. In Relation zu ihrer Mitgliederzahl ist sie damit die finanziell stärkste Glaubensgemeinschaft der Vereinigten Staaten. Das heißt jedoch nicht, dass die Gläubigen mit ihrem Geld um sich werfen. Die Ausgaben für professionelles Personal halten sich in engen Grenzen. Es gibt praktisch keinen bestallten und bezahlten Klerus. Die Mormonen sollen für den Altar leben, nicht von ihm. Zur Frage der kirchlichen Organisation hat sich schon Joseph Smith im sechsten seiner Glaubensartikel geäußert: „Wir glauben an die gleiche Organisation, wie sie in der Urkirche bestanden hat, nämlich Apostel, Propheten, Hirten, Lehrer, Evangelisten.“

Manche Menschen assoziieren mit dem Urchristentum eine Art Frühkommunismus ohne bolschewistische Pervertierung. Aber das ist eine Projektion, eine in die Vergangenheit verlagerte Utopie. Auch in den urchristlichen Gemeinden gab es erbitterte Auseinandersetzungen um die reine Lehre, um politischen Einfluss oder um beides. Der Machtkampf zwischen Petrus und Paulus um die Beschneidung ist dafür ein Beispiel. Der jüdische Petrus wehrte sich gegen die vom römischen Bürger Paulus erhobene Forderung, auch Nichtbeschnittene in die christlichen Gemeinden aufzunehmen. Hätte sich Paulus mit seinem Universalismus auf Gemeinde-Ebene nicht durchgesetzt, wäre es niemals zur Universalkirche auf globaler Ebene gekommen.

Die Mormonen wiederum zeigen schon durch die missionarische Sozialisation ihrer eifrigsten jungen Männer in Europa, dass zwar die Geschichte der Kirche uramerikanisch ist, ihre Zukunft aber international oder gar nicht sein wird. Was die hierarchische Gliederung der Kirche angeht, ist sie trotz des Fehlens eines professionell bezahlten Klerus und trotz ihrer urkirchlichen Nomenklatur, wie Smith sie in Artikel sechs beschwor, ziemlich straff, um nicht zu sagen: autoritär. Keine bezahlte Hierarchie heißt eben nicht: überhaupt keine. Abgefallene Gläubige berichten immer wieder von der Rigidität, mit der ihr Leben auch außerhalb der Kirche von innerhalb der Kirche kontrolliert wurde. Viele Konvertiten, die zu den Mormonen gingen, weil sie Geborgenheit suchten, fanden dort auch den Gehorsam und kehrten der Kirche wieder den Rücken.

Einer von ihnen ist der amerikanische Publizist Walter Kirn. Während des Präsidentschaftswahlkampfs 2012 schrieb er in der Zeitschrift *The New Republic*: „Letzten Winter saß ich Kaffee trinkend im Wohnzimmer und sah Mitt Romney im Fernsehen reden, kurz nachdem er die Vorwahlen in Michigan knapp gewonnen hatte. Die Rede enthielt das übliche Republikanerzeug über den Abbau der staatlichen Bürokratie und die Wiederherstellung von Amerikas Größe. Aber ich habe nicht auf Romneys Rhetorik geachtet, sondern sein Gesicht und sein Auftreten studiert und versucht, falls das überhaupt möglich ist, in seine Seele zu spähen. Ich versuchte, den Mormonen in ihm zu sehen. Meine Motive waren persönlicher, nicht politischer Natur."

Mag sein, dass man das eine vom anderen trennen kann. Mag sein, dass Romney das eine vom anderen trennen möchte. Joseph Smith hatte es nicht gekonnt, Brigham Young auch nicht. Was der „Coordinator" wohl dazu sagen würde? Allerdings bin ich ganz froh, dass ich keine Gelegenheit habe, ihn danach zu fragen.

Schönheit der Inbrunst

Das Gebet als religiöse Form der Leidenschaft

In meiner Kindheit standen die katholischen Kirchen in ländlichen Regionen tagsüber offen. Zwar wurden die Haupteingänge nur zu den Sonntagsmessen geöffnet, aber durch die Seitenpforten konnte man jederzeit eintreten. Man tauchte die Finger ins Weihwasserbecken und schlug das Kreuz, während man hinein ging.

In meiner Dorfkirche kam man auf dem Weg zu den Bänken an einer exotischen Figur vorbei. Noch heute sehe ich die märchenhaft wirkende Büste vor mir, die neben dem Weihwasserbecken auf einer Konsole stand, und deren niedliches Mohrenköpfchen zu nicken begann, nachdem man einen Groschen in den blankgescheuerten Schlitz geworfen hatte. „Opferstock der Afrika-Mission" – etwas in dieser Art konnte man im Halbdunkel auf dem Schild unter der Büste entziffern, während das anfangs sehr eifrige Nicken des Köpfchens langsam und bedächtig wurde und schließlich wieder aufhörte, falls keine weitere Gabe folgte.

War man am Opferstock vorbei ins Kircheninnere getreten, konnte man vorn im Altarraum das ewige Licht brennen sehen, und wie in ewiger Anbetung saß immer irgend ein altes Mütterchen in der Kirchenbank, den Rosenkranz zwischen den verschränkten Händen.

Heute sind auf dem Land die Gotteshäuser verschlossen. Auch wenn Kirchen in Touristengebieten oder bedeutende Baudenkmäler nach wie vor zugänglich sind, hat sich die Selbstverständlichkeit, mit der einst jede Dorfkirche den Gläubigen tagtäglich offen stand, nicht halten können. Und wie die verstreut in den Bänken betenden alten Frauen verschwunden sind, so gibt es in meiner heimatlichen Dorfkirche auch das nickende Köpfchen nicht mehr. Statt seiner steht sonntags ein schwarzer Mann am Hauptaltar und zelebriert die Messe. Ohne die jungen afrikanischen Kapläne hätte manche Gemeinde keinen eigenen Priester. Es fehlt an Nachwuchs aus dem eigenen Land, die Missionierten von gestern sind die Missionare von heute geworden.

In der Stadt, in der ich mich nun an die dörfliche Kindheitsszene vor bald einem halben Jahrhundert erinnere, gibt es in meiner unmittelbaren Nachbarschaft zwei Kirchen, eine evangelische und eine katholische. Beide sind tagsüber geschlossen. Und beide haben besondere Tage, an denen sie spätnachmittags geöffnet werden. Die katholische Kirche hat sich dafür den Donnerstag ausgesucht, parallel zum „langen Donnerstag", wie man sagte, als die Läden noch um 18 Uhr oder 18 Uhr 30 schließen mussten und nur Donnerstags bis 20 Uhr geöffnet blieben. Der Redewendung aus der Konsum- und Geschäftswelt folgend, bezeichnete die katholische Gemeinde in meiner Nachbarschaft ihren Kirchenöffnungsnachmittag eine Zeit lang ebenfalls als „langen Donnerstag", hat den Begriff aber nach der Liberalisierung der Ladenschlussgesetze wieder aufgegeben, obwohl die donnerstägliche Nachmittagsöffnung geblieben ist.

Wenn man an einem dieser Nachmittage die Kirche betritt, sieht man vorne im Altarraum das ewige Licht brennen, doch die Bänke sind leer, und niemand betet. Die Menschen, die zu diesen Zeiten in die Kirche kommen, suchen in erster Linie nicht Gott, sondern Kontakt. Man steht im Eingangsbereich zusammen und plaudert, tauscht sich über Belange der Gemeinde aus, schmiedet Pläne für das nächste Fest im Kindergarten, der zur Kirche gehört. Das alles ist wichtig und gehört zu einer lebendigen Gemeinde, aber von betender Inbrunst und leidenschaftlicher Versenkung ist diese Geschäftigkeit weit entfernt.

Um jedoch Missverständnissen vorzubeugen: Es geht mir weder um ein nostalgisches Verkriechen in Kindheitserinnerungen noch um eine sentimentale Verklärung des längst Klischee gewordenen ‚alten Mütterchens' mit schwarzem Schultertuch, das im Halbdunkel den Rosenkranz murmelt. Das Lied vom Früher, als alles besser war, soll nicht gesungen werden, denn es ist falsch.

Allerdings stellt sich die Frage, was aus dem christlichen Gebet geworden ist, seit die Kirchen an Werktagen leer und verschlossen stehen, mögen sie an hohen Feiertagen und festlichen ‚Events' auch überlaufen sein. Hat sich das Beten aus öffentlichen und geöffneten Räumen in eine nach außen abgeschlossene religiöse Intimsphäre zurückgezogen?

Dazu heißt es in einem Artikel über das Beten von Patrik Schwarz, den die *Zeit* vor einigen Jahren in ihrer Weihnachtsausgabe auf der Titelseite veröffentlicht hat: „Eine Zumutung ist das Bekenntnis zum Beten auch für den, der es tut. Sogar den meisten Christen fällt es leichter, über Sex zu reden als über das Beten." Das ist zwar sarkastisch zugespitzt, bringt das Problem aber auf den Punkt: Warum ist modernen Menschen das Beten peinlich? Verträgt es sich etwa nicht mehr mit dem bürgerlichen Anstand nach der säkularen Trennung von Staat und Religion? Oder steckt hinter der Peinlichkeit des öffentlichen Betens die Furcht, sich mit dem Bekenntnis zu seinem Glauben bei denen, die ihn nicht teilen, lächerlich zu machen? Hat der Rückzug des Gebets zu tun mit der Nüchternheit des modernen Menschen, dem so etwas wie religiöse Inbrunst fremd ist oder gar Anlass zur Sorge vor fundamentalistischen Übergriffen? Oder liegt es an der zwar indifferenten, aber ausdauernden Wissenschaftsgläubigkeit unserer Epoche?

In Robert Musils Roman *Der Mann ohne Eigenschaften*, der in den zwanziger und dreißiger Jahren des letzten Jahrhunderts entstanden ist, lässt der Verfasser seinen Leser durch den Mund der Hauptfigur wissen: „Du kannst überzeugt sein: heute sind selbst die meisten religiösen Menschen so von der wissenschaftlichen Denkweise angesteckt, dass sie sich nicht nachzusehen trauen, was zuinnerst in ihrem Herzen brennt, und jederzeit bereit wären, diese Inbrunst medizinisch einen Wahn zu nennen, auch wenn sie offiziell anders reden!"

In unserer Zeit wird auch „offiziell" nicht mehr anders geredet. Die Inbrunst des Herzens, besonders wenn es eine religiöse ist und sich im öffentlichen Gebet äußert, gilt nur noch im rituellen Rahmen hoher Feiertage oder bei Großereignissen wie den Kirchentagen als angemessen.

Immerhin hören viele trotzdem nicht mit dem Beten auf, selbst wenn sie ‚es' nur noch heimlich tun. Vielleicht handelt es sich dabei ohnehin weniger um ein religiöses als um ein psychologisches Bedürfnis, um eine seelische Stressreaktion. Vielleicht denken wir beim Beten zu viel an uns und zu wenig an Gott? Patrik Schwarz zählt in seinem Artikel eine Reihe von Gebetsanlässen auf: „Vom kindlichen Abendgebet mit der Oma bis zum Stoßgebet des gestressten Teilzeitgläubigen, vom Fußballer, der sich vor dem Elfmeter bekreuzigt, bis zum Geschäftsreisenden, der beim Landeanflug verschämt die Hände faltet gegen seine Flugangst – selbst wer der Institution Kirche schon lange den Rücken gekehrt hat, ertappt sich in Momenten der Not bei der Suche nach innerem Zuspruch."

Zu dieser Passage gäbe es eine Menge anzumerken. Warum zum Beispiel wird die Formulierung „ertappen" verwendet, wenn die spontane Regung zum Gebet geschildert wird? Und sollte es sich beim Gebet nicht weniger um eine „Suche nach innerem Zuspruch" handeln als vielmehr um eine Suche nach Zuflucht, nämlich Zuflucht zu einem Gott, der unabhängig von uns und unseren Nöten existiert? Inbrünstiges Beten ist etwas Ekstatisches, und das griechische Wort ‚Ekstasis' hat seinem Sinn nach etwas mit Heraustreten zu tun, auch mit dem Heraustreten aus sich selbst.

Von solchen Überlegungen abgesehen, irritieren im zitierten Artikel besonders die aufgezählten Beispiele des Betens: Abendgebet, Stoßgebet, magische Bekreuzigung, verängstigtes Händeringen. Stets ist eine Sorge der Anlass, oder es droht eine Not, und immer drängt sich der flehende Wunsch in den Vordergrund, etwas möge so und so werden oder, um Himmels Willen, bloß nicht so kommen. Nur im Stichwort „Abendgebet" schimmert etwas von Dank, bleibt diffus die Erinnerung an Lob und Preis des Tages und Lebens erhalten.

So wenig ist übrig geblieben von einer der wesentlichen Dimensionen des Betens: dem Lobgesang, der Hymne, dem Preis Gottes und der Schöpfung. Das repräsentative Dankgebet und die Kathedralen durchklingende Hymne scheinen heute nicht mehr angemessen zu sein, weder in ihrem religiösen Inhalt noch in ihrer künstlerischen Form. Hoch aufschießender Gottesjubel wirkt schnell verkitscht und auch ein wenig lächerlich. Es sei denn, dieser Jubel stammt von den großen Meistern vergangener Epochen und verfügt über die Unantastbarkeit der Klassiker.

Händel zum Beispiel lässt in seinem prunkvollem *Dettinger Te Deum* von 1743 die Gott lobenden Scharen mit Pauken und Trompeten aufmarschieren: „Der hochgelobte Chor der Apostel preiset Dich, die hochgepriesene Schar der Propheten preiset Dich, die große Heerschar der Märtyrer preiset dich, die Heilige Kirche durch die ganze Welt, sie bekennet Dich, den Vater unermesslicher Herrlichkeit. Und Deinen hehren, wahren, einzigen Sohn, wie auch den Heiligen Geist, den Tröster. Du bist der Ehrenkönig, o Christ, Du bist in Ewigkeit der Sohn des Allvaters."

Bei aller Herrlichkeit sollte man nicht vergessen, dass der Anlass für dieses Gotteslob die gewonnene Schlacht eines Königs war, und natürlich desjenigen, bei dem Händel gerade in Dienst stand, des englischen.

In völlig anderer, geradezu entgegengesetzter Weise drückt sich der Preis Gottes in Franz Schuberts *Deutscher Messe* von 1826 aus, etwa im Introitus:

„Wohin soll ich mich wenden, wenn Gram und Schmerz mich drücken?
Wem künd' ich mein Entzücken, wenn freudig pocht mein Herz?
Zu dir, zu dir, o Vater, komm ich in Freud' und Leiden,
du sendest ja die Freuden, du heilest jeden Schmerz.

Ach, wenn ich dich nicht hätte, was wär' mir Erd' und Himmel?
Ein Bannort jede Stätte, ich selbst in Zufalls Hand.
Du bist's, der meinen Wegen ein sich'res Ziel verleihet,
und Erd' und Himmel weihet zu süßem Heimatland."

Das Gloria dieser Messe ist nicht ganz so verhalten. Aber auch hier findet die individuelle Stimme Gehör und verschwindet nicht im Auftrumpfen der Chöre. Der Mensch in seiner Endlichkeit stimmt ein in den Lobgesang der ewigen Natur.

„Ehre, Ehre sei Gott in der Höhe! Singet der Himmlischen selige Schar.
Ehre, Ehre sei Gott in der Höhe! Stammeln auch wir, die die Erde gebar.
Staunen nur kann ich und staunend mich freu'n;
Vater der Welten! doch stimm' ich mit ein: Ehre sei Gott in der Höhe!

Ehre, Ehre sei Gott in der Höhe! Kündet der Sterne strahlendes Heer.
Ehre, Ehre sei Gott in der Höhe! Säuseln die Lüfte, brauset das Meer.
Feiernde Wesen unendlicher Chor
jubelt im ewigen Danklied empor: Ehre sei Gott in der Höhe!"

Wird bei Händel Gott mit Pauken und Trompeten gepriesen, entfaltet sich in der romantischen Innerlichkeit der Schubert'schen

Klangwelt das Gotteslob als Andacht. Zwischen triumphaler liturgischer Feier auf der einen und individueller Andacht auf der anderen Seite liegt der Ausdrucksraum geistlicher Musik und auch der Ausdrucksraum des Gebets. Wie schön Inbrunst sein kann. Wie erhaben und erhebend die großen Momente des Betens sind. Wie formvollendet sich religiöse Leidenschaft in Worten äußert, die sich an Gott richten.

All das hat seine in sich ruhende Selbstverständlichkeit verloren. „Wem künd ich mein Entzücken, wenn freudig pocht mein Herz?", fragt der Eingangsgesang in Schuberts *Deutscher Messe*. Diese Frage wurde in den nachromantischen Epochen mehr und mehr radikalisiert und ist dabei in den leeren Raum des religiösen Nichts vorgestoßen. Der polnische Schriftsteller Witold Gombrowicz beispielsweise notierte in sein Tagebuch von 1953: „Man stelle sich bildlich vor: das ehrwürdige Gebäude einer tausendjährigen Zivilisation zusammen gebrochen, Stille und Leere ringsum, wir auf seinen Trümmern – ein Schwarm grauer und kleiner Menschenwesen, die sich vor Verblüffung nicht fassen können. Denn ihre Dome, Gemälde, Kirchenfenster und Statuen, vor denen sie knieten, das Gewölbe, das ihnen Schutz bot, liegen in Schutt und Asche, und sie selbst stehen in all ihrer Nacktheit da. Wo Schutz suchen? Was vergöttern? Zu wem beten?"

Diese Seelenlage des absoluten Ausgeliefertseins ist vielen Menschen unerträglich. „Wohin soll ich mich wenden", lautet die andere Frage im Introitus der Schubert-Messe, „wenn Gram und Schmerz mich drücken?" Die leidenschaftlich religiöse Antwort auf diese Frage ist das Gebet. Es kann das große, liturgisch geregelte Gebet der Gemeinde sein oder die Zwiesprache des Einzelnen mit seinem Gott. Und manchmal genügt auch ein kurzer Gruß, um sich seines Glaubens sicher zu sein und sicher zu bleiben. In der katholischen Volksfrömmigkeit gab es den Brauch, einmal täglich beim Heiligen Christopherus vorbeizuschauen, dessen bemalte Holzstatuen überall in den Kirchennischen standen. Natürlich waren die Gläubigen darauf angewiesen, dass ihre Kirche für diesen Besuch auch offen war. Wer täglich einmal dem Riesen mit dem Kind auf der Schulter ins Antlitz sieht, so der Volksglaube, wird keinen jähen Tod sterben und nicht ungesegnet vor den ewigen Richter treten.

Christopherus selbst war ein großer Beter, auch wenn er anfangs seine Schwierigkeiten damit hatte. Das jedenfalls erzählt Jakobus de Voragine in der *Legenda aurea* aus dem 13. Jahrhundert: Christopherus machte sich auf die Suche nach dem mächtigsten Herrn der Welt, um ihm zu dienen. Erst diente er einem König, dann dem Teufel, und zuletzt „kam er zu einem Einsiedel, der predigte ihm von Christo und sprach zu Christopherus: ‚Der König, dem du dienen willst, begehrt, dass du viel fastest.‘ Antwortete Christopherus: ‚Er fordere von mir ein ander Ding, denn dies vermag ich nicht zu tun.‘ Sprach der Einsiedel: ‚Es ist not, dass du viel zu ihm betest.‘ Antwortete Christopherus: ‚Ich weiß nicht, was das ist, und kann ihm darin nicht folgen.‘“ In seiner Ratlosigkeit schickt der Einsiedler Christopherus als Fährmann an einen Fluss. Dort trägt er ein Kind durch die Furt, das ihm so schwer wird wie Atlas die Welt, und erkennt in ihm Christus, den mächtigsten Herrn, dem er nun als Missionar zu dienen beginnt. Die Kraft des Gebetes, von dem er anfangs nicht einmal wusste, was es überhaupt ist, schützt ihn gegen die weltliche Macht: „Der König sandte zweihundert Kriegsknechte aus, die sollten Christopherus greifen. Aber sie wagten es nicht, denn sie fanden ihn im Gebet. Der König sandte abermals zweihundert, die beteten mit ihm, da sie ihn beten sahen.“ So ansteckend konnte Beten einmal sein, wenn es mit Inbrunst und Leidenschaft geschah.

Der alte Volksbrauch suchte sich den betenden Heroismus dieses beliebten Heiligen zu Nutze zu machen, indem man ihm einmal täglich ins Antlitz sah. Übrigens tut das noch heute mancher Autofahrer, der am Armaturenbrett eine Christopherusplakette anbringt. Die Blicke auf diese Plakette können als stumme Gebete interpretiert werden, auch wenn das, mit protestantischer Strenge betrachtet, dem Aberglauben allzu ähnlich sieht.

Ob vor einer Statue des Christopherus, vor dem Altar oder vor dem inneren Gott: Beten ist immer auch Bitten um Erhörung. In überwältigender Rhetorik spricht sich dies in einem sechshundert Jahre alten Text aus, in dem Johannes von Tepl, der sogenannte „Ackermann aus Böhmen“, den Tod verklagt. Im Schlussgebet ruft er lobend und preisend Gott als Richter an: „Ewige Lampe, ewiges Dauerlicht, recht fahrender Schiffer, Deine Kogge geht niemals unter! Bannerführer, unter dessen Banner niemand sieglos wird, der Hölle Gründer, des Erdkloßes Former, des Meeres Zügler, der Luftturbulenzen Mischer, der Feuersglut Anfacher, aller Elemente Schöpfer, des Donners, des Blitzes, des Nebels, des Hagels, des Schnees, des Regens, des Regenbogens, des Mehltaues, des Windes und all ihren Zusammenwirkens alleiniger Schmiedemeister, des ganzen himmlischen Heers gewaltiger Herzog, sich nie versagender Kaiser, allermildester, allerstärkster, allerbarmherzigster Schöpfer, erbarme Dich und erhöre mich!“

Der Prozess zwischen dem Ackermann und dem Tod endet damit, dass Gott in seinem Richterspruch zwar dem Tod den Sieg zuspricht, dem Ackermann aber die Ehre. So wird dem Ackermann der Weg zur Einwilligung gezeigt, zur Versöhnung mit dem Tod im Gebet. An dieser Dimension des Sprechens vor und zu Gott hat sich bis heute nichts geändert. Die Nähe des Todes bringt den Menschen auch das Beten nahe. Und manchmal beweist es auf ganz bescheidene Weise eine christopherusartige Kraft im sogenannten ‚Trubel des Lebens‘.

Ich habe vor einiger Zeit in Notre Dame de Paris eines dieser zum abgelebten Klischee gewordenen Mütterchen in der

Bank sitzen sehen. Ströme von Touristen zirkulierten in der Kathedrale. Unaufhörlich blitzten die Fotoapparate. Auch viele Pariser querten in Alltagseile die Kirchenschiffe, kamen zu einer Seitenpforte herein und gingen zur anderen hinaus, um den Weg außen herum zu sparen. Manche dieser Menschen beugten im Vorbeihetzen andeutungsweise das Knie vor dem Altar und grüßten Gott wie einen alten Bekannten, mit dem man sich im Moment nicht weiter aufhalten will. Inmitten dieses Trubels saß die alte Frau reglos ins Gebet versunken. Nie hat mich ein Anblick alltäglicher Frömmigkeit mehr gerührt. Obwohl es natürlich genau so gut sein kann, dass die Frau den Kopf nicht im Gebet gesenkt hatte, sondern weil sie ein Nickerchen machte. Aber vielleicht hat sie vor dem Einschlafen das große Wort der Bejahung gesprochen, jenes Wort, das endlich sprechen zu können von Johannes Tepl erfleht wird: „Alles, was unter des ewigen Fahnenträgers Fahne gehört, es sei, welche Kreatur es sei, helfe mir aus Herzensgrund selig und andächtig zu sprechen: Amen."

Gottesglaube als Herzenswunsch

Religiöse Musikalität in der modernen Gesellschaft

Lieben Sie das Läuten der Glocken? Und den Ruf des Muezzin? Und wären Sie damit einverstanden, Tag für Tag beides zu hören? Es soll hier kein Wertestreit und keine Toleranzdiskussion vom Zaun gebrochen werden. Die lautstarken Beispiele machen nur deutlich, dass das Verständnis für religiöse Äußerungen oft seine Grenzen am Verstehen des religiösen Lebens hat. Wer christlich erzogen wurde, wird sich vom Glockenklang wohl auch dann nicht gestört fühlen, wenn sie beziehungsweise er die Kirche verlassen oder den Glauben verloren hat. Religiöse Erziehung lässt sich eben nicht abstreifen wie eine Schlangenhaut. Und bei denjenigen, die weiter an den Gott ihrer Kindheit glauben, wird es immer eine mehr oder weniger ausgeprägte religiöse Empfindsamkeit – und auch: Empfindlichkeit – geben.

Auf ganz andere Weise sind religiöse Empfindlichkeiten manchmal auch bei ‚säkularen' Menschen zu beobachten. Beispielsweise kommt es vor, dass sie das Glockenläuten bloß als Lärm wahrnehmen. In städtischen Quartieren gibt es immer wieder Unterschriftensammlungen von Anwohnern gegen das sonntägliche Morgenläuten der Kirche in der Nachbarschaft. Der Mensch, der werktags arbeitet, so wird argumentiert, dem soll die Sonntagsruhe heilig sein – um ausschlafen zu können.

Solche Beschwerdeführer gegen das Läuten verstehen sich keineswegs als religionsfeindlich, ihnen sind allerdings religiöse Gefühle so fremd, dass sie auch den religiösen Gefühlen anderer gleichgültig gegenüber stehen. Aber wenn es nicht um Glockentürme, sondern um Minarette geht, kann es doch passieren, dass die Gleichgültigkeit in Feindseligkeit umschlägt, selbst wenn gar nicht damit zu rechnen ist, dass der Muezzin jemals rufen darf.

Unabhängig von solchen religiösen Konflikten, die in Wahrheit ja kulturelle sind, ist auch bei konfessionell ungebundenen oder glaubenslosen Menschen nicht selten ein Sinn für das Religiöse zu finden. Das Bedürfnis nach dem Transzendenten ist vielen Menschen selbst dann eine Herzensangelegenheit, wenn sie nicht an einen Gott glauben können, schon gar nicht an einen persönlichen.

Wieder eine andere Konstellation ist gegeben, wenn sich jemand mit religiöser Praxis beschäftigt, ohne Rücksicht auf theologische Theorien zu nehmen. Ein Beispiel dafür ist der hier schon öfter zitierte ‚Gründervater' der deutschen Soziologie, Max Weber. Er hat von sich behauptet, „religiös unmusikalisch" zu sein. Dennoch ist sein Werk *Die protestantische Ethik und der Geist des Kapitalismus* zum religionssoziologischen Klassiker geworden. Er selbst schrieb über diese einflussreichste seiner Arbeiten: „Das Entscheidende ist, dass eine religiös verankerte Ethik auf das von ihr hervorgerufene Verhalten höchst wirksame psychologische Prämien setzt. Nur soweit diese Prämien wirken – und zwar oft in einer von der Theologen-Lehre weit abweichenden Richtung – gewinnt diese Ethik einen eigengesetzlichen Einfluss auf die Lebensführung und dadurch auf die Wirtschaft: dies ist ja die Pointe dieses ganzen Aufsatzes."

Das große Verdienst Webers bestand darin, die Auswirkungen zu diskutieren, die bestimmte religiöse Vorstellungen auf das wirtschaftliche Handeln haben können. Webers religionssoziologische Aufsätze entstanden bereits Anfang des 20. Jahrhunderts. Am Anfang des 21. Jahrhunderts wird erneut über den Einfluss gestritten, den der Glaube in einer modernen Gesellschaft auf die Menschen haben kann, haben soll und haben darf. Das hat nicht zuletzt mit der Renaissance fundamentalistischer Strömungen sowohl im Christentum als auch im Islam zu tun. Im geistigen Abwehrkampf gegen diese Strömungen wird häufig Gott selbst auf die Anklagebank gesetzt. Seltsam eigentlich, dass der Teufel so ungeschoren davon kommt. Jedenfalls sind die antireligiösen Hasspredigten von einem hysterisch um sich schlagenden Rationalismus geprägt, der selbst nicht frei ist von fundamentalistischen Zügen und sich auf die Formel reduzieren lässt: Der liebe Gott und die Leute, die an ihn glauben, sind an allem schuld.

Die neue Empfänglichkeit für Gott auch in der westlichen Welt hat aber nicht nur Mahner, Warner und Hysteriker auf den Plan gerufen, sondern dafür gesorgt, dass sogar durch und durch säkulare Denker den Dialog mit religiösen Repräsentanten suchen. Einen solchen Dialog führte beispielsweise im Januar 2004 der Philosoph Jürgen Habermas mit dem damaligen Kardinal Joseph Ratzinger. Der Philosoph nahm Max Webers Wendung auf und hielt fest, es sei auch „für den religiös unmusikalischen Bürger das Verhältnis von Glauben und Wissen aus der Perspektive des Weltwissens selbstkritisch zu bestimmen".

In anderen Worten: Wer keinen Sinn für den Glauben hat, soll trotzdem die Bereitschaft aufbringen, über Glauben und Wissen selbstkritisch nachzudenken, und zwar mit den Mitteln des Wissens. Habermas erinnert daran, dass Aufklärung sich immer auch über sich selbst aufklären muss, will sie nicht ihrerseits zum Glaubensdogma erstarren.

Eine solche Haltung würden die Glaubensbekrieger, die in letzter Zeit Bestseller-Erfolge erzielten, niemals einnehmen. In dem Buch *Der Gotteswahn* von Richard Dawkins wird Religion als vernunftzerstörender Virus beschrieben, den es unter allen Umständen zu bekämpfen gilt. Und wer Christopher Hitchens Anklageschrift *Gott ist kein Hirte* gelesen hat, dürfte es einfacher finden, den Advokat des Teufels zu spielen als den Gottes. Der deutsche Titel dieses Buches spielt auf Psalm 23 an: „Der Herr ist mein Hirte, mir wird nichts mangeln. Er weidet mich auf einer grünen Aue und führet mich zum frischen Wasser. Er erquicket meine Seele. Er führet mich auf rechter Straße um seines Namens willen. Und ob ich schon wanderte im finstern Tal, fürchte ich kein Unglück; denn du bist bei mir, dein Stecken und Stab trösten mich."

Auch nichtgläubige Menschen rühmen diesen Psalm. In seiner sprachlichen Schönheit beeindruckt er Menschen mit literarisch-ästhetischem Sinn; und in der Intensität, mit der die Not eines nomadisierenden Volkes zur Sprache kommt, rührt er alle Menschen an, die nur irgend ein Gefühl für Obhut und Geborgenheit haben, auch transzendentaler Geborgenheit. Für Juden und Christen wiederum ist Psalm 23 eines der ganz großen Trostgebete in Zeiten kollektiver Not, aber auch in Zeiten individuellen Leids.

Es ist kein Zufall, dass eines der inzwischen immer zahlreicher werdenden neurologischen Experimente zur Ergründung des religiösen Gefühls gerade mit diesem Psalm arbeitet. Nina Azari, Neurowissenschaftlerin und zugleich Theologin, hat an der Universität von Hawaii mit Hilfe der Positronen-Emissions-Tomographie (PET) die Hirnaktivitäten christlicher Fundamentalisten beim Rezitieren von Psalm 23 beobachtet. Sie erwartete eine erhöhte Aktivität des sogenannten Limbischen Systems, dem besondere Bedeutung bei der Entwicklung und Verarbeitung von Gefühlen zugeschrieben wird. Zu ihrem Erstaunen wurden jedoch nicht die Elemente des Limbischen Systems verstärkt aktiv, sondern verschiedene Bereiche in der Hirnrinde, die normalerweise eher mit Rationalität in Verbindung gebracht werden. Weitere Untersuchungen dieser Art wurden von Andrew Newberg an der University of Pennsylvania an Buddhistischen Mönchen und von Mario Beauregard an der Universität von Montreal mit Karmeliterinnen durchgeführt.

Alle diese Versuche stimmten in ihren Ergebnissen darin überein, dass das Denken an Gott und das Beten zu Gott das menschliche Gehirn in vielen Bereichen und auf vielfältige Weise in Bewegung bringen. Wenn sich der Mensch Gott in den Kopf gesetzt hat, dann ist jedenfalls sein genauer Aufenthaltsort hinter der Stirn so unbestimmbar wie sein Platz im Himmel. Gott ist kein Nervenbündel.

Was wissen wir also, wenn wir wissen, dass viel Hirn beim Glauben im Spiel ist? Eigentlich nichts, wenn es darum geht, Gottesglauben als Herzenswunsch zu begreifen. Die amerikanische Wissenschaftsjournalistin Sandra Aamodt und der gleichfalls in den USA lebende Neurologe Samuel Wang schreiben in ihrem Buch *Welcome to Your Brain*, dessen Titel vielleicht mit „Grüß Gott Gehirn" zu übersetzen wäre: „Was kann die Hirnforschung zum Verständnis von Religion beitragen? In einer Beziehung gar nichts: Die Befriedigung, die ein Mensch aus dem Glauben gewinnt, dürfte sich kaum dadurch ändern, dass er oder sie weiß, wie das Gehirn religiöse Überzeugungen hervorruft. So wie man sein Leben lang mit Gewinn Wörter verwenden kann, ohne etwas über Grammatik zu wissen, genauso können Menschen von ihren religiösen Überzeugungen profitieren."

Ist der Ausdruck „profitieren" im Zusammenhang mit religiösen Belangen nicht etwas ungeschickt – und typisch amerikanisch? Typisch protestantisch, könnte man als Leser Max Webers antworten. Denn dessen religionssoziologische Schriften zeigen ja gerade den psychologischen Zusammenhang auf, der zwischen der religiösen Strenge der protestantischen Glaubenslehre und der kalkulatorischen Strenge des kapitalistischen Profitstrebens bestand.

In Europa spielt dieser Zusammenhang heute keine gesellschaftsformierende Rolle mehr. Längst hat sich der „kapitalistische Geist" von der „protestantischen Ethik" emanzipiert. Auch wenn es Marktnischen gibt, in denen sich mit der Befriedigung religiöser Nachfrage Gewinne machen lassen. Das gilt nicht nur für Oberammergauer Herrgottschnitzer oder die Rosenkranzhändler in Lourdes. Es hat sich ein regelrechtes Meditationsbusiness herausgebildet, in dem sowohl Geheimtipps als auch Bestseller gehandelt werden. Zu den Bestsellern gehört alles rund um Hildegard von Bingen. Zu den Geheimtipps gehört das Angebot eines Reiseveranstalters, Fahrten in die Toskana zu organisieren, auf denen die Teilnehmer mit Mönchen und die Teilnehmerinnen mit Nonnen gregorianische Choräle singen können.

Ein anderer Zusammenhang zwischen religiöser Nachfrage und christlichem Angebot ergibt sich, wenn man untersucht, in welchen Regionen Deutschlands wie viele Bibeln verkauft werden. Den weitaus höchsten Absatz findet das Heilige Buch in der Oberpfalz, einen eher bescheidenen in Berlin. Man könnte spöttisch fragen: Bedeutet das nun, dass die Oberpfälzer besonders fromm sind oder einen besonders hohen Nachholbedarf haben? Dass wiederum die Nachfrage in Berlin so niedrig ausfällt, wird kaum heißen, dass sie dort gedeckt ist. Sonst hätte die Annen-Kirche in Berlin Mitte nicht mit Großplakaten Werbung für den lieben Gott machen müssen: „Wozu lebe ich? Um Gott zu finden." Auf einem anderen Plakat war zu lesen: „Das größte Glück ist Gott zu kennen. Können Sie sich das Glück nicht gönnen?"

Man könnte den Eindruck bekommen, in diesem unbeholfen gereimten Plakatspruch werde Mission mit Reklame verwechselt – und so ist es auch. Wenigstens ist ein Missionieren, das Werbetafeln aufstellt, besser als eines, das Schwerter schwingt. Trotzdem kommt in diesem Gottes-Marketing ein unangenehm berührender konsumistischer Zug im Verhältnis zur Religion zum Ausdruck: An Gott glauben macht Spaß, man gönnt sich ja sonst nichts.

Diese Selbstbedienungsmentalität, die sogar dann noch, wenn sie an Gott denkt, nur den Menschen meint, hat der

Risiko-Soziologe Ulrich Beck mit giftigem Sarkasmus verhöhnt: „An festlichen Tagen füllen sich die ansonsten gespenstisch entleerten christlichen Kirchen in Westeuropa mit Drei-Tage-Christen. Das sind solche Gelegenheitsgläubige, die an den hohen Feiertagen Weihnachten, Ostern und möglicherweise sogar noch Pfingsten die religiöse Wiederverzauberung des Alltags als Kirchentheaterdienstleistung konsumieren."

Interessanterweise ist Beck aber auch mit denjenigen Gläubigen nicht zufrieden, die mit ihrem Glauben richtig ernst machen: „Religion könnte eine Erfindung des Teufels sein." Alle Religionen, meint der Soziologe, besonders die monotheistischen, hätten einen totalitären Kern, und zwar insofern, als jede von ihnen an der Ausschließlichkeit ihrer jeweiligen Wahrheit festhalte. Auf diesem theologischen Boden gedeihe nicht nur der Dogmatismus im religiösen Denken, sondern auch der Fundamentalismus im politischen Handeln. Weil Religionen immer der totalitären Versuchung ausgesetzt seien, andererseits auch in modernen Gesellschaften der Glaube vielen Menschen ein Herzensbedürfnis ist, plädiert Beck für eine Abkehr von den Lehren und Riten der Religionen und für eine Hinwendung zum religiösen Gefühl: „Religiös sein beruht nicht auf der Zugehörigkeit zu einer bestimmten Gruppe oder Organisation; es definiert vielmehr eine bestimmte Einstellung zu den existenziellen Fragen, die die Stellung und das Selbstverständnis des Menschen in der Welt betreffen."

In diesem Sinne könnte man auch eine Äußerung des Physikers und Nobelpreisträgers Albert Einsteins interpretieren: „Das Wissen um die Existenz des für uns Undurchdringlichen, der Manifestationen tiefster Vernunft und leuchtendster Schönheit, die unserer Vernunft nur in ihren primitivsten Formen zugänglich sind, dies Wissen und Fühlen macht wahre Religiosität aus; in diesem Sinn und nur in diesem gehöre ich zu den tief religiösen Menschen." Die Bemerkung Einsteins kreist gewissermaßen in sich selber: Das Wissen um die Existenz von etwas „Undurchdringlichem", so überlegt Einstein, mache zusammen mit dem Erfühlen dieses „Undurchdringlichen" die „wahre Religiosität" aus. Und die „wahre Religiosität" wiederum weiß, dass diese „Manifestationen tiefster Vernunft" der flachen menschlichen Vernunft nicht zugänglich sei.

Respektlos gesagt, läuft dieses wenig geniale Bekenntnis eines Genies auf die Allerweltsidee hinaus: Ich bin religiös, weil ich staunend unterm Sternenzelt stehe. Es ist ja auch verständlich, dass Erhabenheit das Menschenherz anrührt und den Menschengeist veranlasst, irgendeine Instanz zu suchen, nach der die Menschenseele sich sehnen kann. Das Gottesbedürfnis wäre dann der Geistesblitz, mit dem der Mensch die Verbindung zwischen der eigenen Endlichkeit und der Ewigkeit des Alls beleuchtet. Auch dies ist eine Art Erleuchtung. In großartigster Weise aber glänzt sie in der frommen Innerlichkeit der Musik Johann Sebastian Bachs, die dadurch selbst etwas Erhabenes gewinnt – trotz der Ungeschicklichkeit mancher ihrer Texte. Der Eingangschor der Bach-Kantate *Der Herr ist mein getreuer Hirt* lautet:

„Der Herr ist mein getreuer Hirt,
hält mich in seiner Hute,
darin mir gar nichts mangeln wird
irgend an einem Gute,
er weidet mich ohn Unterlass,
darauf wächst das wohl schmeckende Gras
seines heilsamen Wortes."

Das appetitliche, sich jedoch unglücklich auf „Unterlass" reimende Gras des Gotteswortes ist sicher keine besonders elegante Nachbildung von Luthers Deutsch im entsprechenden Vers von Psalm 23. Dennoch standen zu Bachs Zeiten die Texte seiner Kantaten im Vordergrund. Die Aufgabe der Musik bestand darin, der Botschaft des Wortes emotionalen Nachdruck zu verleihen. Heute wirken viele dieser Texte entweder kurios oder kitschig. Und wenn sie, wie beispielsweise bei deutsch gesungenen Aufführungen in den USA, von den Hörern nicht verstanden werden, möchte man sagen: umso besser für die Hörer.

Von einer solchen Aufführung hat der amerikanische Autor Harold Fromm in der Zeitschrift *Hudson Review* berichtet. Sein Artikel trägt den Titel: „Bach im 21. Jahrhundert. Die Kapelle wird zum Konzertsaal."

Der Artikel beschrieb ein Konzert mit Kantaten, aus denen Bachs *Weihnachtsoratorium* zusammengesetzt ist: „Es war Sommer, nicht Weihnachten, in einer Konzerthalle, nicht in der Kirche. Es war ein weltliches musikalisches Ereignis, die Texte wurden in einer fremden Sprache gehört, aber nicht verstanden. Die Trompeten und Trommeln klangen, der Chor sang ‚Jauchzet, frohlocket', die Musik wurde um ihrer selbst Willen lebendig. Man war hingerissen, aber nicht zur größeren Ehre Gottes. Was ein paar Jahrhunderte zuvor die bewegende Frömmigkeit des Lutherischen Komponisten gewesen war, schien nun etwas Körperliches zu sein, aus den Eingeweiden, aus den Zellen zu kommen. Im Jahr 1700 war das Christentum schließlich weniger als zweitausend Jahre alt. Zeus, Jahwe, Jesus – die Götter kommen und gehen. Die Musik jedoch ist in Fleisch und Hirn übergegangen."

Im Unterschied zu dieser ausschließlich ästhetischen Rezeption von Bachs Musik weist der Musikwissenschaftler und Theologe Martin Geck in seiner großen Bach-Biographie auf das hin, was jenseits des musikalischen Genusserlebnisses zu suchen ist: „Diese Musik ist nicht eigentlich christlich, sondern geistlich, das heißt an Welten angeschlossen, die wir nicht kennen, durch die Musik Bachs hindurch vielleicht ahnen: ‚Kein

Aug hat je gespürt, kein Ohr hat je gehört solche Freude'. Es ist die Unio mystica hinter Bachs Musik, die über Konfessionen und Religionen hinweg ihr Wesen entfaltet."

Mit etwas Mut zum Pathos ließe sich sagen: In Bachs Musik ertönt die Ewigkeit. Im Klang dieser Musik schwingt das Bedürfnis nach Transzendenz, also nach Sinn und Sein, die das eigene Leben überschreiten. In eben diesem Bedürfnis liegt der Herzensgrund religiöser Musikalität. Die religiöse Musik Bachs bringt die Innerlichkeit religiöser Musikalität wie keine andere abendländische Musik zum Ausdruck. Und gerade das macht auch ihre weltliche Größe aus, die weder von Gläubigen noch von Nicht-Gläubigen bestritten wird. Für viele Menschen jedoch, ganz unabhängig von ihrer kirchlichen Gebunden- oder Ungebundenheit, ist diese Musik das überwältigende äußere Echo der eigenen inneren religiösen Musikalität.

Hat Gott noch eine Zukunft?

Die westlichen Gesellschaften werden immer weltlicher, und Gott ist dermaßen tot, dass niemand mehr an seine Auferstehung glaubt. Aussagen dieser Art sind zwar geläufig, aber als Zustandsbeschreibung eher Karikatur denn Diagnose. Mag der moderne Rationalismus auch über Götterleichen gehen, die innere Leere szientistischer Weltbilder, die alles auf Expertenwissen reduzieren, wird von den Menschen doch immer wieder mit Heiligem gefüllt. Der aus dem Paradies vertriebene Mensch hat inzwischen seinerseits Gott aus dem Himmel vertrieben, und so werden sich in Zukunft beide nur auf der Erde begegnen können. Ob man das ‚Verweltlichung' nennt, hängt von der Perspektive ab. Schließlich könnte man die Entwicklung der Religionen umgekehrt auch als ‚Vergöttlichung' beschreiben, als Selbstvergottung des Menschen. Wie die Beziehungsgeschichte zwischen uns und unseren Göttern weitergeht, ist schwer abzuschätzen. Wirklich tot ist nur der Teufel.

Fragile Götter

Wie weltlich ist die säkulare Gesellschaft?

Selten war die Glaubenslage so unübersichtlich wie heute: Einerseits wird der Niedergang der Religion beschrieben und beschworen, beklagt oder beklatscht. Andererseits wird eine Renaissance der Religion beobachtet und begutachtet, begrüßt oder bedauert. Einige Stimmen warnen vor der inneren Werteverwesung einer Gesellschaft, die sich nur noch an äußeren Maßstäben wie Geld, Macht und Erfolg orientiere. Andere warnen im Gegenteil vor dem harten Kern einer fundamentalistischen Glaubensauffassung, deren Intoleranz die offene Gesellschaft gefährde. Wieder andere bespötteln das kirchensteuerzahlende Gewohnheitschristentum oder machen sich über esoterisch-synkretistische Strömungen lustig, in denen religiöse Bestandteile aus aller Götter Länder laienhaft zusammengebastelt werden, als wäre der Glaube bloß ein höherer Heimwerkermarkt für die Seelenbedürfnisse verwöhnter Konsumenten.

Gott liegt auf dem Totenbett, so scheint es, und steht doch immer wieder auf. Das geht im westlichen Europa seit der Aufklärung so. Einem schon älteren journalistischen Bericht zufolge wurde Gott in Königsberg ermordet. Die Tatwaffe war *Die Kritik der reinen Vernunft* von Immanuel Kant. Über den Tathergang schrieb der Philosophiereporter Heinrich Heine:

„Kant hat den Himmel gestürmt, er hat die ganze Besatzung über die Klinge springen lassen, der Oberherr der Welt schwimmt unbewiesen in seinem Blute, es gibt jetzt keine Allbarmherzigkeit mehr, keine Vatergüte, keine jenseitige Belohnung für diesseitige Enthaltsamkeit, die Unsterblichkeit der Seele liegt in den letzten Zügen – das röchelt, das stöhnt."

Dass Gott „unbewiesen in seinem Blute schwimmt" ist eine brillante Formulierung des großen Heine. Aber vielleicht ist sie zu brillant. Es könnte sein, dass Gott in der Wirklichkeit des Menschen gerade deshalb nicht tot zu kriegen ist, weil er sich eben nicht beweisen lässt – nur glauben. Das ist seine Stärke, nicht seine Schwäche. Trotzdem mag es lehrreich sein, unterhaltsam ist es allemal, sich an den kurzen Lebenslauf zu erinnern, den Heine über den Gott der monotheistischen Weltreligionen nach dessen vermeintlichem Ableben geschrieben hat: „Wir haben ihn so gut gekannt, von seiner Wiege an, in Ägypten, als er unter göttlichen Kälbern, Krokodilen, heiligen Zwiebeln, Ibissen und Katzen erzogen wurde. Wir haben ihn gesehen, wie er diesen Gespielen seiner Kindheit und den Obelisken und Sphinxen seines heimatlichen Niltals Ade sagte und in Palästina, bei einem armen Hirtenvölkchen, ein kleiner Gott-König wurde. Wir sahen ihn späterhin, wie er mit der assyrisch-babylonischen Zivilisation in Berührung kam, und seine allzumenschlichen Leidenschaften ablegte. Wir sahen ihn auswandern nach Rom, wo er aller Nationalvorurteile entsagte und die himmlische Gleichheit aller Völker proklamierte und mit solchen schönen Phrasen gegen den alten Jupiter Opposition bildete und so lange intrigierte, bis er zur Herrschaft gelangte und vom Kapitol herab die Stadt und die Welt regierte. Wir sahen, wie er sich noch mehr vergeistigte, wie er sanftselig wimmerte, wie er ein liebevoller Vater wurde, ein allgemeiner Menschenfreund, ein Weltbeglücker, ein Philanthrop – es konnte ihm alles nichts helfen. Hört ihr das Glöckchen klingeln? Kniet nieder – man bringt die Sakramente einem sterbenden Gott."

Aber die Glocken klingen weiter, immer noch gehen Menschen in ihre Gotteshäuser. Nur ist das, was sie dort für sich erwarten, sehr unterschiedlich. Darüber hat Steven Weinberg, der Physiknobelpreisträger von 1979, im Frühjahr 2009 einen Aufsatz in der Kulturzeitschrift *Lettre International* veröffentlicht. Er trägt den Titel: *Der Niedergang des religiösen Glaubens und die Freuden des Lebens.* „Mit Freunden, die sich mit einer organisierten Religion identifizieren, habe ich darüber gesprochen, was sie über ein Leben nach dem Tod, über das Wesen Gottes oder über die Sünde denken. In der Regel sagten sie, sie wüßten es nicht genau, aber es käme nicht darauf an, was man glaubt, sondern wie man sein Leben führt. Ich finde diese Einstellung begrüßenswert, aber im Hinblick auf den religiösen Glauben ist das ein ziemlicher Rückzieher." Der Physiker gibt der Religion noch ein paar Jahrhunderte, aber keine Chance: „Die verschiedenen Zwecke, welche die Religion erfüllt, mögen diese auch nach dem Verschwinden des Glaubens an etwas Übernatürliches noch für einige Jahrhunderte aufrechterhalten. Doch frage ich mich, wie lange die Religion sich behaupten kann ohne einen Kern des Glaubens an das Übernatürliche."

Das „Übernatürliche" scheint den von Weinberg beschriebenen Kirchgängern tatsächlich abhanden gekommen zu sein. Viele wissen zu viel, um noch viel glauben zu können – und wissen nicht mehr, ob sie überhaupt noch glauben sollen. Dabei haben die meisten von ihnen nicht einmal Kant gelesen. Aber vielleicht kennen sie stattdessen jene berühmte Sentenz von Karl Marx über die Religion als Opium für das Volk.

Seit einiger Zeit kursiert in den Feuilletons die Vorstellung, linke Ideen hätten in Deutschland nicht vom kommunistischen Rand her, sondern aus der bürgerlichen Mitte heraus die Macht über die Köpfe der Menschen erobert. Nun, so die Befürchtung, werde der alte marxistische Kampf gegen die Religion mit neuen Methoden innerhalb der Religion fortgesetzt. Bei Jan Fleischhauer, Redakteur des *Spiegel*, klingt das so: „Die Krise der evangelischen Kirche fällt nicht von ungefähr mit dem Aufstieg des Utopismus zur dominierenden politischen Religion zusammen. In dem Maße, in dem sich der Protestantismus zum Diesseitsglauben wandelte, setzte er sich weltlicher Konkurrenz aus." Die Stelle findet sich in Fleischhauers Bestseller *Unter Linken*. Schon im Untertitel wird klar gemacht, von wem dieses

Buch geschrieben wurde: *Von einem, der aus Versehen konservativ wurde.*

Fleischhauer rechnet in seiner Streitschrift mit seinem Herkunftsmilieu ab, einer saturierten Bildungsbürgerfamilie mit utopischen Neigungen zur Sozialdemokratie. Und wie so häufig bei Konvertiten, nicht nur bei religiösen, sondern auch bei politischen, strengt er sich mächtig an, es den Konservativen mit seiner Abrechnung der Linken auch recht zu machen. Aus seiner Perspektive wirkt die evangelische Kirche wie eine Sekte, zusammengewürfelt aus alten Achtundsechzigern, jungen Globalisierungsgegnern und weiteren Vertretern des von Fleischhauer pflichtschuldig verachteten Gutmenschentums. „Hilflos versucht die evangelische Kirche Schritt zu halten mit dem modernen Erlösungsglauben. Weil sie sich ihrer eigenen eschatologischen Verheißung nicht mehr sicher ist, lehnt sie sich an die Versprechen der Konkurrenz an, womit sie ihren Niedergang nur beschleunigt. Sie hat alle Bekümmernisse des linken Klagekanons aufgenommen, allerdings ohne das dazugehörende Lösungsprogramm bieten zu können. In jeder guten Sonntagspredigt findet sich heute die Litanei über den Kriegstreiber Amerika", Fleischhauers Buch entstand in der Endphase der Ära Bush Junior, „die Schrecken der Globalisierung, das Elend der Hartz-IV-Empfänger. Kaum ein Pastor traut sich noch, von Himmel und Hölle zu sprechen, und wenn, dann ist das nur vage allegorisch gemeint."

Aber Fleischhauer spricht hier selbst nur „vage allegorisch". Seiner durch viele Jahre beim *Spiegel* auf flott trainierten Ausdrucksweise steht ins Gesicht, beziehungsweise zwischen die Zeilen geschrieben, dass es ihm auf Himmel und Hölle gar nicht ankommt. Schade eigentlich. Es wäre interessant gewesen, von einem weltläufigen Journalisten die Forderung zu vernehmen, die Prediger sollten wieder den Teufel an die Wand malen. Dergleichen ist sonst nur von weltfernen Dogmatikern am

Rand der Katholischen Kirche zu hören. Aber Fleischhauer ist kein Fundi. Ihm geht nur das protestantisch politisch Korrekte auf die Nerven. „Bei der Konfirmation meines ältesten Sohnes im vergangenen Jahr trugen fünf der Jugendlichen im Gottesdienst unter dem aufmunternden Blick der Pastorin selbstformulierte Glaubensbekenntnisse vor. Es waren Bekenntnisse, woran sie alles *nicht* glauben: die Genesis, die Auferstehung, das Jüngste Gericht." Dieser Befund passt zu dem, was Steven Weinberg über die „religiösen Rückzieher" seiner Freunde geschrieben hat.

Die Katholische Kirche kommt bei Fleischhauer ein bisschen besser weg. Sie scheint für ihn das Bollwerk zu sein, mit dem gerade noch verhindert werden kann, dass die gesamte Christenheit zu einer linken Sekte wird: „Der Katholizismus hat sich besser behauptet, er erweist sich sogar als erstaunlich zählebig, wohl auch, weil er weniger anschlussfähig war für moderne Erlösungserwartungen. Die Katholische Kirche ist nicht ohne politischen Anspruch, ihre Soziallehre hat sogar einen bedeutenden Beitrag beim Aufbau des deutschen Sozialstaates geleistet. Aber ihr Anspruch war immer auf Erleichterung des menschlichen Schicksals gerichtet, nie auf Besserung der menschlichen Natur oder gar deren Vervollkommnung. Der Katholik hält fest an der Trennung zwischen Diesseits und Jenseits."

Was Jan Fleischhauer frustriert beklagt, wird von Martin Urban euphorisch begrüßt. Er ist Verfasser von *Die Bibel – Eine Biographie* und fasste kurz vor Erscheinen dieses Buches sein Anliegen in einem Zeitungsartikel zusammen. Die Abkehr von alten Lehren bedeutet für ihn nicht Defätismus, sondern Erneuerung. Vor allem geht es ihm darum, die Opferidee aus der christlichen Glaubenslehre zu verdrängen: „Seit einigen Jahren verlangt der protestantische Theologe Klaus-Peter Jörns ‚notwendige Abschiede' von alten Vorstellungen, insbesondere der, Jesus sei am Kreuz für die Sünden der Menschheit gestorben, wie das der Apostel Paulus interpretiert hat. Der Präses der evangelischen Kirche im Rheinland, Nikolaus Schneider, sagte jüngst, Gott brauche kein Sühneopfer, ‚denn es muss ja nicht sein Zorn durch unschuldiges Leiden besänftigt werden.'"

Das Opfer ist allerdings eine Kernidee der monotheistischen Weltreligionen, auch wenn es unter ‚fortschrittlichen' Theologen solche gibt, die einerseits gern die Erlösung hätten, andererseits aber vom Opfer weder bei Abrahams Sohn noch beim Gottessohn etwas wissen wollen.

Vielleicht ist es aber auch so gemeint, dass man die abgebrochene Opferung Isaaks und die bis zum bitteren Ende vollzogene von Jesus nur mehr als symbolisches Gleichnis verstanden wissen will. Fragt sich nur, was von einer Religion übrig bleibt, wenn sich alles, was Unbequem an ihr ist, ins Metaphorische verflüchtigt. Ist es mit einer Religion so weit gekommen, muss man sich dann nicht wundern, dass persönliche Erschütterungen aller Art zum Abfall vom Glauben führen können?

Die englische Religionsforscherin Karen Armstrong war früher katholische Nonne, verlor den Glauben, verließ das Kloster – und fand den Glauben wieder. Über die allgemeine Glaubenslage jedoch äußert sie sich besorgt: Zum ersten Mal in der Geschichte habe eine zunehmende Anzahl von Männern und Frauen jegliches Interesse an der Religion verloren. Manche seien sogar entschieden glaubensfeindlich geworden.

Aus weltlicher Perspektive wiederum sieht die Diagnose anders aus. In den Worten des deutschen Soziologen Dirk Baecker, ebenfalls in *Lettre International* vom Frühjahr 2009: „Es gibt ein Wiedererstarken der Religion in fundamentalistischen, aber auch zivilreligiösen Varianten, die wir im Zuge der von der Aufklärung ausgelösten Geschichte der Säkularisierung der Moderne kaum noch für möglich gehalten hätten. Gestern noch ein allenfalls das Gemüt bewegender Traditionsbestand aus überkommenen Formen der Gesellschaft, scheint die Religion heute erneut in der Lage zu sein, die Struktur und Kultur ganzer Gesellschaften zu prägen."

Das Akzentuieren dieser Tendenz muss aber der Diagnose der Säkularisierung gar nicht widersprechen. Verweltlichung muss nicht den Sturz in den Abgrund der Glaubenslosigkeit bedeuten. In modernen Gesellschaften bilden sich möglicherweise Formen der friedlichen Sinn-Koexistenz heraus zwischen religiösen Bedürfnissen, weltlichen Werten und menschlichen Rechten. Die fundamentalistischen Bewegungen der letzten Jahre und Jahrzehnte haben diese Entwicklungsmöglichkeit überdeckt. Es wäre jedoch verkehrt, aus diesen immer auch politischen Bewegungen den Schluss zu ziehen, die Religion sei prinzipiell nicht anschlussfähig an die moderne Demokratie. Karen Armstrong beispielsweise legt Wert auf die Feststellung, dass eine „militante, oft als ‚Fundamentalismus' bezeichnete Religiosität während des 20. Jahrhunderts in allen bedeutenden religiösen Traditionen" entstanden sei, und zwar als „Reaktion auf die säkulare Moderne". Dies habe den falschen „Eindruck erweckt, als sei Religion nicht mit Fortschritt und Demokratie zu vereinbaren", und als sei sie „durch wissenschaftliche Entdeckungen, die den alten Glaubenssätzen die Grundlage entzogen hatten, null und nichtig geworden".

An diesem Punkt nun, also am Punkt der Vereinbarkeit zwischen moderner Wissenschaft und Glaubenstradition, begegnen sich die Religionsforscherin Armstrong und der Soziologe Baecker: „Die moderne Geschichte der Säkularisierung ist nicht als eine Geschichte des Verschwindens der Religion zu lesen, sondern als eine Geschichte der Einschränkung ihrer Rolle auf einen möglicherweise für die Gesellschaft unverzichtbaren Kern." Der Glaube, so ließe sich zusammenfassen, bleibt relevant als Sinnressource, als eine Art unausschöpfliche Heil- und Heilsquelle, an der sich die modernitätsgestressten Bürger laben können – aber nicht müssen.

Also wird, es muss insistiert werden, der Glaube doch zum Konsumangebot? Ob das tatsächlich geschieht, hängt von den Gläubigen ab. Im Übrigen zeigen beispielsweise die Debatten über den Religions- und/oder Ethikunterricht, dass es nicht einfach um Basta-Entscheidungen im Stil des Entweder–Oder geht, sondern um Aushandlungsprozesse, die bei aller Schärfe letzten Endes Verständigungsprozesse sind. Das Entweder–Oder ist eine Sache für Radikaldenker wie den schon öfter erwähnten Kierkegaard, nichts für gewöhnliche Gläubige, die mit ihrem Gott in der Welt und mit den Menschen leben wollen.

Was aber die Religion in Krisenzeiten betrifft, so ist eine Überlegung hilfreich, die der 1967 gestorbene polnische Philosoph Henryk Elzenberg 1942 in sein Tagebuch geschrieben hat: „Ein persönlich aufgefasster Gott; die Unsterblichkeit; eine Kirchenorganisation: Wer diese drei Dinge hat, kann völlig anders an seiner moralischen Vervollkommnung arbeiten als derjenige, der nicht über sie verfügt. Ein allwissender, wohlmeinender Zeuge meiner Bemühungen; die unendliche Dauer meines Lebens, die ihm volle Würde verleiht; organisierte Hilfe auf der Erde: All das wirkt unterstützend, beflügelnd, ermöglicht die Überwindung der Natur und verleiht darüber hinaus unserem moralischen Streben einen unzweifelhaften Sinn. Wie anders sieht es ohne all das aus! Wenn man das Gute – dessen man sich nicht sicher ist – allein aus Liebe zu ihm mit eigener Kraft aus sich hervorbringen muss, ohne damit irgendwelche Hoffnungen zu verbinden.“ So gesehen sind also nicht Glaubenslehren und Kirchenregeln eine Herausforderung, sondern vielmehr deren Fehlen. Dem Guten ins Ungewisse hinein nachzustreben und -zuleben ist viel schwerer, als das abgesichert durch eine göttliche Autorität und mit stützender Hilfe der religiösen Gemeinschaft zu versuchen.

Aus dieser Beobachtung wird im neuen Forschungszweig der Neurotheologie die Konsequenz gezogen, es gebe eine Art genetischer Disposition zum Religiösen. Damit ist nicht die simple Vorstellung gemeint, es gebe eine Art Gottesgen. Ein wenig komplizierter ist die Angelegenheit schon: Das menschliche Gehirn, so die neurologische Überlegung, neigt dazu, auf äußeren Stress mit inneren Entlastungen zu reagieren. Der Glaube an etwas, das größer ist als man selbst, kann dabei helfen. So ließe sich auch erklären, warum sich in schweren Zeiten die Kirchen füllen. Der französische Anthropologe Pascal Boyer, der die psychologischen und neuronalen Grundlagen des religiösen Erlebens untersucht, spricht diesbezüglich etwas salopp vom „Weg des geringsten Widerstands“, was vielleicht abfällig klingt, aber gar nicht so gemeint ist. Im Grunde entspricht es der Erwägung des polnischen Philosophen Henryk Elzenberg, nach der die einsame Suche nach dem Guten viel schwerer und im Wortsinn belastender ist als Gottesglaube und kirchliche Gebundenheit.

Aber beide Haltungen, die religiöse wie die völlig weltlich orientierte, verstehen sich in modernen Gesellschaften nicht von selbst. Auch deshalb, weil sie sich wechselseitig immer wieder in Frage stellen und gleichzeitig miteinander leben müssen. Die säkularisierte Gesellschaft ist also keineswegs und schon gar nicht zwangsläufig eine der allgemeinen Glaubenslosigkeit. Die Götter sind fragil geworden, aber die Lehren von ihrem Hinscheiden auch.

Die grüne Religion

Vom Fetisch Natur in der Konsumgesellschaft

„In alten Zeiten muss die ganze Natur lebendiger und sinnvoller gewesen sein als heutzutage." Auch früher schon war früher alles besser: Der zitierte Satz von der Natur in der alten Zeit wurde vor mehr als zweihundert Jahren niedergeschrieben, er stammt von Novalis. Der Frühromantiker war im bürgerlichen Beruf Bergbauassessor und hatte gewissermaßen dem Schoß der Natur ihre Schätze zu entreißen. Als Sucher der „Blauen Blume" versuchte er das mit einem mystisch-poetischen Naturkult wieder gut zu machen, in seinem Roman *Heinrich von Ofterdingen* etwa oder in den *Hymnen an die Nacht*. Der melancholische Dichter hat einmal bemerkt: „Wovon man spricht, das hat man nicht."

Von Natur wurde im Zeitalter von Aufklärung und Romantik, das zugleich die Epoche der beginnenden Industrialisierung war, viel gesprochen, verdächtig viel. Darauf weist etwa Joachim Radkau in seinem Buch *Die Ära der Ökologie* hin: „Noch nie zuvor in der Geschichte war von der Natur so viel die Rede wie in der Zeit von Rousseau bis zur Romantik" – und in unserer Zeit, möchte man hinzufügen.

Wenn die Bemerkung von Novalis stimmt, dann haben wir heute sehr wenig Natur, dermaßen viel ist von ihr die Rede. Je verschwenderischer wir sind, desto eifriger sprechen wir von Nachhaltigkeit. Je unnatürlicher wir leben, desto ökologischer ist unser Bewusstsein. Je größer unsere ökologischen Fußabdrücke sind – von den Reifenspuren erst gar nicht zu reden – desto größer unsere Sorge ums Weltklima. Die Natur wird in unserer Konsumgesellschaft geradezu fetischisiert. Das goldene Kalb ist grün geworden, und die Yellow Press erklärt in fröhlicher Ignoranz das nachhaltig gute Gewissen zum ‚Lifestyle': „Stars wie

Julia Roberts, Leonardo DiCaprio oder Cameron Diaz essen, fahren, kaufen und heizen bewusst nachhaltig – und sprechen darüber. Wenn Film- und Showgrößen so etwas sagen, dann sind Hybrid-Autos, Biodiesel, Solarzellen und Windräder chic."

Die Stars scheinen die neuen Heiligen einer grünen Ersatzreligion zu sein, und die Fans die Scheinheiligen eines angeblich ökologischen Lebensstils, der niemanden etwas kostet, der Verschwendung nicht Einhalt gebietet und der Bewahrung der Natur kaum dienlich ist. Die Biobigotterie des Ökokultes kann einem auf die Nerven gehen wie nur je das religiöse Frömmlertum.

Und doch sind die Frömmler nicht die Schlimmsten. Gefährlicher sind die Apokalyptiker mit ihrer ewigen Erwartung des letzten Tages. Mit drohendem Unterton schwören die Propheten des ökologischen Zusammenbruchs ihr Publikum auf eine düstere Zukunft ein. Ihren Vorhersagen ist anzuhören, wie enttäuscht sie wären, wenn die Hölle ausbliebe, vor der sie zu warnen vorgeben. Diesen Gestus beschrieb Stephen Asma, Professor für Philosophie in Chicago, in einem *Chronicle*-Artikel über „Green Guilt": „Die Idee, das Ende sei nah, ist zentral für das traditionelle Christentum – es ist ein aufrüttelnder Weckruf, auf den rechten Pfad zurück zu kehren. Viele Umweltschützer befinden sich in einer ähnlichen Panik über den Klimawandel und die globale Erwärmung. Es gibt außerdem die Hohenpriester der neuen Religion, die eine besonders prophetische Rolle spielen."

Diese Diagnose zielt keineswegs darauf ab, die ökologischen Probleme auf unserem Planeten zu leugnen und Lösungsversuche lächerlich zu machen. Sie warnt jedoch vor religiöser Inbrunst am falschen Objekt. Die Natur ist nicht Gott. Und eine Vergöttlichung der Natur wandelt sich unter der Hand – einer vermeintlich segnenden – leicht zum Fluch der Selbstverteufelung des Menschen. Von dort ist es nicht mehr weit zur Hexenjagd, auch wenn die Scheiterhaufen unserer Zeit nicht mehr wirklich auf den Plätzen der Stadt, sondern symbolisch auf den Schirmen der Fernsehapparate brennen. Noch einmal Stephen Asma: „Wenn Umweltbewusstsein ein Ersatz für Religion ist, sind weitere säkulare Surrogate für Schuld und Entrüstung zu vermuten. Unsere Neigung zu sündigen, zu bereuen und in Selbstquälerei zu schwelgen kommt beispielsweise auch in unserer Besessenheit von Gesundheit und Fitness zum Ausdruck. Die moralische Entrüstung, einst der religiösen Verdammung vorbehalten, begegnet heute überall auf den Bildschirmen. Talkshows und Reality Shows scheinen nur dazu geschaffen, unseren gerechten Zorn zu entfachen. Dies ist die andere Seite der Medaille: Zusätzlich zur Selbstquälerei mit der Schuld können wir unsere Aggression nach außen wenden – wie eine Menge bei der Hexenjagd –, solange sie als Verteidigung von Tugend und Orthodoxie gerechtfertigt erscheint."

Das mag etwas übertrieben sein, doch sind diese Warnungen nicht so verkehrt, dass sie in die falsche Richtung führen. Immerhin hatte der Ökokult mit seiner Sakralisierung der Natur sogar Papst Benedikt XVI. zu Mahnworten veranlasst, theologisch begründet und philosophisch ausbalanciert, wie von diesem Professor unter den Päpsten nicht anders zu erwarten. Am 22. September 2011 erklärte er in einer Rede vor dem Deutschen Bundestag den Abgeordneten: „Die Bedeutung der Ökologie ist inzwischen unbestritten. Wir müssen auf die Sprache der Natur hören und entsprechend antworten. Ich möchte aber nachdrücklich einen Punkt noch ansprechen, der nach wie vor weitgehend ausgeklammert wird: Es gibt auch eine Ökologie des Menschen. Auch der Mensch hat eine Natur, die er achten muss, und die er nicht beliebig manipulieren kann. Der Mensch ist nicht nur sich selbst machende Freiheit. Der Mensch macht sich nicht selbst. Er ist Geist und Wille, aber er ist auch Natur, und sein Wille ist dann recht, wenn er auf die Natur hört, sie achtet und sich annimmt, als der, der er ist und der sich nicht selbst gemacht hat. Gerade so und nur so vollzieht sich wahre menschliche Freiheit."

In dieser austarierten Passage wird Gott nicht einmal erwähnt, es scheint nur um den Menschen, seine Freiheit und seine Natur zu gehen. Dennoch erinnerte Benedikt daran, dass der Mensch „sich nicht selbst gemacht hat" und somit, ließe sich schlussfolgern, ein Geschöpf ist: das Geschöpf Gottes. Das ist eine Glaubensfrage, deren Beantwortung äußerst wichtige Konsequenzen hat. Wenn der Mensch ein Geschöpf Gottes ist, so hat er sich, auch das betonte Benedikt, als solches anzunehmen. Hinter dieser unscheinbaren Formulierung steckt nichts weniger als die Forderung: Das Geschöpf Gottes habe nicht an sich herumzubasteln, etwa mit genetischen Methoden, die dort weiter zu machen versuchen, wo Gott aufgehört hat.

Noch einmal: Dies ist eine Glaubensfrage, keine Frage der Wissenschaft. Die Wissenschaft mag alle möglichen Instrumente bereit legen, der Gläubige darf nicht alle in die Hand nehmen. Interessanterweise hätte das, was Benedikt sagte, ohne Weiteres die Zustimmung Jean-Jacques Rousseaus gefunden, mit dem Joachim Radkau die Ära des Redens über die Natur beginnen lässt. Rousseau wird oft als Vorläufer eines modernen ökologischen Denkens angesehen, das Gott nicht mehr nötig hat – oder nicht mehr nötig zu haben glaubt, also als Vorläufer eines Denkens, das die Natur vergöttlicht. In den gut zweieinhalb Jahrhunderten seiner Wirkungsgeschichte wurde Rousseau zu einer Art philosophischem Naturapostel um- und fehlinterpretiert. Dabei hat Rousseau immer an der Vorstellung eines persönlichen Schöpfergottes festgehalten, an einem Wesen, das nicht Teil der Natur ist, sondern diese Natur erst hervorgebracht hat.

In dieser Gottesauffassung stimmte er trotz seiner antiklerikalen Haltung mehr mit den etablierten Kirchen überein als mit dem Materialismus vieler Aufklärer. Es gibt eine Linie der Aufklärung, und die französischen Salonmaterialisten wie Holbach oder Helvetius gehören dazu, der die Natur bloß eine Sache und der Mensch nur eine Maschine ist – eine Rechenmaschine. Heute ist aus dieser Rechenmaschine der Computer geworden, als der das menschliche Gehirn angeblich funktioniert. Aber wie in der Antike die Wachstafel nur eine Metapher für das Gedächtnis war, so ist auch die Körpermaschine der Aufklärung nur ein Sinnbild und der Hirncomputer der Gegenwart nur ein Vergleich. Dieser Vergleich ist gängig, aber die Seele hinkt hinterher. Und wie immer, wenn Metaphern für die Sache selbst gehalten werden und Begriffe für Henkel, an denen man die Dinge packen und forttragen kann, verschließt sich die komplexe Wirklichkeit, bis die Gedanken nur noch in sich selber kreisen.

Rousseaus Verhältnis zur Wirklichkeit, zur sozialen wie zu jener der Natur, war überaus kompliziert, auch das zu den traditionellen Glaubensformen. Der englische Philosoph Bertrand Russell, dessen Verhältnis zu traditionellen Glaubensformen recht einfach, nämlich rationalistisch war, fasste es in seiner Darstellung der *Philosophie des Abendlandes* mit amüsanter Schnoddrigkeit so zusammen: Rousseau „kam in Genf zur Welt und wuchs als orthodoxer Calvinist auf. Sein Vater, ein armer Mann, betätigte sich als Uhrmacher und Tanzlehrer; seine Mutter starb, als er noch ein Kind war". Russell ist hier ungenau, wie Alleswisser es immer sind. Rousseaus Mutter starb im Kindbett. Es ist Rousseaus erstes, seine gesamte Existenz durchdringendes Trauma. In seinen *Bekenntnissen* schreibt er: „Ich kostete meine Mutter das Leben, und meine Geburt war mein erstes Unglück."

Doch zurück zu Bertrand Russells Comedy-Fassung von Rousseaus religiöser Biographie: „Im Alter von zwölf Jahren verließ Rousseau die Schule und kam zu verschiedenen Handwerkern in die Lehre. Er hasste sie alle und floh mit sechzehn

Jahren von Genf nach Savoyen. Da er nichts zu leben hatte, ging er zu einem katholischen Priester und äußerte den Wunsch, zum Katholizismus überzutreten. Der formelle Übertritt erfolgte in einer Turiner Konfirmandenanstalt und dauerte neun Tage. Er erklärt, dass ihn nur materielle Gründe zu diesem Schritt bewogen hätten. ‚Ich konnte mir nicht verhehlen', schreibt Rousseau, ‚dass ich mich bei der heiligen Handlung im Grunde wie ein Bandit benahm'. Das schrieb er aber erst, nachdem er wieder protestantisch geworden war, und man darf wohl annehmen, dass er einige Jahre hindurch ein aufrichtig gläubiger Katholik gewesen ist."

Russells „einige Jahre" waren in Wirklichkeit ein Vierteljahrhundert. Erst 1754 trat Rousseau wieder zum Calvinismus über, um erneut die Bürgerrechte seiner Vaterstadt Genf zu erhalten – auf die er 1762 wieder verzichtete, nachdem sein Erziehungsroman *Emile* in Genf verboten worden war. Das Verbot wurde ausgelöst durch das in diesem Roman enthaltene *Glaubensbekenntnis eines savoyischen Vikars*, auch für Russell „die klarste formale Darstellung von Rousseaus religiöser Überzeugung".

Rousseau lässt seinen savoyischen Vikar das Glaubensbekenntnis einer „natürlichen Religion" ablegen. Dies richtet sich erstens gegen die klerikale Administration, wie sie jede institutionalisierte Religion mit sich bringt. Zweitens ist es gegen Offenbarungsreligionen gerichtet, die wiederum dazu führen, dass sich zwischen den Laien und seinen Gott die Priesterschaft schiebt, die exklusiv den Willen Gottes verwalten will. Dem setzt Rousseau einen inneren Führer entgegen: Das Gewissen, das Gott jedem seiner Geschöpfe ins Herz gepflanzt hat. „Wir können Menschen sein, ohne Gelehrte sein zu müssen." Oder Theologen. „Wir sind der Verpflichtung enthoben, unser Leben mit dem Studium der Moral verbringen zu müssen. Wir haben einen sichereren Führer im ungeheuren Labyrinth menschlicher Meinungen. Allein, es genügt nicht, dass dieser Führer existiert, man muss ihn auch erkennen und ihm folgen. Wenn er zu allen Herzen spricht, warum hören ihn dann so wenige? Das liegt daran, dass er die Sprache der Natur spricht, die wir über allem anderen vergessen haben."

Diese Sprache der Natur wieder hörbar zu machen ist das Anliegen des savoyischen Vikars und mit ihm das Rousseaus. Wer auf diese Sprache hört, hört auf Gott, ganz gleich, welcher Konfession man angehört. Nur drei Dogmen hat die natürliche Religion: „Ich glaube also", bekennt der savoyische Vikar, „dass ein Wille das Weltall bewegt und die Natur belebt." Nicht die Natur ist Gott, sondern der Wille, der sie geschaffen hat, bewegt und belebt. „Zeigt mir die bewegte Materie einen Willen an, so zeigt mir die nach bestimmten Gesetzen bewegte Materie einen Verstand an. Dies ist mein zweiter Glaubensartikel. Handeln, Vergleichen und Wählen sind Operationen eines tätigen und denkenden Wesens." Ein Wille ohne Freiheit ist undenkbar. Gott stattete den Menschen mit einem Willen aus. „Also ist der Mensch in seinen Handlungen frei und als freies Wesen von einer immateriellen Substanz beseelt. Dies ist der dritte Glaubensartikel."

Rousseaus „natürliche Religion" brachte ihn sowohl zu den Kirchenvertretern in Gegensatz als auch zu den Aufklärern. Für die einen war er ein Ketzer, der den religiösen Amtsinhabern ihre Legitimation entzog. Für die anderen war er ein Verräter, der mit seinem Glauben an einen göttlichen Willen und an die Unsterblichkeit der menschlichen Seele der philosophischen Vernunft abschwor. Im Unterschied etwa zu dem Enzyklopädisten Denis Diderot, der sein persönliches Glaubensbedürfnis mit einer Art Zweckrationalismus bekämpfte, hielt Rousseau eben dieses Glaubensbedürfnis für eine Art Gottesbeweis des menschlichen Herzens. „Manchmal denke ich in der Zurückgezogenheit meines Studierzimmers, wenn ich mir die Augen fest zuhalte oder in der Dunkelheit der Nacht: es gibt keinen

Gott. Aber siehe: die Sonne geht auf und zerteilt die Nebel, welche die Erde bedecken, und legt den wunderbaren, schimmernden Schauplatz der Natur frei und zerstreut im gleichen Augenblick alle Wolken in meiner Seele. Ich finde mein Vertrauen wieder und meinen Gott und meinen Glauben an ihn. Ich bewundere ihn, ich bete ihn an und knie nieder, denn er ist gegenwärtig."

Im Unterschied zu dem Romantiker Novalis mit seinen *Hymnen an die Nacht* ist Rousseau immer noch genug Aufklärer, um das Licht zur Metapher der Wahrheit zu machen, auch wenn er dem Licht der Vernunft die Helle des Herzens hinzufügt. Bertrand Russell weist darauf hin, wie einflussreich diese Haltung geblieben ist: „Moderne Protestanten, die uns ans Herz legen, an Gott zu glauben, verachten großenteils die alten theologischen Beweise und stützen sich mit ihrem Glauben auf irgendeinen Aspekt der menschlichen Natur – auf das Gefühl der Ehrfurcht oder des Mysteriums, das Gefühl für Recht und Unrecht, das Gefühl der Sehnsucht nach Höherem und so fort. Diese Art, die religiöse Überzeugung zu verteidigen, hat Rousseau erfunden. Man hat sich so daran gewöhnt, dass dieser Ursprung einem modernen Leser kaum bewusst werden dürfte."

Rousseau kann für religiöse Empfindsamkeit, für einen Gottesglauben aus vollem Herzen und für die Bewunderung der Natur in Anspruch genommen werden. Aber nicht für eine Wiederverzauberung der Natur. Das kitschig Feenhafte eines sentimentalen Ökokultes, dem jedes Bäumlein bewohnt und jeder Kiesel leidensfähig ist, war ihm vollkommen fremd. Und für die Idee einer Beseeltheit der Bausteine der Natur hatte er nur Hohn übrig: „Ich habe mir alle Mühe gegeben, mir ein lebendiges Molekül vorzustellen, aber es ist mir nicht gelungen. Die Vorstellung einer Materie, die ohne Sinnesorgane empfindet, erscheint mir unvorstellbar und widersprüchlich. Um diese Vorstellung anzunehmen oder abzulehnen, müsste man sie zuerst verstehen, und ich gestehe, dass ich nicht dieses Glück habe."

Die quasi-religiösen Gefühle mancher grünen Strömungen haben mit dem Denken Rousseaus nichts zu tun, mögen sich die Anhänger dieser Strömungen noch so sehr auf Empfindsamkeit à la Rousseau berufen. Der Träumer aus Genf war ein Denker, und als Denker lehnte er die theologischen und philosophischen Systeme ab, den theoretischen Ordnungszwang, der alles in überlieferte oder neu gefertigte Schemata pressen will. „Die allgemeinen und abstrakten Ideen sind die Quellen der größten Irrtümer der Menschen. Niemals ist durch das Gerede der Metaphysik eine einzige Wahrheit entdeckt worden." Und doch war Rousseau weder ein Irrationalist wie etwa der Romantiker Novalis noch ein Gegner der Vernunft. Vielmehr ist das Auseinanderreißen von Natur und Vernunft höchst unnatürlich und unvernünftig. Die Natur verdunkelt die Vernunft des Menschen nicht, sondern erhellt sie. Umgekehrt führt eine wohlangewandte Vernunft in die Natur hinein, nicht etwa aus ihr heraus. Die Leidenschaften wiederum sind dem Menschen gegeben, manchmal auch aufgebürdet, damit er an ihnen seine Fähigkeit zur Freiheit unter Beweis stellt. Die Leidenschaften sind durch ihre Natürlichkeit nicht automatisch gerechtfertigt. Nicht alles, was angeblich natürlich ist, ist auch erlaubt. Umgekehrt ist die Vernunft, die heute oft so leichtfertig der Natur entgegengesetzt wird, für Rousseau eine Gottesgabe. Sie wird erst unnatürlich, wenn sich der Mensch ihrer auf unvernünftige Weise bedient.

Wenn man sich wirklich die Mühe – und das Vergnügen! – macht, Rousseau zu lesen, wirkt er überraschender Weise wie ein Gegengift zu Ideen, als deren Vorläufer man ihn häufig in Anspruch nimmt. Vielleicht würde er heute die Natur gegen den Kult der Natürlichkeit verteidigen, ähnlich, wie er zu seiner Zeit den Verstand gegen die Theologie und das Herz gegen die Philosophie verteidigt hat. Er setzte den Büchern das Buch der Natur entgegen, aber gleichzeitig wollte er in der Natur lesen wie in einem Buch: „Ich habe alle Bücher geschlossen. Nur eines bleibt vor aller Augen offen: das Buch der Natur. Nach diesem großen und erhabenen Buch lerne ich seinem göttlichen Schöpfer dienen und ihn anbeten. Wer darin nicht liest, kann nicht entschuldigt werden, weil es für alle Menschen eine allen Geistern verständliche Sprache spricht."

Das ist Rousseaus Botschaft, ganz zweifellos. Doch ist dieser Träumer mit dem empfindsamen Herzen zugleich ein überaus raffinierter Autor. Man sollte nicht vergessen, dass man ein Buch öffnen muss, um den Satz über das Schließen aller Bücher zu lesen. Für eine grüne Religion jedenfalls wäre Rousseau nicht zu haben gewesen, und über die Fetischisierung der Natur in einer verschwenderischen Konsumgesellschaft hätte er verächtlich den Kopf geschüttelt.

Die Seele im Netz

Das religiöse Gefühl geht online

Texte über Internet-Themen beginnen gern mit der Zahl der Suchmaschinentreffer für das entsprechende Stichwort. Wollte man „Gott“ eingeben, käme ein sehr unspezifisches Ergebnis heraus, schließlich gibt es den lieben Gott – oder „das liebe Gott“, wie eine Familienministerin vor einiger Zeit angeregt hat – in allen möglichen Kombinationen, auch in der, dass es ihn gar nicht gibt.

Tippt man etwas spezifischer „Gott im Internet“ ins Suchfeld, erhält man immer noch fünfundzwanzig Millionen Hinweise. Eine Website heißt sogar gott-im-internet. Doch scheint sie schon eine Weile brach zu liegen. Jedenfalls hat eine „Franziska“ auf ihren Eintrag vom März 2012, der mit den Worten endet „Lieber Gott, ich freue mich sehr auf deine Antwort“, keine bekommen. Dafür gibt es vor – und unabhängig von – ihrem Eintrag einen dieser bizarren Dispute, wie sie auf den Kommentarseiten des Netzes gang und gäbe sind, nur dass hier eben ein „Gott“ und ein gewisser „Luzifer“ miteinander streiten. Die Ausdrucksweise ist unter allem Niveau, wie es in offenen Foren eben leicht geschieht, und nicht zitierbar.

Allerdings finden sich auf der Seite auch ernsthafte Kommentare – und Bekenntnisse wie diese: „Hab dich ganz doll lieb, Gott“ Nicht einmal der viel strapazierte Smiley fehlt hinter dieser Eintragung. Vielleicht stammt sie von einem Kind, vielleicht aber auch von einem Erwachsenen, der aus seinem Kinderglauben nicht herausgewachsen ist.

Ein anderer Eintrag stammt dezidiert von einem Erwachsenen, ist in seiner Not aber auch recht kindisch formuliert: „Lieber Gott, mach, dass Wünsche wahr werden, und sorge doch dafür, dass ich den Job bekomme. Du weißt, ich bin alt und brauch das Geld." Bei solchen Einträgen fragt man sich, ob es sich um Gebete von Gläubigen handelt oder eher um Bestellungen bei einer allmächtigen Service-Agentur mit dem Markennamen Gott, zuständig für alles, was mit einem selbst zu tun hat. Die Bestellung changiert zwischen dem Jammerton eines unzufriedenen Konsumenten und dem Anweisungston eines missgelaunten Chefs: Sieh mal zu, du Gott, dass ich diesen Job bekomme.

Derartige Fürbitten im Modus einer Online-Bestellung bei Gott sind leicht zu verspotten. Schon schwerer fällt die Abwägung, wie weit die Kirchen gehen sollen, um im riesigen Raum der social media zu evangelisieren oder gar zu missionieren – vielleicht müsste es auch ganz irdisch geschäftsmäßig heißen: neue Mitglieder zu werben und alte kontinuierlich mit Angeboten zu versorgen. Der Gefällt-mir-Button kann dabei helfen, die Glaubensbedürfnisse der Religionskonsumenten statistisch zu erfassen. Auch die Kirchen müssen die Kundschaft ‚abholen'. Jedenfalls bleibt ihnen nichts anderes übrig, als mit der Zeit zu gehen, wie sie es bei allem Zögern letztlich immer getan haben, sonst hätten sie nicht überlebt. Eine Institution, die sich immer treu und immer gleich bleibt, besteht keine zweitausend Jahre. Über die unausweichliche Anpassung an digitale Gewohnheiten sagt Sven Waske, Leiter der online Redaktion der evangelischen Kirche in Deutschland: „Die Menschen sind zunehmend gewohnt, über soziale Netzwerke zu kommunizieren. Darauf muss sich die Kirche einstellen."

Begeisterung klingt anders. So zum Beispiel: „Fahre hinaus, wo es tief ist, und werft eure Netze zum Fang aus!" Im Lukas-Evangelium wird erzählt, wie Jesus am See Genezareth das zu Simon Petrus, dem Fischer sagt. Simon wundert sich: „Meister, wir haben die ganze Nacht gearbeitet und nichts gefangen; aber auf dein Wort will ich die Netze auswerfen. Und als sie das taten, fingen sie eine große Menge Fische, und ihre Netze begannen zu reißen. […] Als das Simon Petrus sah, fiel er Jesus zu Füßen und sprach: Herr, geh weg von mir! Ich bin ein sündiger Mensch. Denn ein Schrecken hatte ihn erfasst und alle, die bei ihm waren, über diesen Fang, den sie miteinander getan hatten. […] Und Jesus sprach zu Simon: Fürchte dich nich! Von nun an wirst du Menschen fangen. Und sie brachten die Boote an Land und verließen alles und folgten ihm nach."

Der große Netzwerker des frühen Christentums war aber nicht der jüdische Fischer Petrus, sondern der römische Bürger Paulus. Ununterbrochen bereiste er die Gemeinden, schlichtete Streit und sorgte dafür, dass die noch junge Sekte – als viel mehr kann man die Christen jener Zeit kaum ansehen – sich nicht in Untersekten aufspaltete und in Glaubensdifferenzen selbst zerstörte. Die Paulus-Briefe an die Gemeinden zeugen von dieser aufreibenden Moderationsarbeit, mit Mails und iPhone wäre alles viel leichter gewesen. Heute greifen die Menschenfischer bei ihrer Missionsarbeit auf neueste Kommunikationstechniken zurück. Und es überrascht nicht wirklich, dass es im Internet eine Seite gibt, die sich Menschenfischer nennt. Es ist die Seite einer evangelisch freikirchlichen Gemeinde in der Schweiz, die verkündet: „Wir haben unseren Auftrag als Antwort bekommen auf das Gebet um eine tiefe Erneuerung des Christenvolkes hier in der entchristlichten Schweiz."

Nicht nur die Schweizer Menschenfischer firmieren im Internet. Es gibt auch eine Seite glaubeliebehoffnung.com, alles klein geschrieben. Die Seite hat jedoch nichts mit Paulus und seinem Korintherbrief zu tun, sondern wirbt für ein Tattoo-Studio. Einer der Betreiber hat Philosophie studiert, das scheint der Bildungshintergrund für die paulinische Überraschung beim Tätowieren zu sein. GlaubeLiebeHoffnung.com mit großen Anfangsbuchstaben wiederum gehört zu einer „Agentur für Werbung und Design". Und natürlich weist Google jede Menge „Shoppingergebnisse für Glaube, Liebe, Hoffnung" aus.

Ein besonders raffiniertes Angebot ist Jesus Daily. Auf der Startseite verdreht ein brutalkitschiger Pseudojesus die Augen gen Himmel, unter dem Bild wird Markenklartext geredet: „Jesus Daily is a registered trademark of Aaron Tabor." Klickt man das Bild an, wird man auf die Facebook-Seite von Jesus Daily weitergeleitet. Aaron Tabor, studierter Mediziner, Diätdoktor und Anti-Aging-Guru, hat sie 2009 eröffnet und vermarktet seitdem über das Jesus-Label seine Ernährungsprodukte. Wie viel er damit verdient, ist ungesichert. Schätzungen bewegen sich zwischen fünf und zehn Millionen Dollar Umsatz pro Jahr. Man könnte sich darüber ärgern und zornig daran erinnern, dass Jesus in den Tempel gestürmt ist und die Tische der Wechsler umgestürzt hat. Man könnte sich aber auch darüber amüsieren und sarkastisch daran erinnern, dass der menschliche Leib der Tempel des Herrn ist, und wenn die Jesus-Daily-Diät dabei hilft, diesen Tempel etwas gesünder und schlanker zu machen: warum eigentlich nicht?

Auf Godtube wiederum gibt es christliche Videos mit Werbung. Die Botschaft muss ja finanziert werden. Die Seite wurde 2007 von Christopher Wyatt gegründet, einem Mitglied der First Baptist Church of Dallas, und eine Zeit lang unter verschiedenen Firmendächern betrieben. Heute gehört sie zu Salem Communications, einem Internetdienstleister, Zeitschriftenverlag und Betreiber von rund einhundert lokalen Radiosendern in den Vereinigten Staaten, alles christlich, versteht sich.

Godtube und Jesus Daily sind nur zwei der bekannteren Beispiele für christliche Vermarktung und Selbstvermarktung. Mit Hilfe der Internet-Suchmaschinen ist es ein Leichtes, weitere Angebote zu finden. Manuel Herder, Leiter des Herder Verlages und für *Christ & Welt*, der „Wochenzeitung für Glaube, Geist, Gesellschaft", selbst digital als Glaubensberater für Gottsuchende unterwegs, erklärt etwas kalauernd: „Wir Menschen sind offensichtlich Suchende – Suchmaschinen sind wir nicht. Gott ist, jenseits von Google, die gesuchteste Wirklichkeit."

Aber wo findet man ihn? Im Herzen? In der Kirche? Auf dem Schirm? Auf youtube kann man ein Video anschauen, das zeigt, wie Papst Benedikt zwanzig Kinder taufte. Und was soll daran verkehrt sein? Nichts ist daran verkehrt. Aber sakrale Räume entstehen nicht auf zweidimensionalen Flachbildschirmen. Transzendenz lässt sich nicht filmen. Die Erfüllung der Sehnsucht nach Sinn ist per click and go nicht zu haben. Auch wenn es auf der Startseite von Godtube heißt: „Need more Jesus? Subscribe newsletter. " Oder auf Jesus Daily geworben wird: „I invite you to accept Jesus. Click here now."

Verbirgt sich Gott also künftig im Internet, und zwar nicht nur hinter stillgelegten Adressen wie der bereits erwähnten gott-im-internet.de? Kathrin Love von der evangelisch-lutherischen Kirche in Amerika sagt: „Viele Menschen gehören keiner Kirche an, möchten aber trotzdem mit Gott sprechen. Deshalb wenden sie sich ans Internet." Auf facebook oder Myspace, dem anderen weltumspannenden digitalen Sozialnetz, gibt es hunderte von Gebetsgruppen.

Auch als Vorbereitung für die Aktion ProChrist 2013 lief eine Internet-Campagne fürs Beten. Ihr Ziel wurde von Norman Kronenwett, einem der Organisatoren, so beschrieben: „Wir wollen Menschen im Internet die Möglichkeit anbieten, ihren Wunsch bei Gott zu hinterlassen." Hier allerdings bleiben die Menschen mit ihren Fragen und Nöten, mit ihren Bitten und Fürbitten nicht allein mit einer anonymen Plattform, sondern bekommen ein „persönliches Gegenüber", wie Kronenwett sagt: „Einen Beter, der sich mit Bild und einem kurzen Statement zum Thema Gebet vorstellt. Sie werden erfahren, dass da wirklich eine Person antwortet und nicht bloß eine automatische Webseite. Die Menschen bekommen eine persönliche Antwort vom Beter und können erwarten, dass dieser Beter bei Gott vortritt und diesen Wunsch an ihn richtet."

Seltsam eigentlich, diese Mittlerinstanz. Sollte der Mensch nicht direkten Zugang haben zu seinem Gott, ohne Zuträgerei im Gebet, ohne Antichambrieren im Glauben? Das Verfahren erinnert irgendwie an monarchische Zeiten, in denen Bittsteller in den Vorzimmern der Mächtigen herumlungerten und darauf warteten, bis jemand mit Zugang zum Machthaber vorbei kam, um ihm ein Gesuch in die Hand zu drücken. Das französische Antichambrieren, als ‚Vorzimmern' wäre es gar nicht schlecht übersetzt, rührt von diesem Gebaren her. Hat Gott so etwas nötig? Sind seine Gläubigen auf Derartiges wirklich angewiesen?

Aber man sollte nicht eifern. Die Gutenberg-Galaxis, wie der amerikanische Mediensoziologe Marshall McLuhan einst das Zeitalter des Buches bezeichnet hat, die Gutenberg-Galaxis drehte sich am Anfang um die Bibel. Mit dem Bibeldruck begann in Mainz der Aufstieg des ‚neuen Mediums' Buchs zum zentralen Kommunikationsmittel der abendländischen Kultur. Und wenn es stimmt, dass die Gutenberg-Galaxis dabei ist, ins Abseits zu driften und das Buch mehr und mehr an Bedeutung verliert, dann ist es nur stimmig, christliche Botschaften aller Art und Färbung über das ‚neue Medium' Internet unter die Leute zu bringen. Zumal es ja nicht nur Schräges, Kitschiges, Bigottes oder Geschäftemacherisches gibt, sondern auch seriöse Angebote, relilex.de zum Beispiel: „relilex ist ein von vielen freiwilligen Autoren verfasstes online-Lexikon zu allen Themen der Religion, das schwierige lange Fachtexte vermeidet. Wir legen Wert auf gut verständliche Artikel, die auch von Laien problemlos verstanden werden."

Tippt man als Schnelltest „Glaube, Liebe, Hoffnung" ins Suchfeld, bekommt man diese Auskunft: „Die drei theologischen (christlichen) Tugenden sind Glaube, Liebe und Hoffnung. Sie sind Besonderheiten des Christentums und beruhen auf den Briefen des Apostels Paulus." Viel ist das nicht. Aber immerhin wird die Text-Stelle ausgewiesen: Erster Korintherbrief, 13. Es handelt sich um eine der schönsten Passagen, die Paulus, der Wortgewaltige, je geschrieben hat. Sie beginnt:

„Wenn ich mit Menschen- und mit Engelszungen redete und hätte die Liebe nicht, so wäre ich ein tönendes Erz oder eine klingende Schelle." Auch das ließe sich aufs Botschaftenverkünden im Internet übertragen. Was sind Clickzahlen und Gefälltmir-Daumen ohne die Liebe: tönende Bytes und blinkende Leere. Der dreizehnte Absatz des ersten Korintherbriefs endet mit den Worten: „Nun aber bleiben Glaube, Hoffnung, Liebe, diese drei; aber die Liebe ist die größte unter ihnen."

Relilex bietet, wie kann es anders ein, nicht nur eigene Artikel, sondern ist mit anderen Seiten vernetzt, mit reli.web zum Beispiel: „Reli-Surftipps für Kinder und Jugendliche". Oder religionsunterricht.net: „Die wichtigsten websites für den Religionsunterricht". Oder reliquiz.de: „Weißt du Bescheid?" Kommt darauf an, was gefragt wird. „Wieviele Schriften enthält das Neue Testament: 15, 36 oder 27?" Die nächste Frage wurde in diesem Text bereits beantwortet: „An wen schrieb Paulus seine Briefe: an Gott, an die zwölf Apostel, an einige Gemeinden im Mittelmeerraum?"

An Gott hat Paulus nicht geschrieben, es ging ihm ja nicht wie „Franziska" auf gott-im-internet.de. Seine Adressaten waren, wie erwähnt, die weit verstreuten christlichen Gemeinden: Die Korinther oder die Galater oder die Epheser, alle im Mittelmeerraum. Aber zurück zur ersten Frage: Wie viele Schriften enthält denn nun das Neue Testament? Es sind – aber vielleicht zählen Sie selber nach.

Im Unterschied zum wissensorientierten relilex ist das Portal religiononline.de eine Diskussionsplattform. In einem der Foren schreibt zum Beispiel jemand mit dem Usernamen „petronius": „Einen Gott, den es nicht gibt, braucht es nicht." Ist das ein Versuch, die *Existenz* Gottes zu beweisen oder seine *Nichtexistenz*? Der User „dalberg" schreibt: „Völlig gleich, ob es nun Gott gibt oder nicht, fest steht für mich: Wenn Menschen keinen Gott bräuchten, hätten Menschen sich keinen Gott geschaffen!"

„Petronius“ stimmt dem bei, betont aber, dass diese Aussage mit der seinen überhaupt nichts zu tun habe. Sein Satz sei nämlich abgewandelter Bonhoeffer: „Einen Gott, den es gibt, gibt es nicht.“

Was hat es mit diesem Zitat auf sich? Und woher stammt es? Kein Problem, man muss nur googeln, und schon erfährt man, dass es aus Dietrich Bonhoeffers Briefen aus der Haft stammt. Die Zahl der Ergebnisse beläuft sich auf knapp fünf Millionen. Es würde eine Ewigkeit dauern, die Wellen abzusurfen, die Bonhoeffers Satz im Weltmeer des World Wide Web schlägt.

Für die meisten Menschen, die im Netz die Nähe zu Gott suchen, wäre Bonhoeffers theologische Auffassung eher frustrierend. Man sehnt sich nach einem Gott, den es gibt, und zwar ohne philosophische Hintertür, hier und jetzt und ‚ganz konkret‘. Das mag naiv sein, aber ohne Naivität hätte sich das Religiöse schon längst in die Studierstuben der Theologen zurückgezogen und wäre abgestorben im normalen Alltagsleben gewöhnlicher Leute. Dass es dazu auf absehbare Zeit nicht kommen wird, dafür ist das Netz ein permanenter Beweis, vielleicht nicht unbedingt ein Gottesbeweis, aber einer für das nie versiegende Verlangen nach Transzendenz. Denn sogar wenn die Selbstüberschreitung an der Nasenspitze endet, bleibt doch immer die Ahnung, dass es etwas jenseits des eigenen Selbst gibt. Theologen mag das zu wenig sein, und kirchlichen Würdenträgern fehlt schon qua Amt die Gelassenheit, um dagegen nicht mit Mahnworten anzusprechen. Papst Benedikt erklärte in einer auf radiovaticana.va eingestellten Rede vom 19. Januar 2013: „Aus dem Zusammenspiel eines materialistischen Menschenbilds mit einem großen technologischen Fortschritt erwächst eine Anthropologie, die im Kern atheistisch ist. Sie reduziert den Menschen auf autonome Funktionen, den Geist aufs Gehirn, die menschliche Geschichte auf ein Schicksal der Selbstverwirklichung. Das alles will ohne Gott auskommen, ohne die spirituelle Dimension, ohne den Horizont der Transzendenz."

Hatte der Nachfolger des Menschenfischers Petrus mit seinen Befürchtungen Recht? Und wird die Diagnose verkehrt, bloß weil sie ausgerechnet über ein digitales Medium, die Internetseite von Radio Vatikan eben, verbreitet wurde, das dem Papst als eher intranszendent suspekt gewesen sein dürfte?

Ob man seiner Diagnose nun folgen mag oder nicht: Die jedes Gespür für Selbstüberschreitung verdrängende Anmaßung des Selbst, alles, aber auch alles in die eigene Hand zu nehmen, treibt wirklich bizarre Blüten. Sie greift sogar nach der Unendlichkeit, virtuell wenigstens: Im Himmelreich der Cyber-Kommunikation, in den potenziell unbegrenzten Datenräumen des Cloud Computing kann das sterbliche Ich sich selbst in Fotos und Videos, in Texten und Klängen niederlegen, die erst nach dem körperlichen Tod versandt werden. Der Leichnam mag im Sarg liegen, die Seele sich wer weiß wo herumtreiben, die virtuelle Persönlichkeit verschafft sich immer noch Gehör. Es kommt nur auf den Algorithmus an, mit dem nach dem Ableben die Botschaften generiert und zu bestimmten Zeiten an die Follower getwittert oder auf Facebook-Seiten gepostet werden. Die Website deadsoci.al macht das heute bereits möglich. Ihr Gründer James Norris fragt: „Warum sollten wir aufhören zu kommunizieren, nur weil unsere Körper tot sind?"

Warum? Damit endlich ewige Ruhe einkehrt nach dem unaufhörlichen irdischen Gerede und Getue. Aber Stille ist nicht gerade das, was sich James Norris vom Leben nach dem Tod erhofft. Er verdeutlicht das am Beispiel von Amy Winehouse, der im Juli 2011 mit knapp achtundzwanzig Jahren an Alkohol und Drogen gestorbenen britischen Sängerin. „Wäre es nicht schön, wenn Amy Winehouse heute unveröffentlichte Aufnahmen und Geheimnisse ihrer Affäre mit Pete Doherty mit uns teilen würde?" Arme Amy. Ruhe in Frieden!

Prinzip Nächstenliebe

Zur Zukunft des Christentums

Seltsame Zeiten stehen dem Christentum in der säkularen Gesellschaft bevor: Die Kirchen samt ihrer religiösen Lehren sind in der Krise, aber religiöse Gefühle haben Konjunktur. Papstauftritte werden zelebriert wie Pop-Events, Kirchenräume erleben bei multikulturellen Veranstaltungen großen Zulauf, sogar das Heiraten am Traualtar ist wieder modisch. Überall schießt die Sehnsucht nach Sinn in das metaphysische Vakuum, das eine triumphierende Weltlichkeit in den Seelen der Menschen hinterlassen hat. Gleichzeitig jedoch verliert das Heilige seine Aura, und mit den Ansprüchen, die es aufgibt, verflacht es zum Konsumartikel: Der ehemalige Ratsvorsitzende der evangelischen Kirche, Bischof Wolfgang Huber, sprach von der „Kernkompetenz der Kirche" wie irgendein Manager, der sich um das Bestehen seiner Ware auf dem Markt sorgt. Margot Käßmann dagegen warnte noch zu ihrer Zeit als Bischöfin: „Ich sehe die Gefahr, dass das Ganze zu einer ‚Wellness-Spiritualität' wird. Nach dem Motto: Der Kurs tut mir gut, und den bezahlt sogar die Firma."

Das Angebot ist tatsächlich groß: Ein bisschen Jakobsweg, ein bisschen Zen; esoterische Rituale unterm Kreuz; Managerseelen, die in klösterlicher Stille fürs Befehlen gekräftigt werden. Nur die Gottesfurcht, diese den Gläubigen über sich selbst hinaustreibende Kraft, ist ganz außer Kurs. Die Mitglieder der christlichen Kirchen im reichen Westen hängen der konsumistischen Irrlehre an, Gott wäre für die Gläubigen da, nicht die Gläubigen für Gott. Das goldene Kalb, um das sie tanzen, sind sie selbst.

Den Hang der Laien zum Diesseitskult gab es aber schon immer. Moses hat seine Erfahrungen damit gemacht und später auch Paulus. In jenen alten Tagen, als der Apostel die Urgemeinden bereiste, dämmerte den Christen, dass das Jüngste Gericht nicht unmittelbar bevorstand, wie zunächst geglaubt und erhofft, sondern auf unbestimmte Zeit verschoben war. Diese Unbestimmtheit musste organisiert, das Warten erträglich gemacht werden. Daraus ging die Kirche als Institution hervor. Die gewöhnlichen Gläubigen mussten vom religiösen Dienst entlastet werden, damit sie weltlichen Geschäften nachgehen konnten, solange Gott sich mit dem Endgericht Zeit ließ. Wenn die Welt sich weiterdreht, tut auch der Christ gut daran, etwas mehr als die Vöglein des Himmels an morgen zu denken.

Der Unterschied zwischen der Kirche und den Gläubigen besteht allerdings darin, dass der Gläubige sein ‚morgen' nach Jahren und Jahrzehnten zählt, die Kirche das ihre nach Jahrhunderten und Jahrtausenden. Sie hat sich beispielsweise bis 1992 Zeit gelassen, die Verurteilung Galileos zurückzunehmen. Die Kirche überdauert die menschliche Geschichte – und den Gott, den sie auf Erden verwaltet. Ganz ähnlich, wie in kürzeren Zeiträumen ja auch die Parteien die Ideale überleben, um derentwillen sie einst gegründet worden waren. Niemand hat das so grausam klar gesehen und ausgesprochen wie die Figur des „Großinquisitors" in Dostojewskis Roman *Die Brüder Karamasow*. Er bekennt, dass die Kirche nicht zögern würde, einen wiederkehrenden Jesus erneut zu verhaften, um den Bestand der Institution zu sichern. Die *Legende vom Großinquisitor* war ein religionspolitischer Angriff Dostojewskis auf die Katholische Kirche, der er das Ideal der russischen Volksfrömmigkeit entgegensetzte. Aber trotz dieser innerchristlichen Glaubenskonkurrenz hatte Dostojewski das Wesen der Kirche als Organisation auch religionssoziologisch genau erfasst: Wenn eine religiöse Institution erst einmal funktioniert, kann sie die Einmischung des Gottes, den sie zu repräsentieren glaubt, nicht mehr dulden.

Inzwischen allerdings hat sich in den christlichen Kirchen die religiöse Stellvertretermacht über die Gläubigen in eine Art Dienst am Kunden verwandelt, in den Dienst an einem desinteressierten und desorientierten Kunden. Ein Zeichen dieses Desinteresses ist etwa die Tatsache, dass trotz der Konjunktur der religiösen Gefühle die Praxis des religiösen Gebets gegen Null geht, wie die *Zeit* eine im Kapitel „Schönheit der Inbrunst" bereits erwähnte Erhebung vom März 2006 zusammenfasste: „Nur noch 6 Prozent aller Jugendlichen wurden in ihrer Familie ‚stark religiös' geprägt. Und verschwindende 0,2 Prozent aller Befragten geben an, bei ‚grundlegenden Lebensfragen' auf das Gebet zu vertrauen."

Ganze Nullkommazwei Prozent! Und die übrigen? Was sind das für Gläubige, die nicht beten? Brauchen Gewohnheitschristen ihre Kirchen überhaupt noch? Nein, sie brauchen sie nicht mehr. Die Kirche als Institution ist in vielen Fragen der alltäglichen Moral, besonders der Sexualmoral, kaum noch orientierungskompetent. Papst Johannes Paul II. war bei Teilen der christlichen Jugend als süßer Paps beliebt, in sexuellen Fragen hat sie ihn einfach ignoriert. Papst Benedikt XVI. fanden die jungen Leute nicht so süß, Autorität in Lebens- und Sexualfragen räumen sie aber auch ihm nicht ein.

Die Kirche als Institution ist machtlos, und die Kirchen als Räume bleiben leer. Wenn nicht gerade Weihnachten, Ostern oder Pfingsten ist oder spirituelle Shows veranstaltet werden, mit tanzenden Sufis vor christlichen Altären und einer religiösen Indifferenz des Publikums, dem man vor allem eins nicht zumuten darf: sich zu langweilen im Haus des Herrn. Aber eben das tun die Leute in gewöhnlichen Messen, ganz gleich ob katholisch zelebriert oder evangelisch gefeiert. Das Gebet wird überflüssig, die Messen werden überflüssig, die Kirchen werden überflüssig. Und weil das alles überflüssig ist, werden die Gotteshäuser zu Dutzenden geschlossen, umgewidmet, verkauft.

Zieht sich die institutionalisierte Religion also ins Privatleben zurück, wie es Sigmund Freud vorhergesagt und herbeigewünscht hat? „Dadurch, dass der Mensch seine Erwartungen vom Jenseits abzieht und alle freigewordenen Kräfte auf das irdische Leben konzentriert, wird er wahrscheinlich erreichen können, dass das Leben für alle erträglich wird."

Freud hat seiner Hoffnung in einer Schrift Ausdruck verliehen, die im Jahr 1927 unter dem Titel *Die Zukunft einer Illusion* erschienen ist. Annähernd achtzig Jahre später setzten sich die Philosophen Richard Rorty und Gianni Vattimo zusammen, um erneut *Die Zukunft der Religion* zu diskutieren, wie sie ihre gemeinsame Publikation in Erinnerung an Freuds Schrift betiteln. Rorty und Vattimo sind Philosophen von internationalem Rang, denken aber von sehr verschiedenen Grundlagen aus: Der US-Amerikaner Rorty bezeichnete sich, der schon zitierten Wendung Max Webers folgend, als „religiös unmusikalisch". Völlig säkular erzogen, nimmt er die Position des „laizistischen Antiklerikalen" ein, der keinen Hehl daraus macht, dass für ihn die beste Kirche diejenige wäre, die ihre Tore für immer geschlossen hat. Gianni Vattimo wiederum ist als Italiener katholisch sozialisiert und möchte nicht nur die christliche Religion bewahrend fortentwickeln, sondern auch die katholische Kirche. Er ist der Ansicht: „Wenn die Kirche erkennen würde, dass sich der befreiende Sinn der christlichen Botschaft gerade in der Auflösung des Objektivitätsanspruchs entfaltet, könnte sie endlich auch den Widerstreit zwischen Wahrheit und Nächstenliebe beheben, der sie im Laufe ihrer Geschichte regelrecht blockiert hat." Rorty wiederum beharrt darauf: „Der Antikleriker vertritt die Auffassung, dass kirchliche Institutionen trotz allem Guten, das sie tun – trotz all dem Trost, den sie den Bedürftigen und Verzweifelten spenden – die Gesundheit demokratischer Gesellschaften gefährden."

Rorty spricht hier nicht nur von den christlichen Fundamentalisten des amerikanischen Bibelgürtels, die einst Präsident George W. Bush die Wiederwahl gesichert haben, sondern will sich grundsätzlich verstanden wissen: Kirchliche Institutionen gefährden generell und überall die Gesundheit demokratischer Gesellschaften! Woraus folgt, dass der Einfluss kirchlicher Institutionen im politischen Gemeinwesen auf Null zu reduzieren ist: „Unserer Auffassung nach ist nichts gegen die Religion einzuwenden, solange sie privatisiert ist – solange kirchliche Institutionen nicht versuchen, die Gläubigen für politische Forderungen zu mobilisieren."

Kirchliche Institutionen haben jedoch zu allen Zeiten überall auf der Welt „versucht, die Gläubigen für politische Forderungen zu mobilisieren." Eine Kirche, die das aufgibt, gibt sich selbst auf. Die Vorstellung einer vollkommen privaten Religion ist für jeden „laizistischen Antiklerikalen" herzerwärmend, vielleicht ist sie sogar für moderne Gläubige lebbar. Aber kein Kirchenratspräsident, keine Bischöfin – und seien sie noch so reformwillig –, kein Kardinal und kein Papst können dieser Forderung zustimmen. Die Katholische Kirche kann ihren Priestern die Ehe erlauben, sie kann Schwulen gegenüber ein Auge zudrücken, sie kann sogar Frauen ordinieren, wenn es irgendwann nicht mehr anders geht. Aber niemals kann die Kirche darauf verzichten, sich im Sinne ihrer Glaubenslehre politisch einzumischen, sobald mehr im Spiel ist als Tagespolitik. Der freiwillige Rückzug aus dem Staat, die definitive Trennung zwischen Glaube und Macht wäre die Abdankung der Institution als Institution. Auf eine solche Idee kann nur der Teufel kommen – oder ein antiklerikaler Liberaler. Zwei Jahrtausende lang haben unübersehbar viele christliche Kirchen und Gemeinden um ihr Leben und Überleben im Staat gerungen. Und nicht wenige sind dabei vollständig untergegangen. Andererseits ist die Katholische Kirche überhaupt nur in und mit dem römischen Staat über ihre Anfänge als Sektenorganisation hinaus gekommen.

Der Protestantismus wiederum hätte ohne die weltlichen Herren auf Dauer keine Chance gehabt. Luther wusste genau, warum er sich gegen die rebellierenden Bauern auf die Seite des „christlichen Adels teutscher Nation“ schlug. Die römische Kirche hat den Untergang des Imperiums überlebt, die evangelischen Kirchen überstanden den Zerfall der Kleinstaaten und Fürstentümer, in deren Schutz sie sich zunächst entfalten konnten. Nach ihrem Erstarken haben die römische Kirche, später die griechisch orthodoxe, noch später die russisch orthodoxe Kirche und noch später auch die evangelischen Kirchen ihren Fortbestand mit Dogmen, Feuer und Schwert, mit Predigern, Gelehrten und Künstlern verteidigt. Wie ist nach einer solchen Geschichte zu erwarten, dass sich Kirchenfürsten und Kirchenfunktionäre in die Sakristeien und hinter die Altäre zurückziehen?

Der Petersdom, dessen Bau vor über fünfhundert Jahren begonnen wurde, ist nicht irgendein Kirchlein, das Privatleute zu ihrer Erbauung am Wegesrand errichtet haben. Er war und ist eine ungeheure Demonstration jenseitiger Ansprüche und diesseitiger Macht. Solange ein Papst in diesem Gottespalast Messen zelebriert, wird die Katholische Kirche mehr sein – und mehr sein müssen! – als ein privater Verein zur Beförderung des Seelenheils seiner Beitragszahler.

Zurück zu den Philosophen und deren Einschätzung der Zukunft der Religion. Während Rorty sich für das Zurückdrängen des politischen Anspruchs religiöser Institutionen ausspricht, hofft Vattimo auf die Kraft der Kirche zur Selbstbescheidung: „Ich möchte betonen, dass die Frage nach der Zukunft der Religion in die bescheidenere, aber ebenso wichtige Frage nach der Zukunft der Kirche übersetzt werden könnte. So hängt die Zukunft der Kunst ja auch mit der Zukunft der Museen zusammen. Es gibt eine gewisse Parallele zwischen diesen beiden Teilbereichen der Kultur."

Die Kirche als Museum? Der Petersdom ist tatsächlich eines. Aber die Institution wird nie in die Musealisierung ihrer Macht und Herrlichkeit willigen. Der Grund für Vattimos Aufforderung an die Kirche, zur ‚strukturellen' Selbstschwächung bereit zu sein, besteht in der Hoffnung, auf diese Weise zu einer Stärkung der Liebe zu kommen: „Der einzige Weg, der der Kirche offensteht, um nicht wieder zu der kleinen Fundamentalistensekte zu werden, die sie zwangsläufig zu Beginn war, sondern um im Gegenteil ihre universelle Berufung auszubauen, besteht darin, die evangelische Botschaft als Prinzip der Auflösung aller Objektivitätsansprüche anzunehmen."

Also kann die Kirche alle Lehren und Dogmen über Bord werfen, solange sie nur an der evangelischen Botschaft festhält? Aber worin besteht diese Botschaft? „Die einzige uns durch die Heilige Schrift offenbarte Wahrheit, die im Laufe der Zeit keinerlei Entmythisierung erfahren kann – da es sich nicht um eine experimentelle, logische, metaphysische Aussage handelt –, ist die Wahrheit der Liebe, der caritas." Im Grunde genommen läuft Vattimos Zukunftsperspektive für die Kirche also darauf hinaus, aus dem ersten Korintherbrief des Paulus die abschließende Grußformel herauszubrechen und zum einzigen Prinzip eines Lebens im Glauben zu machen. Die Stelle lautet in der Übersetzung Luthers: „Alle eure Dinge lasst in der Liebe geschehen!" Doch dies steht bei Paulus nicht isoliert, sondern wird flankiert durch die Ermahnung: „Wachet, steht im Glauben, seid mutig und seid stark!"

Wie soll man Mut und Stärke beweisen, wenn man sich in die Belange der Welt, auch in die der politischen Welt, nicht einmischt? Und wenn sich das Christentum ganz auf die Liebe zurückzieht, auch das sei gesagt, verliert es seine Kontur im Diesseits und die Perspektive ins Jenseits. Die Liebe ist kein

‚universeller', überzeitlicher Wert. Sie ist kulturell, historisch, sozial kodiert und prägt sich in vielerlei Weise aus: Die Sorge des Patriarchen, bei dem Liebe mit Herrschaft einhergeht, ist etwas anderes als die punktuelle Barmherzigkeit des sinnbildlich gewordenen Samariters; die um Ausgleich bemühte menschliche Zuwendung von Reformern passt nicht automatisch zur Solidarität unter Revolutionären. Die Liebe als Liebe bleibt, bis sie tätig wird, nur ein Gefühl. Wenn sie aber tätig wird, wird sie auch politisch, ob gewollt oder nicht.

Das politikfreie Prinzip Nächstenliebe, das der italienische Philosoph Vattimo dem institutionalisierten Christentum als Weg der Erneuerung vorschlägt, ist so indifferent, dass damit sogar Rorty übereinstimmen kann, der sonst für die Zukunft der christlichen Religion nur zweieinhalb Wörter übrig hat: „It's over."

Hier irrt der Freidenker. Nicht das Christentum als Ganzes läuft aufs Ende zu, sondern nur seine westeuropäische Variante. Diese Veränderungen werden allerdings dramatisch sein. Zweitausend Jahre lang wurde das Christentum europäisch dominiert, von den hellenistisch geprägten Gemeinden der Frühzeit bis zur Gegenwart. Diese Epoche geht zu Ende. Das Christentum der Zukunft wird außereuropäisch sein – oder es wird nicht sein. Schon heute kommen aus Lateinamerika und Afrika die Enkel der Missionierten nach Europa, um die Enkel der Missionierenden zu missionieren. Schwarze Priester stehen an den Altären des ‚weißen Mannes', weil die Gemeinden im reichen Europa nicht mehr genug Gläubige hervorbringen, die aufs Ganze gehen, die vom und für den Glauben leben wollen. Der Glaube als Bewegung wiederum verlagert seinen Schwerpunkt von den leeren, alten Kirchen Europas in riesige Hallen mit Plastikstühlen in Afrika und Lateinamerika, in denen sich beglückte Gläubige zu Tausenden versammeln. Die Pfingstler und Universalkirchen sind so mächtig geworden, dass eine

Kritik, die in ihnen bloß bizarre Sekten sieht, einen mangelnden Sinn für Größenverhältnisse verrät. Sektenformat haben inzwischen vielmehr die etablierten christlichen Kirchen in Europa. Wären sie nicht politisch und institutionell in ihren Wirtsgesellschaften verankert – als eine solche beschrieb Augustinus den römischen Staat –, hätten sie keine Überlebenschance. Bereits eine kleine bürokratische Maßnahme wie die Ersetzung der vom Staat treuhänderisch eingezogenen Kirchensteuer durch die Finanzierung der Kirchen von denen, die noch hinein gehen, hätte den sofortigen und vollständigen Kollaps aller christlichen Kirchen in Deutschland zur Folge. Im Vergleich dazu ist der Erfolg der Armutskirchen mit ihrem Budenzauber überwältigend. Aber auch Kirchen wie die der ‚Mormonen' scheinen zu wachsen, wenn auch auf niedrigem Niveau.

Europäische Kritiker, kirchliche wie außerkirchliche, sind schnell bei der Hand, den Chefpredigern im Fernsehen und in Wellblechhallen Leuteverdummung und finanzielle Ausbeutung der Gläubigen vorzuwerfen. Aber das hat schon immer zu allen religiösen Bewegungen gehört. Die Mittel für den Petersdom fielen auch nicht vom Himmel, sondern wurden von den Bauern der Erde abgerungen – und von den Bischöfen den Bauern.

Doch geht es hier nicht darum, die christlichen Neuankömmlinge gegen das christliche Establishment zu verteidigen, sondern die Frage nach ihrer Rolle für die Zukunft des Christentums zu beantworten. Dabei sind westliche Einseitigkeiten aufzugeben. Die globale Zukunft des Christentums wird sein wie die Zukunft des Islam: jung, hungrig, aggressiv. Der Religionsphilosoph Klaus Heinrich hat einmal in der Zeitschrift *Lettre International* erklärt, die Aufgabe der Kirchen bestünde darin, jedem die „gleiche Aufmerksamkeit zuteil werden" zu lassen. Genau das finden offenbar viele Menschen in den neuen fundamentalistischen christlichen Kirchen und in den fundamentalistischen islamischen Bewegungen: Aufmerksamkeit,

Geltung und irgendeine Art von Würde. Eine durch Bevormundung eingeschränkte Würde? Mag sein, aber auch der westliche Gottesglaube ist nicht deckungsgleich mit Menschenwürde. Wir Europäer mit unseren gezähmten religiösen Institutionen haben vergessen, dass Menschenrechte und bürgerliche Freiheiten gegen den Widerstand des Klerus erfochten wurden. Auf diesem Feld wird auch die geistige Frontlinie der Zukunft liegen: radikal weltlich ausgelegte Freiheit – oder Christentum.

Freiheit als rein menschliche Angelegenheit ist etwas anderes als Freiheit durch Gott. Die Versöhnung der beiden Konzeptionen war ein vorübergehendes westeuropäisches Intermezzo. Die neuen christlichen Bewegungen außerhalb Europas brechen mit dieser Tradition. Richard Rorty hat philosophisch gesehen Recht: Aus der Perspektive des laizistischen Antiklerikalen ist nur eine leere Kirche eine gute Kirche. Die Gläubigen, denen das zu weltlich ist, täten gut daran, ihre Kirchen wieder zu füllen. Ich persönlich, um das zum Schluss zu bekennen, kann dazu keinen Beitrag mehr leisten.

Zum Weiterlesen

Fitness und Askese. Die Sünde des ungesunden Lebens

Friedrich Nietzsche (1844–1900): *Die Genealogie der Moral*; Stuttgart 1988. *Menschliches, Allzumenschliches*; Köln 2006.

Benedikt von Nursia wurde um 480 geboren und starb 547. Gelegentlich flammen jedoch Diskussionen darüber auf, ob er tatsächlich gelebt hat oder ob seine Gestalt eine Art Mischfigur verschiedener historischer Menschen ist. *Die Benediktsregel* wurde zitiert nach der Ausgabe von Benedikt Holzherr, Zürich 1993.

Aurelius Augustinus (354–430): *Bekenntnisse*; München 1982.

Katechismus der Katholischen Kirche; München 1993.

Werner Kieser: *Die Seele der Muskeln*; Ostfildern 2011.

Ingo Froböse: *Das neue Rückentraining*; München 2011.

Die Last mit den Lastern. Von der Schwierigkeit, besser zu werden

Zum *Katechismus der Katholischen Kirche* siehe die Angabe zu *Fitness und Askese*.

Die Übersetzung des Markus-Evangeliums von Walter Jens ist erschienen unter dem Titel *Die Zeit ist erfüllt. Die Stunde ist da*; Stuttgart 1990.

John Medina ist durch seine Bücher *Brain Rules* bekannt geworden. Hier indessen ist interessant sein *Am Tor zur Hölle. Die Biologie der sieben Todsünden*; Heidelberg 2002.

Die Schriften Friedrich Nietzsches (1844–1900) und Sören Kierkegaards (1813–1855) liegen in verschiedenen Ausgaben vor und können außerdem eingesehen werden auf www.zeno.org und www.gutenberg.spiegel.de.

Dantes (1265–1321) *Göttliche Komödie* ist zitiert in der Übertragung von Karl Vossler (1872–1949), München, Zürich 1986.

Sigmund Freuds (1856–1939) Bemerkung stammt aus den *Vorlesungen zur Einführung in die Psychoanalyse*; Frankfurt a. M. 2007.

Die Auffassungen Anselm Grüns sind in (zu?) zahlreichen Büchern verbreitet und können auch auf www.anselmgruen.de verfolgt werden. Er trat 1964 in die Benediktinerabtei Münsterschwarzach ein. Ich darf an dieser Stelle erwähnen, dass ich von 1967 bis 1970 das dem Kloster angeschlossene (heute nicht mehr bestehende) Internat St. Maurus besucht habe. Diese Jahre sind der autobiographische Hintergrund meines Romans *Die Schutzbefohlenen*, Gießen 2013.

Kann denn Fußball Sünde sein? Kicken und Kirche, Rasen und Religion

Graham Greene: *Das Ende einer Affäre*; Reinbek 1986.

Andreas Merkt: *Fußballgott. Elf Einwürfe*; Köln 2006.

Jürg Albrecht: *Ein Tor, in Gottes Namen! Über Fußball, Politik und Religion*; München 2006.

Joachim von Soosten hat nicht nur einen Aufsatz über *Schalke unser* geschrieben, sondern zusammen mit Petra Bahr auch diesen Sammelband herausgegeben: *Das Vaterunser. Einübung im Christentum*; Frankfurt a. M. 2007.

Friedrich Christian Delius: *Der Sonntag, an dem ich Weltmeister wurde*; Reinbek 1994.

Starkult und religiöses Charisma. Ist Heiligenverehrung noch zeitgemäß?

Friedrich Nietzsche: *Also sprach Zarathustra*; München o. J. Zu Nietzsche außerdem der Hinweis unter *Die Last mit den Lastern.*

Zum *Katechismus* siehe die Angaben zu *Fitness und Askese.*

Joseph Kühnels (1886–1966) *Tag im Licht. Tägliche Andachten* ist 1966 erschienen, *Vom Reichtum des Tages* 1950 und *Der lebendige Tag* schon 1925.

Eduard Kopp ist leitender theologischer Redakteur von *Chrismon*. Er veröffentlichte 2007 zusammen mit Reinhard Mawick und Burkhard Weitz in der edition chrismon *Religion für Einsteiger: 90 Fragen, die es in sich haben.*

Max Weber (1864–1920): *Wirtschaft und Gesellschaft. Grundriss der verstehenden Soziologie*; Tübingen 1980.

Wolfgang Beinert: *Kann man dem Glauben trauen? Grundlagen theologischer Erkenntnis*; Regensburg 2004.

Jacobus de Voragine (um 1230–1298): *Legenda aurea*; Heidelberg 1984, in der Übersetzung aus dem Lateinischen von Richard Benz.

Edmund Jacoby (Hrsg.): *Lexikon linker Leitfiguren*; Frankfurt a. M. 1988.

Margarete Mitscherlich (1917–2012): *Das Ende der Vorbilder. Vom Nutzen und Nachteil der Idealisierung*; München 1986.

Kurt Vonnegut: *Mann ohne Land*; München und Zürich, 2006.

Feiertagswürde, Feiertagsbürde. Wie arbeitsfreie Tage zu schaffen machen

Thomas Mann (1875–1955): *Tagebücher 1918–1921*; Frankfurt a. M. 1979.

Rolf Dieter Brinkmann (1940–1975): *Rom, Blicke*; Reinbek 1979.

Ursula von Kardorff (1911–1988): *Berliner Aufzeichnungen*; München 1992.

Helmuth Plessner (1892–1985): *Gesammelte Schriften.* 10 Bde., 1980–1985, herausgegeben von Günter Dux.

Odo Marquard: *Abschied vom Prinzipiellen*; Stuttgart 1981. *Philosophie des Stattdessen*; Stuttgart 2000. *Skepsis in der Moderne*; Stuttgart 2007.

Friedrich Christian Delius: *Der Sonntag, an dem ich Weltmeister wurde*; Reinbek 1994.

Richard Alewyn (1902–1979): *Das große Welttheater. Die Epoche der höfischen Feste*; München 1989.

Zur Feiertagsdiskussion im 18. Jahrhundert siehe die Kapitel „Staat machen" und „Regierungskunst und Staatsmaschine" in meinem Buch *Staatsbildung als Königskunst. Ästhetik und Herrschaft im preußischen Absolutismus*; Berlin 2000.

Sándor Ferenczi (1873–1933): Der Aufsatz *Sonntagsneurosen* von 1919 ist enthalten in *Schriften I*; Gießen 2004.

George Steiner: *Von realer Gegenwart. Hat unser Sprechen Inhalt?*; München 1990. *Errata. Bilanz eines Lebens*; München 1999.

Der flexible Mensch im Leerlauf. Überflüssigkeit als Daseinsform

Utopia von Thomas Morus (Sir Thomas More, 1478–1535) aus dem Jahr 1516 ist in verschiedenen Übersetzungen zugänglich und hier zitiert nach derjenigen von Gerhart Ritter, Stuttgart 1983.

Richard Sennett: *Der flexible Mensch*; Berlin 1998. In *Die Kultur des neuen Kapitalismus*, das war schon der Untertitel von *Der flexible Mensch*, hat Sennett das Thema erneut aufgegriffen (Berlin 2005).

Max Webers (1864–1920) ausufernd interpretierte und vielfältig missverstandene zweiteilige Abhandlung *Die protestantische Ethik und der Geist des Kapitalismus* ist 1904 und 1905 entstanden und wurde seitdem in verschiedenen Formen publiziert. Siehe etwa die von Johannes Winckelmann herausgegebene Ausgabe *Die protestantische Ethik I. Eine Aufsatzsammlung*; Tübingen 1981.

Christoph Keese: *Rettet den Kapitalismus*; Hamburg 2004.

„Überflüssige" als Terminus kursierte zunächst in Zeitschriftenaufsätzen von Heinz Bude und anderen. Inzwischen siehe jedoch Heinz Bude: *Die Ausgeschlossenen*; München 2008.

Helmuth Willke: *Heterotopia. Studien zur Krise der Ordnung moderner Gesellschaften*; Frankfurt a. M. 2003. Des weiteren *Atopia* (Frankfurt a. M. 2001) und *Dystopia* (Frankfurt a. M. 2002).

Von Pierre Bourdieu (1930–2002) sei zu diesem Thema ein zusammen mit anderen Autoren verfasstes Werk hervorgehoben *Das Elend der Welt. Zeugnisse und Diagnosen alltäglichen Leidens an der Gesellschaft*; Konstanz 1997.

Michail Lermontow (1814–1841): *Ein Held unserer Zeit*; Frankfurt a. M., Leipzig 2003.

Primo Levi (1919–1987): *Der Ringschlüssel*; Berlin 1997.

Das Lauern der Zukunft. Angst als Grundstimmung der Gegenwart

Bücher über die Angst gibt es beängstigend viele. Der philosophisch einflussreichste protestantische Denker der Angst war der Däne Sören Kierkegaard (1813–1855) mit seinen Schriften *Der Begriff Angst*; *Furcht und Zittern* und *Die Krankheit zum Tode* (deutsche Ausgaben Hamburg 1991/92).

Fritz Riemann (1902–1979): *Grundformen der Angst*; München, Basel 2003 (erstmals 1961).

Borwin Bandelow: *Das Angstbuch*; Reinbek 2004.

Zur Szene im Paradies sei neben der *Genesis* verwiesen auf Kurt Flasch: *Eva und Adam. Wandlungen eines Mythos*; München 2004. Zu Gottes Rachsucht und Sprunghaftigkeit Jack Miles: *Gott. Eine Biographie*; München 1996.

Das Hauptwerk von Robert Michels (1876–1936), *Zur Soziologie des Parteiwesens in der modernen Demokratie*, erschien zuerst 1911. Eine Auswahl von Aufsätzen erschien als *Masse, Führer, Intellektuelle*; Frankfurt a. M., New York 1987.

Zu Max Webers Religionssoziologie siehe die Angaben zum vorhergehenden Kapitel.

Dramen des Verzeihens. Entschuldung und Entschuldigung

Robert Enright mit Astrid Hildenbrand: *Vergebung als Chance. Neuen Mut fürs Leben finden*; Bern 2006.

Desmond Tutu: *Keine Zukunft ohne Versöhnung*; Düsseldorf 2001.

Emile Cioran: *Gevierteilt*; Frankfurt a. M. 1983.

Ivan Ivanji: *Der Aschenmensch von Buchenwald*; Wien 1999.

Johannes Paul II.: *Mea culpa*. Siehe www.theology.de.

Papst Benedikt XVI.: Auschwitz-Rede. Siehe www.vatican.va.

Reinhart Koselleck (1923–2006): Siehe vor allem das Kapitel „Zeitbilder“ in *Vom Sinn und Unsinn der Geschichte. Aufsätze und Vorträge aus vier Jahrzehnten.* Herausgegeben von Carsten Dutt, Frankfurt a. M. 2010.

Schutzengel im Kopf. Von der Fähigkeit, auf sich aufzupassen

Walker Percy (1916–1990): *Ach, Sie sind katholisch?*; Würzburg 1999.

Platon (428/27–348/47): *Meisterdialoge.* Frankfurt a. M. o. J. Der Band enthält in der Übertragung von Rudolf Rufener die ‚sokratischen Dialoge‘ *Phaidon, Symposion* und *Phaidros.*

Epiktet (um 50 bis um 125): *Die Kunst, vernünftig zu leben*; in: Epiktet, Marc Aurel: *Philosophische Schriften.* Übertragen und eingeleitet von Wilhelm Capelle. Frankfurt a. M. o. J.

Zu C. G. Jung (1875–1961) siehe Jolande Jacobi: *Die Psychologie von C. G. Jung. Eine Einführung in das Gesamtwerk. Mit einem Geleitwort von C. G. Jung*; Frankfurt a. M. 1977. Das Buch erschien erstmals 1940 und ist durch Jungs „Geleitwort“ gewissermaßen autorisiert.

Gerhard Roth: *Fühlen, Denken, Handeln. Wie das Gehirn unser Verhalten steuert*; Frankfurt a. M. 2003 (= die vollständig überarbeitete Ausgabe von 2001).

Sigmund Freud (1856–1939): *Das Ich und das Es und andere metapsychologische Schriften.* Frankfurt a. M. 1984. Der Aufsatz *Das ich und das Es* erschien erstmals 1923.

Joseph LeDoux: *Das Netz der Gefühle. Wie Emotionen entstehen*; München 2003.

Ich möchte an dieser Stelle außerdem hinweisen auf meinen Roman *Fifty Blues* (Gießen 2012), den ich „Seiner Majestät, dem Ich“ gewidmet habe. Der Held des Romans ist Psychoanalytiker, die eigentliche Hauptfigur aber ist die Amygdala.

Gott im Weltall. Religion und Raumfahrt

Jules Vernes (1828–1905): *Reise zum Mittelpunkt der Erde* von 1864 und *Von der Erde zum Mond* von 1865 sind in zahlreichen Ausgaben und auch als Hörbücher verfügbar.

Günther Anders (1902–1992): *Der Blick vom Mond. Reflexionen über Weltraumflüge*; München 1994 (erstmals erschienen 1970, also wenige Monate nach der ersten Mondlandung am 21. Juli 1969).

Bertolt Brecht (1898–1956): *Leben des Galilei. Mit Anmerkungen Brechts*; Leipzig 1978.

Bernard le Bovier de Fontenelle (1657–1757): *Dialoge über die Mehrheit der Welten;* Kessinger Publishing 2010 (= Reprint einer Übersetzung aus dem 18. Jahrhundert).

Immanuel Kant (1724–1804): *Allgemeine Naturgeschichte und Theorie des Himmels*; Hamburg 2011 oder auf www.gutenberg.spiegel.de.

Douglas Adams (1952–2001): *Per Anhalter durch die Galaxis*; München 2009, sowie posthum *Lachs im Zweifel. Zum letzten Mal per Anhalter durch die Galaxis*; Hamburg 2003.

Aurelius Augustinus (354–430): *Bekenntnisse*; München 1982.

Genesis versus Genetik. Die Konkurrenz von Theologie und Biologie

Ernst Mayr, der 2005 verstorbene Doyen des modernen Darwinismus, gibt in *Das ist Evolution* (München 2005, amerikanische Originalausgabe New York 2001) eine Zusammenfassung der theoretischen ‚Dogmen' der Evolutionstheorie.

Johannes Fried: *Die Schleier der Erinnerung. Grundzüge einer historischen Memorik*; München 2004.

Sigmund Freud (1956–1939): *Die Zukunft einer Illusion*; Der Aufsatz von 1927 ist enthalten in: ders.: *Massenpsychologie und Ich-Analyse*; Frankfurt a. M. 1979.

John Polkinghorne: *An Gott glauben im Zeitalter der Naturwissenschaften. Die Theologie eines Physikers*. Gütersloh 2000.

Hubert Markl: *Schöner neuer Mensch*; München 2002.

Das fetischisierte Gen. Eine Polemik

Charles Darwin (1809–1882): *Die Entstehung der Arten durch natürliche Zuchtwahl*; Stuttgart 1986, sowie *Die Abstammung des Menschen*; Stuttgart 2002.

Ernst Haeckel (1834–1919): *Die Welträtsel. Gemeinverständliche Studien über monistische Philosophie*; Stuttgart 1984.

Das Hauptwerk von Herbert Spencer (1820–1903), das mehrbändige *Prinzipien der Soziologie*, im englischen Original ab 1877 erschienen, ist auf Deutsch schwer zugänglich. Eine neuere Zusammenfassung bietet Volker Kruse: *Geschichte der Soziologie*; Konstanz 2008.

Walter Bagehot (1826–1877): *Physics and Politics: or, Thoughts on the application of the principles of ‚natural selection' and ‚inheritance' to political society*; London 1872. Eine brauchbare deutsche Ausgabe ist nicht vorhanden.

Peter Sloterdijk: *Regeln für den Menschenpark. Ein Antwortschreiben zu Heideggers Brief über den Humanismus*; Frankfurt a. M. 2008 (erstmals 1999).

Franz Kafka (1883–1924): *Ein Bericht für eine Akademie*; in: ders.: *Sämtliche Erzählungen*; Frankfurt a. M. 1975.

Zur Ideologisierung der Naturwissenschaften siehe auch Raymond Tallis: *Aping mankind. Neuromania, Darwinitis and the Misrepresentation of Humanity*; Durham 2011. Eine deutsche Übersetzung ist noch nicht erschienen.

Das Gespensterfest. Allerseelen oder Halloween?

Josef Pieper (1904–1997): *Zustimmung zur Welt. Eine Theorie des Festes*; München 1964.

Max Webers *Virtuosenreligiosität und Alltag* gehört zu den Aufsätzen im Umfeld seiner *Protestantischen Ethik* und ist enthalten in der von Johannes Winckelmann herausgegebenen Sammlung *Die protestantische Ethik I*; Tübingen 1981.

Zugfahrt mit Mormone. Mitt Romney und die *Heiligen der letzten Tage*

Das Buch Mormon mit dem Untertitel „Ein weiterer Zeuge für Jesus Christus" wird in deutscher Übersetzung (Immo Luschin) vertrieben von der *Kirche Jesu Christi der Heiligen der Letzten Tage* in Frankfurt a. M.

Schönheit der Inbrunst. Gotteslob und Gebet

Robert Musil (1880–1942): *Der Mann ohne Eigenschaften*; Reinbek 1978.

Witold Gombrowicz (1904–1969): *Tagebuch. 1953–1969*; München 1988.

Jakobus de Voragine (um 1230–1298): *Legenda aurea*; Heidelberg 1984.

Johannes von Tepl (um 1350–1414): *Der Ackermann. Frühneuhochdeutsch/Neuhochdeutsch. Herausgegeben, übersetzt und kommentiert von Christian Kiening*; Stuttgart 2000.

Gottesglauben als Herzenswunsch. Die Sehnsucht nach Transzendenz

Zu Weber siehe die Angaben zu „Der flexible Mensch im Leerlauf".

Richard Dawkins: *Der Gotteswahn*; Berlin 2008.

Christopher Hitchens (1949–2011): *Der Herr ist kein Hirte: Wie Religion die Welt vergiftet*; München 2009.

Sandra Aamodt, Samuel Wang: *Welcome to Your Brain;* München 2008.

Ulrich Beck: *Risikogesellschaft. Auf dem Weg in eine andere Moderne*; Frankfurt a. M. 1986.

Zu Einsteins Religiosität siehe Jürgen Neffe: *Einstein. Eine Biographie*; Reinbek 2005.

Martin Geck: *Bach. Leben und Werk*; Reinbek 2001.

Fragile Götter. Wie weltlich ist die säkulare Gesellschaft?

Immanuel Kant (1724–1804): *Die Kritik der reinen Vernunft*; Bde 1 und 2, Frankfurt a. M. 1980 (= Bde III und IV der Werkausgabe von Wilhelm Weischedel), Originalausgabe 1781. *Die Kritik der praktischen Vernunft*; Frankfurt a. M. 1974. Originalausgabe 1788.

Heinrich Heine (1797–1856): *Zur Geschichte der Religion und Philosophie in Deutschland*; in: *Heines Werken in fünf Bänden. Ausgewählt und eingeleitet von Helmut Holtzhauser*. Bd. 5, Berlin, Weimar 1978. Zuerst auf französisch in der Zeitschrift *Revue des Deux Mondes* im März und November 1834 veröffentlicht, folgte 1835 in Hamburg die deutsche Buchausgabe, vom Verlag unter dem Druck der Zensur „eigenmächtig abgekürzt und zugestutzt", wie Heine in einer Zeitungsnotiz protestierte.

Jan Fleischhauer: *Unter Linken. Von einem, der aus Versehen konservativ wurde*; Reinbek 2009.

Martin Urban: *Die Bibel. Eine Biographie*; Berlin 2009.

Von Karen Armstrong siehe neuerdings *Die Geschichte von Gott. 4000 Jahre Judentum, Christentum und Islam*; München 2012.

Zu Sören Kierkegaard siehe die Angaben zu „Die Last mit den Lastern".

Henryk Elzenberg (1887–1967): *Kummer mit dem Sein. Tagebuch eines Philosophen. Aphorismen und Gedanken aus den Jahren 1907 bis 1963*; Frankfurt a. M. 2004.

Pascal Boyer: *Und Mensch schuf Gott*; Stuttgart 2004.

Die grüne Religion. Der Fetisch Natur in der Konsumgesellschaft

Novalis (1772–1801): *Hymnen an die Nacht. Heinrich von Ofterdingen*; München o. J. Neuerdings wieder lieferbar: *Werke. Herausgegeben und kommentiert von Gerhard Schulz*; München 2013.

Die Textfassung der Rede Benedikts wurde vom Presseamt des Heiligen Stuhls verbreitet, bevor der Papst sie am 22. September 2011 im Deutschen Bundestag gehalten hat.
Joachim Radkau: *Die Ära der Ökologie. Eine Weltgeschichte*; München 2011.
Jean-Jacques Rousseau (1712–1778): *Die Bekenntnisse*; München 1978. *Emile oder Über die Erziehung*. Paderborn, München, Wien, Zürich 1985. *Schriften. Herausgegeben von Henning Ritter*; 2 Bde, Frankfurt a. M., Berlin, Wien 1981.
Bertrand Russell (1872–1970): *Philosophie des Abendlandes. Ihr Zusammenhang mit der politischen und der sozialen Entwicklung*; München, Wien1999.

Die Seele im Netz. Das religiöse Gefühl geht online

Die Liste dient der Dokumentation und bietet keine Empfehlungen. Ich beschränke mich auf christliche Web-Seiten, natürlich gibt es auch für alle anderen Religionen entsprechende Angebote. Dass vor die Adressen jeweils das dreifaltige www einzugeben ist, versteht sich von selbst: bibel-online.net, ekd.de, gloria.tv, godtube.com, gott-im-internet.de, gottinBerlin.com, gott-in-dir.de, gott.net, jesusdaily.com, kath.net, katholisch.de, menschenfischer.ch, religiononline.de, religionsunterricht.net, relilex.de, reliquiz.de, theology.de, radiovaticana.va, vatican.va.

Prinzip Nächstenliebe. Zur Zukunft des Christentums

Fjodor M. Dostojewski (1821–1881): *Die Brüder Karamasoff*; München, Zürich 1987. Russische Originalausgabe in zwei Bänden im Dezember 1880 mit Impressum 1881.
Zu Sigmund Freuds *Zukunft einer Illusion* siehe die Angaben zu „Genesis versus Genetik“.
Richard Rorty (1931–2007), Gianni Vattimo: *Die Zukunft der Religion. Herausgegeben von Santiago Zabala*; Frankfurt a. M. 2006.